Heinz Mollenhauer

WIE MACHE ICH MICH
MIT FOTOGRAFIEREN
SELBSTÄNDIG

Heinz Mollenhauer

Wie mache ich mich mit Fotografieren selbständig

Foto-Design und Fotografie
Nebenberuflicher Start
Erfolgreicher Verkauf

Verlag Norman Rentrop

Der Autor: Heinz Mollenhauer war lange Jahre Mitarbeiter beim Werbeamt der Deutschen Bundesbahn und während dieser Zeit nebenberuflich als Foto-Designer tätig. Heute ist er selbständig als Foto-Designer. Seine Fotografien erscheinen in Zeitschriften, Kalendern und Werbekampagnen.

CIP-Titelaufnahme der Deutschen Bibliothek
Mollenhauer, Heinz: Wie mache ich mich mit Fotografieren selbständig: Foto-Design und Fotografie; nebenberuflicher Start; erfolgreicher Verkauf/ Heinz Mollenhauer. –
4., überarb. Aufl. –
Bonn: Rentrop, 1989
ISBN 3-8125-0109-0

---

1. Auflage Oktober 1983
2. überarbeitete Auflage Mai 1986
3. überarbeitete Auflage September 1987
4. überarbeitete Auflage Juni 1989

© Copyright 1989 by Verlag Norman Rentrop, Bonn

Lektorat: Reinhard Fey
Einbandgestaltung: Thomas Lutz, Bernkastel-Kues
Satz: Satzanstalt Wieland Mänken, Bonn
Druck: Druckerei Laub, Elztal-Dallau

Verlag Norman Rentrop, Theodor-Heuss-Str. 4, 5300 Bonn 2 (Bad Godesberg), Telefon 02 28/82 05-0, Telex 17228309 (ttx d), Teletex 228309 = rentrop, Telefax 02 28/36 44 11

ISBN 3-8125-0109-0

Inhalt

Vorwort 7

1. Der Markt 9
2. Ein Anfang 11
3. Fotos für die Zeitung 22
4. Der Versand Ihrer Fotos 30
5. Vom aktuellen Pressefoto zum ständigen Mitarbeiter:
   Reportagen und Feuilleton 35
6. Farbfotografie – was denn sonst? 55
7. Themen, Tips und Abnehmer 71
8. Was leisten Bildagenturen? 105
9. Fotomodelle 129
10. Büroorganisation 139
11. Ihr eigenes Studio 143
12. Ihre Konkurrenz und Vater Staat 148
13. Fotografie als Handwerk 157

Anhang:
Musterbriefe 175
BFF-Geschäftsbedingungen für Foto-Design 180
BFF-Buchungsreglement für Fotomodelle 184
Ausbildung 191
Fachzeitschriften und Informationsdienste 197
Literatur 202
Organisationen und Verbände 205
Bildagenturen und -archive 207
Modellsekretariate und Künstlerdienste 213

Stichwortverzeichnis 217

Vorwort

Ihr Entschluß, dieses Buch zu kaufen, soll Ihnen helfen, Ihren bisherigen Berufsweg zu ändern oder zu erweitern. Ich nehme an, daß Sie bereits eine Kamera besitzen und mit dieser so befreundet sind, daß Sie sich vorstellen könne, den künftigen „Lebensweg" gemeinsam zu gehen. Dies in der Hoffnung, daß die Freundschaft oder gar die Liebe zur Fotografie es ermöglichen, die zum Leben notwendigen Gelder zu verdienen. Vielleicht hatten Sie auch schon finanziellen Erfolg, indem Ihre Fotografien gelegentlich gekauft und/oder gedruckt wurden.

Sie wollen das Angenehme mit dem Nützlichen verbinden. Ich gratuliere Ihnen prinzipiell zu diesem Entschluß. Die Vergangenheit hat allerdings gezeigt, daß zur Liebe unbedingt weitere Voraussetzungen kommen müssen, damit Ihr Weg erfolgreich wird. Meine eigene 20jährige Tätigkeit als freischaffender Foto-Designer konnte nur günstig verlaufen, weil ich außer den technischen Voraussetzungen auch die vielen kleinen „Unwichtigkeiten" erlernte.

Gerne hätte ich dabei dieses Buch besessen. Niemand sagte mir am Anfang meiner Karriere, wie wichtig es beispielsweise sein würde, die gleiche Wellenlänge, die gleiche Denke, das gleiche Auge wie der Auftraggeber zu haben, aber diese eben in unverwechselbar „gleiche" Fotos umzusetzen.

Und dann waren da Fragen wie: Wo findet man die Damen und Herren, die die schönen und noch dazu gut bezahlten Aufträge vergeben, die man mit äußerster Akuratesse, zuverlässig und pünktlich mit der erwarteten Portion Kreativität durchführt? Welche Zeitschriftenredaktion veröffentlicht meine Art Fotografie, welche Bildagentur kann mich erfolgreich vertreten, für welchen Verlag sind meine Kalenderfotos geeignet?

Ihr Name und Ihre Telefonnummer auf einer gut gestalteten Visitenkarte und gute Bilder sind auf Dauer wichtiger, als daß man sich an irgendjemanden mit einem kanariengelben Overall oder an „den mit dem Kaiser-Wilhelm-Bart und dem Schloß in Frankreich" nicht mehr richtig erinnern kann.

Dieses Buch kann Ihnen nicht vorschreiben, welchen thematischen Bereich Sie wählen und womit Sie Ihre künftigen Auftraggeber beglücken werden. Da ich als Foto-Designer und als Inhaber einer Bildagentur mehrere Seiten des Bildgeschäfts kenne, empfehle ich Ihnen durchaus, mehrgleisig zu fahren, um durch Diversifikation Ihre Geschäftsgrundlage auf mehreren „Beinen" standfest zu gestalten.

Die Lektüre dieses Buches kann Ihnen sicherlich kein mehrsemestriges Studium oder die Fotografenmeister-Ausbildung ersetzen. Wohl aber zeigt es in vielfältiger und vor allem praktisch fundierter Weise in Ausnutzung der Kenntnisse der Marktgepflogenheiten, wie man es am besten anpackt, sich neben- oder hauptberuflich mit Fotografieren selbständig zu machen. Ich wünsche Ihnen dabei viel Freude und Erfolg!

Stief
Foto-Designer
Stief Pictures BildAgentur, Frankfurt

1. Der Markt

Seit 1839 der Franzose Louis Jacques Mandé Daguerre seine Erfindung vorstellte, mit optischen Mitteln hergestellte Bilder chemisch dauerhaft festzuhalten, ist die Fotografie zu einem Massenphänomen geworden.

1988 wurden allein in der Bundesrepublik Deutschland 2,314 Milliarden Farbfotos entwickelt (Prints von Colornegativen sowie Direktprints von Dias und Papierbildern), außerdem 103 Millionen Schwarz-Weiß-Bilder. Im Vorjahr 1987 (neuere Angaben lagen bei Drucklegung nicht vor) kauften die Deutschen 3,28 Millionen Kameras, darunter 520.000 Spiegelreflexkameras (Kleinbild), 1,63 Millionen Kleinbild-Sucherkameras, 750.000 Pocket-/Disc-Kameras und 270.000 Sofortbildkameras. Dazu kauften sie 108 Millionen Filme und ließen 3 Milliarden Bilder abziehen. Rund neun von zehn deutschen Haushalten besitzen heute mindestens eine Kamera.

Dieses gewaltige Marktvolumen entsteht nicht nur durch das Fotografieren von Privatleuten für den Eigenbedarf. Auch die Profi-Seite expandiert, und zwar sowohl im klassischen Bereich der handwerklichen Fotografen als auch im relativ neuen freien Beruf des Foto-Designers.

Mehr und mehr ambitionierte Hobby-Fotografen besitzen heute schon halbprofessionelle Ausrüstungen, die technisch perfekte Aufnahmen ermöglichen. Und viele darunter möchten mehr aus ihrem Hobby machen, möchten daraus einen Nebenberuf machen und vielleicht langfristig eine selbständige Existenz aufbauen.

Die Voraussetzungen dafür sind günstig. Der Bedarf an Fotos und Dias ist heute so groß wie kaum je vorher. Neue Bilder (aber auch bekannte Motive) werden ständig gesucht: von Zeitungen, Zeitschriften, Nachrichtenagenturen, Werbe- und PR-Agenturen, Buchverlagen, Kalenderverlagen, Schallplattenfirmen, Fremdenverkehrsämtern, Reiseveranstaltern, Wirtschaftsunternehmen, Kirchen, politischen Parteien, Verbänden, Kommunen und, und, und . . .

WIE MACHE ICH MICH MIT FOTOGRAFIEREN SELBSTÄNDIG

Um sich in diesem lukrativen Markt mit dem Fotografieren neben- oder hauptberuflich selbständig zu machen, gibt es in der Bundesrepublik Deutschland zwei (rechtliche) Möglichkeiten: das „klassische" Fotografenhandwerk (dazu mehr in Kapitel 13) oder den freien Beruf Foto-Designer. In diesem Buch wird überwiegend die nebenberufliche Tätigkeit des erfahrenen Foto-Amateurs behandelt. Dieses Fotografieren fällt unter die – nicht geschützte – Bezeichnung Foto-Design beziehungsweise Foto-Designer. Das heißt nicht, daß man aus dem Hobby Foto-Design heraus nicht sehr gut und erfolgreich auch den Beruf des Fotografen erlernen kann. Man muß es aber nicht, um künstlerisch und finanziell erfolgreich zu sein.

2. Ein Anfang

Sie haben eine Kamera, Sie fotografieren mit Freude und Überzeugung. Sie fotografieren gut – alle Freunde, Verwandten und Bekannten bestätigen es Ihnen immer wieder. Sie sind ein erstklassiger Hobby-Fotograf und sind der Überzeugung, daß Ihre Fotos eigentlich keineswegs schlechter sind als die von hochdotierten Profis, über deren Super-Honorare berichtet wird. Außerdem ist es sicher viel aufregender, am Strand bildschöne Bikini-Girls abzulichten, als acht Stunden am Fließband zu stehen oder im Büro Vorgänge zu bearbeiten, die vom „Eingang" über den „Ausgang" in Aktenordnern verstauben, nur damit alles seine Ordnung hat und alle beschäftigt sind. Diesen Frust mögen Sie nicht mehr; Sie beschließen, ab morgen nur noch Starfotograf zu sein.

Wäre das so einfach, dann hätten wir nur noch Starfotografen mit hohen Einkommen, schnellen Wagen und flotten Begleiterinnen. Der Film „Blow up" vermittelte vor Jahren ein derart fröhliches Berufsbild, das bis heute leider wenig mit der Realität zu tun hat. Das soll aber keineswegs heißen, daß mit Fotografieren keine Möglichkeiten bestünden, Spaß, Arbeit und Geld auf einen Nenner zu bringen.

Man kann – und wenn Sie wollen, können auch Sie – mit Fotos gutes Geld verdienen, auf mehr oder weniger angenehme Weise und vielleicht auch in einem freundlichen Umfeld. Aber der Weg dahin wird eine beachtliche Strecke von Fehlern, Rückschlägen, Gewinnen, Verlusten, Erfahrungen mit sich bringen. Was Sie anschließend dann mit Fotografie erreichen können und wollen, bleibt Ihnen überlassen – und denjenigen, die Ihre Fotos kaufen sollen.

Der Anfang ist schwer – oder nicht? Fragen Sie einmal bekannte und erfolgreiche Fotografen oder Foto-Designer, wie sie ihre Erfolge erklären. Sie werden dabei die unterschiedlichsten und merkwürdigsten Karriere- und „Erfolgsrezepte" zu hören bekommen.

Rezepte gibt es keine, Möglichkeiten reichlich.

Die Schwierigkeit besteht nun darin, daß Sie den für Sie (und nur für Sie!) gültigen Weg zum Erfolg suchen und finden – finden wollen, finden müssen. Einige Hinweise auf die Wege und einige Fehlerquellen kann dieses Buch aufzeigen, laufen – pardon – fotografieren müssen Sie selbst.

Ihre Ausrüstung

Eine Kamera ist da, einige Objektive, Filter, auch Zubehör. Aber der Profi fotografiert nur mit ABC-Kameras, verwendet nur Agfa/Kodak/Fuji-Filme. Der Profi hat meist eine optimale Ausrüstung für seinen Aufgabenbereich. Sie hingegen müssen sich noch mit weniger begnügen.

Das ist nicht tragisch. Mit rund 5.000 DM können Sie sich schon eine Fotoausrüstung anschaffen, die einen guten Beginn ermöglicht. Ich gehe davon aus, daß eine Kleinbild-Spiegelreflexkamera mit Normaloptik, einem Weitwinkel- (28 mm) und einem Zoomobjektiv 80 bis 200 mm für den Beginn reichen. Wenn Sie dann noch 300 DM für ein Blitzgerät und 300 DM für ein kräftiges Stativ zulegen, sind Sie für Reise-/Touristik- und Pressefotografie schon ziemlich ausreichend bestückt. Natürlich kann man für die eben genannten Geräte auch 8.000 DM ausgeben, vermutlich werden Sie es später sogar tun – tun müssen.

Es spielt zu Beginn absolut keine Rolle, ob Sie ein Economy-Modell einer Nobelmarke erwerben oder das Super-Profi-Modell, das das Fünffache kostet.

Wenn der Preis der Kamera der entscheidende Faktor für Bildqualität wäre, müßten teure Kameras automatisch bessere Fotos liefern. Tun sie aber nicht. Und so muß es wohl an etwas anderem liegen, wenn Fotos als „gut" oder „weniger gut" bezeichnet werden.

Wenn Sie nachdenken, werden Sie mit Sicherheit darauf kommen: Ein gutes Foto wird entscheidend vom Fotografen beeinflußt.

Die Kamera ist nur ein Hilfsmittel, wichtig zwar, aber weitgehend austauschbar.

Ob Sie eine Kleinbild-Spiegelreflex haben der Marke Asahi, Olympus, Leitz, Nikon, Canon, Fuji, Mamiya, Minolta, Yashica, Contax oder eine Chinon, Revue, Porst oder wie sie sonst heißen, macht zwar durchaus Unterschiede. Die sind jedoch absolut keine Ausrede für schlechte Fotos; diese sind immer dem Fotografen anzulasten: Entweder, weil er das Motiv gestalterisch nicht richtig erfaßt hat – oder weil er die Möglichkeiten der Technik falsch eingeschätzt hat.

Der eine Spezialist für Landschaftsfotografie wird mit einer 9 × 12 cm-Kamera arbeiten, der andere nur mit Kleinbild. Beide „schwören" auf ihr System und beide sind außerordentlich erfolgreich. Weil der eine seine Aufnahme im Schwerpunkt qualifizierter Verstellbarkeit und größter Detailschärfe sieht, der andere aber in extremen Perspektiven im Super-Weitwinkelbereich oder in ganz langen Brennweiten.

Der Streit der Theoretiker über Zeit- oder/und Blendenautomaten ist müßig, weil diese Einrichtungen zwar die Bequemlichkeit für den Amateur fördern, vom Profi meist aber lediglich als Hilfsmittel – und das nur begrenzt – eingesetzt werden können.

Ein „bestes" Kleinbildsystem gibt es ebensowenig wie ein „bestes" Auto. Eine Nikon oder Canon ist mit Originalobjektiven bestückt sicher sehr gut. Leitz ist über Qualitätsfragen erhaben (über Preise muß man nicht sprechen). Asahi, Contax, Minolta bauen erstklassige Kameras, erstklassige Objektive. Im Mittelformat sind Asahi-Pentax, Hasselblad, Rollei, Mamiya und Zenza Bronica bekannte Namen. Alle sind gleich zwei- bis viermal teurer als Kleinbildkameras, alle sind schon im Profi-Bereich anzusiedeln.

Erst recht gilt das für die 4 × 5 inches Linhof, Cambo, Sinar, Plaubel und so weiter.

Ein erster Einstieg

Wenn nun schon eine 5.000-DM-Ausrüstung für professionelles (oder zumindest halbprofessionelles) Arbeiten reicht, warum gibt es nicht sehr viel mehr bekannte und erfolgreiche Profis? Fotos werden reichlich benötigt, vom Bekanntenkreis angefangen bis zu Zeitungen und Zeitschriften; täglich begegnen uns Tausende von Fotos, die häufig von einer Qualität sind, die jeder sorgfältig fotografierende Amateur ohne besondere Schwierigkeiten erzielen kann. Warum also bringen nur wenige ihre Fotos regelmäßig in Publikationen unter? Das Geheimnis liegt wie so oft in der notwendigen Übereinstimmung von Angebot und Nachfrage. Und darüber wollen wir unter anderem in diesem Buch sprechen.

Da ist zunächst einmal Ihr Bekanntenkreis, der nach einiger Zeit sicher weiß, daß Sie nicht nur eine Kamera haben, sondern auch besonders gute Fotos damit machen. Hier tut sich der erste Markt auf.

Familienfeste sind meist nicht für kreative Sonderleistungen prädestiniert, aber hier kann der Amateur mit geringem Risiko zeigen, daß er fotografieren kann. Zudem ist das Risiko auf ein paar Filme begrenzt, und die Erwartungshaltung ist in solchen Fällen nicht ganz so hoch angesiedelt wie beim Profi.

Eine der wichtigsten Voraussetzungen für Familienaufnahmen ist – eine problemlos funktionierende Ausrüstung. Lachen Sie nicht und meinen Sie nicht, das sei selbstverständlich. Es sollte selbstverständlich sein – aber wann haben Sie die Batterien Ihrer Kamera zuletzt ausgewechselt? Und schon kann es vorkommen, daß am Sonnabend um 21.30 Uhr die Batterien der Kamera, des Blitzes ihren Geist aufgeben. Da Sie eine der modernen Spiegelreflexkameras (alles blinkt und piept, wenn was nicht stimmt) besitzen, ist in einem solchen Fall Ihre Tätigkeit als Fotograf beendet; denn der Verschluß wird elektronisch gesteuert – aber nur, wenn die Batterie in Ordnung ist. Also wird der engagierte Halbprofi entweder einen Satz Batterien in Reserve haben oder sogar ein zweites Gehäuse und zwei Sätze Batterien. Oder eine Kamera, die ohne Blinken und Piepen und ohne Batterien einen mechanischen Verschluß besitzt. Diese selten gewordenen Geräte gibt es noch, auf dem Gebrauchtkamera-Markt gibt es sie noch häufiger. Ich werde später noch darauf zurückkommen.

Wenn ich zunächst die Batterien erwähnte, geht es nunmehr um die Filme. Filme soll man immer, immer, immer ausreichend mitnehmen. Ausreichend heißt dabei, daß man doppelt so viele Filme mitnimmt, wie man zu benötigen glaubt. Das ist keine Aufforderung zur Verschwendung, und ich werde von den Filmherstellern nicht für diesen Tip honoriert. Es ist aber mehr als ärgerlich, wenn mitten im schönsten Teil des Festes das Filmmaterial zur Neige geht, das nächste Fotogeschäft natürlich 5 Kilometer entfernt ist und keinen Automaten für Filme hat. Oder wenn dieser Automat gerade die Filmempfindlichkeit/Filmmarke nicht enthält, die Sie dringend benötigen. Wenn Sie 20 Kleinbildfilme à 36 Aufnahmen einpakken, kann Ihnen das kaum passieren. Sollten Sie wirklich nur drei Filme

EIN ANFANG

benötigen, tun Sie die restlichen Filme wieder zu Hause in den Kühlschrank – bis zum nächsten Mal.

Grundsätzlich sollten Sie Markenfilme verwenden, möglichst frisch und nicht vom Sonderangebotstisch, wo die Filme nur noch vier Wochen Verwendbarkeit haben. Wer aber behaupten würde, daß es egal sei, welchen Film man verwendet, weiß es nicht besser oder sagt bewußt etwas Falsches.

Der Amateur, der in seiner Pocket-Kamera Filme mit 27 DIN verarbeitet, darf sich nicht wundern, wenn Kleinbildaufnahmen auf 21-DIN-Filmen in der Vergrößerung 18 × 24 cm schärfer sind.

Bei Familienfesten werden fast ausschließlich Personenbilder gewünscht, die Aufnahmen sollen überwiegend dokumentarischen Charakter (links Tante Emma, daneben Onkel Fritz und Neffe Karl) haben. Auf extreme Schärfe der Aufnahmen kommt es nicht so sehr an, auf gestalterische Fotografie wird nicht allzuviel Wert gelegt. Ein Allround-Film von 20 bis 22 DIN, Farbnegativ, dürfte diesen Anforderungen am besten gerecht werden.

Meist wird bei diesen Aufnahmen ein Blitz notwendig sein (mindestens Leitzahl 40). Es gibt eine sehr große Anzahl von leistungsfähigen Blitzgeräten. Sie sollten eines haben, das ein Schwenken des Reflektors ermöglicht, d.h. indirektes Licht abgibt. Einige Geräte teilen die Lichtleistung: 15 Prozent werden zur direkten Beleuchtung eingesetzt, 85 Prozent können mit dem Hauptreflektor gegen die Wohnzimmerdecke gelenkt werden. Dem Computer sei Dank, daß diese Lichtverhältnisse so dosiert werden, daß richtig belichtete Aufnahmen entstehen.

Ein Stativ kann nicht stabil genug sein. Es ist ein weiterer wichtiger Helfer im „Kampf" um gute Aufnahmen. Entweder man braucht es, um selbst auf den Fotos „mit drauf" zu sein (in Verbindung mit dem Selbstauslöser), oder bei der obligatorischen Gruppenaufnahme – alle mal lächeln! – um die Gesichter beobachten zu können. Wenn sich der Fotograf auf das Beobachten konzentrieren kann, wird nachher auf dem Foto nicht ein schiefer Horizont erscheinen, und die kleine Sabine hat dann auch nicht gerade den Finger im Mund.

Machen Sie bei Aufnahmen mit vielen Personen viele Aufnahmen. Irgend jemand verzieht das Gesicht immer gerade so, daß es auf dem Foto komisch aussieht, bei 20 Personen sind das 20 Möglichkeiten. Haben Sie 10 oder 15 Aufnahmen gemacht (wenn Sie einen Winder/Motor an der Ka-

10 oder 15 Aufnahmen gemacht (wenn Sie einen Winder/Motor an der Kamera haben, geht das schneller als man es wahrhaben will), ist die Chance erheblich größer, daß auf einem Foto alle einigermaßen so aussehen, wie Sie es sich vorstellen. Der Mehraufwand an Filmmaterial lohnt sich allemal.

Und wenn schon ein Stativ beschafft wird, dann bitte eines, das wirklich den Namen verdient. Es nützt überhaupt nichts, wenn wacklige Klemmungen und ein noch viel schwächerer Kugelkopf (oder 3-D-Kopf) Ihnen eine Sicherheit vortäuschen, die dann doch nicht vorhanden ist.

Natürlich benötigt man ein Stativ nicht immer, und auch nicht immer muß es ein superschweres Gerät von Gitzo, Linhof oder Foba sein (um nur einige bekannte Profistativhersteller aufzuführen). Die festen Kombinationen von Stativ mit 3-D-Kopf (der dann nicht abnehmbar ist) sind zwar preiswert, aber auch unpraktisch. Getrennt ist besser. Irgendwann werden Sie sowieso mehrere Stative benötigen (etwa für lange Brennweiten oder größerformatige Kameras). Dann können Sie ein kleines handliches Stativ, das zudem noch relativ leicht ist, als „Reisestativ" einsetzen.

Gehen wir einmal davon aus, daß Sie nun Ihre Aufnahmen im Kasten haben. Sie gehen fröhlich nach Hause und bringen die zehn vollen Filme zum Entwickeln mit je einem Bild im Format 9 × 13 cm. Zum Aussuchen reicht das Format bestimmt.

Dann empfiehlt sich, von den drei besten Aufnahmen nur so und ohne Abnahmeverpflichtung Poster im Format 30 × 40 cm (Sie können auch irgendein anderes großes Format wählen) machen zu lassen. Wenn Sie diese dann als Demonstration der Qualität Ihrer Aufnahmen vorzeigen können, werden die Bestellungen um einiges höher ausfallen als ohne eine solche „Marketing-Maßnahme".

Von den übrigen 357 Aufnahmen sortieren Sie nun erst einmal mindestens 157 bis 257 Stück aus und werfen sie weg oder schenken sie dem Auftraggeber. Technisch nicht einwandfreie Fotos gehören ohnehin in den Papierkorb – sofort und unwiderruflich.

Dadurch müssen die verbleibenden 100 Aufnahmen den Gesamtaufwand hereinbringen und, wenn möglich, noch einige Mark „Gewinn" erzielen: für Ihre Bemühungen, für das Filmmaterial, für die Kameraausrüstung.

Für die „Kalkulation" gibt es die verschiedensten Möglichkeiten: Da gebracht wird, ist es letztlich völlig gleichgültig, ob ein grundsätzliches „Festhonorar" vereinbart wird oder ob diese Beträge indirekt auf jedes einzelne Bild aufgeschlagen werden.

Wie günstig Sie Material einkaufen, Filme, Bilder, ist Ihrem Talent überlassen. Der Fotofachhandel bietet eine gute Auswahl, er ist manchmal allerdings ein paar Pfennig teurer als billige Quellen. Dafür kann man im allgemeinen aber auch davon ausgehen, daß gängige Materialien besonders frisch und fachgerecht gelagert sind.

Die Lagerung von Filmen in praller Sonne im Schaufenster oder auf einem „Wühltisch" ist nicht sehr vertrauenerweckend. Filme gehören nicht in warme Räume, ein Kühlschrank, am besten nur für Filme, ist am geeignetsten.

Der Markt für Fotoentwicklung befindet sich in einem auch für Fachleute desolaten Zustand. Es gibt zur Zeit kaum jemanden, der ernsthaft behaupten kann, daß überhaupt bundesweit vergleichbare Angebote vorhanden und qualitativ nachprüfbar sind. Da gibt es gängige Formate wie 9 × 13 cm und Super-Formate mit 10 × 14 cm oder 9,3 × 13,4 cm oder wie es gerade dem nächsten Labor in den Sinn gekommen ist. Vielfach sind Super-Formate der letzte verzweifelte Versuch, das Preisgefüge nicht total in den Keller rutschen zu lassen. Der Grund dafür sind Überkapazitäten bei den Labors, die Geräte angeschafft haben, die sehr schnell und vollautomatisch produzieren. Häufig haben die Labors dabei die üblichen Zuwachsraten einkalkuliert – Zuwachsraten, die in Jahren rückläufiger oder stagnierender Konjunktur ausgeblieben sind.

Die Geräte stehen nun da, das Personal sitzt herum und langweilt sich. In den Gewinnen ist noch Luft, aber nicht mehr lange. Irgendwann greifen Außenseiter der Fotobranche die Möglichkeit auf, durch Abnahmegarantien bei Labors günstige Preise zu erzielen. Und diese günstigen Preise werden dann – nicht mit den üblichen Gewinnspannen natürlich – an den Kunden weitergegeben. Das Labor lebt auch wieder ganz gut, mit bescheideneren Gewinnen zwar, aber immerhin mit Gewinnen.

Hat das Kaufhaus X oder der Verbrauchermarkt Y erst einmal „Super-Knüller" wie 9 × 13 cm-Bilder zu 35 Pfennig im Angebot, wird der Fachhandel seine Preise von 79 Pfennig pro Bild kaum noch halten können. Selbst das Versprechen bester Qualität kann beim Foto-Amateur dann nur noch ein müdes Lächeln hervorrufen. 100 Prozent Preisunterschied sind noch ein müdes Lächeln hervorrufen. 100 Prozent Preisunterschied sind nicht mehr zu verkaufen. Wenn es der böse Zufall will, kommt das 35-Pfennig-Bild auch noch aus demselben Labor wie das zu 79 Pfennig. Der Preiskrieg hat bereits einige Pleiten von Großlabors zur Folge gehabt, es werden weitere folgen. Um diese Voraussage machen zu können, muß man kein Prophet sein. Überleben werden nur die kapitalstarken Labors, die entweder zu Konzernen oder Gruppen gehören.

Von solchen Preiskämpfen zu profitieren, lohnt sich für den einzelnen bestimmt. Es lohnt sich aber nur dann, wenn Sie die Verarbeitungsqualität kennen. Wenn Sie also drei Fachhändler, zwei Kaufhäuser und einen Verbrauchermarkt in Ihrer Umgebung haben, sollten Sie bei diesen mit wiederholbaren Motiven bezüglich Entwicklung und Abzugsqualität einen Test machen. An den Ergebnissen können Sie dann selbst feststellen, welche Labors wie arbeiten. Zumindest gibt ein solcher Test gute Anhaltspunkte. Wenn dann der Test bei zwei Fotohändlern und einem Kaufhaus sowie dem Verbrauchermarkt zufriedenstellende Bilder bringt, müssen Sie nur noch darauf achten, wer gerade welche Angebote besonders günstig in den Vordergrund stellt.

Vergleiche sparen dabei viel Geld, das Sie besser in neue Geräte investieren sollten. Außerdem macht es bei Ihrem „Angebot" einen guten Eindruck, wenn Sie Ihre Farbbilder 9 × 13 cm zu einem „normalen" Bilderpreis von sagen wir 63 Pfennig abgeben können, ohne daß Sie zulegen. Selbst wenn Sie 1,20 DM pro Bild nehmen, sind Sie noch preiswert, weil Sie ja die Filme stellen mußten und die Arbeit ihren Lohn wert sein soll. Für Ihre Kalkulationsphantasie und Ihre Gewinne sind alle Möglichkeiten offen.

Insbesondere das Angebot von Postern ist hierbei von Bedeutung. Ein 30 × 40 cm-Farbbild, das Sie im Sonderangebot 9 DM kostet, wird im allgemeinen vielleicht mit 15 DM vom Fotohandel berechnet. Ihre Kalkulation kann bei 100 Prozent Aufschlag auf den üblichen Preis liegen, das sind vom Sonderpreis ausgehend dann aber schon über 200 Prozent, und 10 verkaufte Bilder im Posterformat bringen mehr Gewinn als 50 Bilder im Kleinformat.

Auch hierbei ist der günstige Einkauf die Quelle für gute Gewinne. Und es darf Ihnen wirklich gleichgültig sein, welches Labor mit diesen günstigen Preisen noch kostendeckend arbeitet oder wieviel das Warenhaus pro

Bild zusetzt, um einen Knüller, einem „Lockvogel" im Angebot zu haben, der Sie ins Geschäft holt. Ihre Chance ist der günstige Einkaufspreis für gute oder erstklassige Qualität.

Wie geht es weiter?

Bis hierhin hört sich das ganz ordentlich an. Sie haben nun Ihre Bekannten als „Markt" für Ihre Fotos erschlossen, alle wissen um Ihre gute Qualität zu günstigen Preisen. Sie haben Gewinne gemacht, die bei einigen Hundert DM im Jahr lagen und die zu größeren Taten Ansporn sind. Außerdem wollen Sie nun doch die bessere Kamera, ein zusätzliches Objektiv, weiteres Zubehör anschaffen.

Zudem sind bei allen Bekannten und Verwandten in absehbarer Zeit keine Familienfeiern zu erwarten. Was nun? Fotografieren möchten Sie gern weiter, der Nebenverdienst hat das Hobby noch attraktiver gemacht, und das eine oder andere Pils war auch umsonst.

Aber wo bleiben die nächsten Auftraggeber? Da muß man wohl Werbung für sich und seine fotografische Tätigkeit machen. Nichts einfacher als das – eine Kleinanzeige kann da helfen.

Genau dann geht der Ärger für Sie los: Das Finanzamt, die Industrie- und Handelskammer, das Gewerbeaufsichtsamt und natürlich alle gewerblichen Fotografen (diese Berufsbezeichnung ist geschützt, Sie als „Ungelernter" dürfen sich „nur" Foto-Designer nennen!) interessieren sich brennend dafür, ob Sie ein Gewerbe angemeldet haben oder ob Sie freiberuflich arbeiten, ob Sie Ihre Einnahmen versteuern, ob Sie auch gelernter Fotograf sind. Dazu am Schluß dieses Buches mehr.

Also kann man das Fotografieren ganz so einfach auch wieder nicht in Geld umsetzen?

Doch. Es geht immer dann, wenn man die grundsätzlichen Regeln von Hobby, Halbprofi und Vollprofi beachtet. Wenn man sein Hobby als Hobby betrachtet und eine professionelle Arbeit nicht nur unter qualitativen Gesichtspunkten der Fotografie, sondern auch vom professionellen „Umfeld" her sieht.

Fotoclubs

Wer fotografiert, hat irgendwann Interesse daran, seine Erfahrungen mit Mitmenschen auszutauschen. Das geschieht meist in Clubs, wie bei fast allen Hobbys. Ob Schäferhund, Kleingarten, Briefmarken oder Tauben, Motorrad oder Camping, ob Reise oder sonst was, alles wird ja bei uns in Clubs oder Vereinen organisiert. Bei der Fotografie ist es nicht sehr viel anders, obwohl das Angebot nicht sehr vielfältig ist.

Da gibt es den VDAV, der Amateur-Vereine zusammenfaßt, da gibt es alle möglichen (oder unmöglichen) Clubs, die in den Kleinanzeigen von Fotozeitschriften mehr oder weniger kostspielige Dienste anbieten. Wer dabei klare Angebote über Preis und Leistung macht, wird sicher kaum auf eine Täuschung des gutgläubigen Amateurs bauen.

Allerdings gibt es auch merkwürdige Offerten, die an ihrer Seriosität zweifeln lassen. Wer für 60 DM Jahresbeitrag einige Kundendienst-Zeitschriften (Cewe-Poster-Journal, Agfa- und Ilford-Info-Zeitschriften, alle bei den Firmen für eine Postkarte mit 60 Pfennig Porto gratis zu beziehen), Einkaufsmöglichkeiten für verbilligte Fotoartikel (die jeder Discounter mindestens ebenso preiswert liefert), die Teilnahme an hauseigenen Wettbewerben, eine hauseigene Info-Zeitschrift (DIN A-4, 16 Seiten, fotokopiert oder maximal Sofortdruck-Qualität) mit Abdrucken von ein paar absolut mittelmäßigen Fotos, ein paar Briefen von Bildagenturen (die mit wohlgesetzten Worten allgemeines Interesse bekunden, aber nicht zu sehr) liefert, bewegt sich doch schon deutlich sichtbar im „unangenehmen" Bereich der „Vereine". Da nützt dann der Hinweis auf Fernschreiber, eigene Presseausweise (nicht das Papier wert, auf dem sie gedruckt sind, obwohl das eine oder andere „Erfolgserlebnis" für den Inhaber auch denkbar ist), Pressekarten für bestimmte Veranstaltungen auf Anfrage und allerlei sonstige Vorteile, Vorzüge und „Leistungen" auch nichts, denn aller Nutzen scheint doch überwiegend dem/den Initiator/en des Vereins zuteil zu werden.

Es gibt aber auch Vereine oder Gruppen, die für mäßige Gebühren eindeutig saubere Information ohne Kündigungsfristen, ohne Tricks und ohne doppelten Boden liefern.

3. Fotos für die Zeitung

Gehen wir einmal davon aus, daß Ihre Fotos ja eigentlich schon lange viel weiter verbreitet werden sollten, als das bei Einzelbildern vom Kindergarten, vom Familienfest der Fall ist. Ihre Fotos sind wirklich so gut, daß sie veröffentlicht werden sollten. Das ist Ihnen wiederholt gesagt worden – und überhaupt: Die Honorare sollen gar nicht schlecht sein. Außerdem fehlt Ihnen sowieso immer noch ein Teil zur Ausrüstung, das gerade einmal günstig angeboten wird.

Wer aber veröffentlicht Fotos und Dias? Wie kommt man an die Stellen, wo sie veröffentlicht werden? Diese Fragen versuchen Neulinge oft vergeblich auszuloten. Hier gibt es wieder Dutzende Möglichkeiten für den Mißerfolg und Dutzende Möglichkeiten für den Erfolg.

Beginnen wir mit den einfachsten und erfolgversprechendsten Absatzchancen für Ihre Fotos.

Fotos aus dem Vereinsleben

Wenn Sie eine Dunkelkammer haben, können Sie sich in die Pressefotografie stürzen. Das funktioniert so:

Sie sind zum Beispiel Mitglied im Kaninchenzuchtverein „Großer Bock", der jedes Jahr eben denselben prämiert. Die Tageszeitung am Ort berichtet auch hierüber gern oder ungern, mehr oder weniger ausführlich. Sie haben das Prachtexemplar von Kaninchen – preisgekrönt, versteht sich – rechtzeitig vor der Ehrung bereits abgelichtet, das Foto liegt in 9 × 13 cm, besser 13 × 18 cm, vor Ihnen. Die 33 Fotos der übrigen Wettbewerber benötigen Sie sicher nicht mehr, die können Sie Stück für Stück an die Besitzer der Tiere verkaufen.

Fotos für die Zeitung

Das Foto des Preisträgers reichen Sie mit kurzem Text an die Redaktion der Heimatzeitung. Natürlich haben Sie vor der Veranstaltung mit dem Lokalredakteur gesprochen, und er hat sein „Ja" zu einer Veröffentlichung gegeben.

Am Montag oder Dienstag erscheint dann eine kurze Meldung, ein „Zehnzeiler", mit Ihrem Foto des preisgekrönten Kaninchenbocks. Ihr Name steht unter dem Foto, und der Karriere zum Fotoreporter steht nichts mehr im Wege. Im nächsten Jahr ist eine Wiederholung möglich, und da darf es ein Foto mit dem Vereinsvorsitzenden sein, zusammen mit dem Preisträger und dem Besitzer.

Sie merken schon, daß dies zwar ein „Einstieg" sein kann, aber kaum mehr. Welche Voraussetzungen braucht man außer Kameras, Zubehör und technischem Wissen noch?

Eine gute Zusammenarbeit mit einer Tageszeitung kann für die Zeitung und den Fotografen sinnvoll sein, wenn die Voraussetzungen stimmen. Tageszeitungen beschäftigen meist Fotoreporter, die den allgemeinen Bildbedarf voll und ganz abdecken, ja häufig sogar viel mehr Fotos liefern, als nachher tatsächlich gedruckt werden (der 90. Geburtstag des Altbürgermeisters war eben aktueller als das Jubiläum des Vereins).

Die vielfältigen redaktionellen Anforderungen an Fotos sind ohnehin nicht einfach zu erfüllen. Da wird Hoch- oder Querformat gewünscht, die eine Zeitung druckt nur im Format 1 : 1, die andere macht problemlos Vergrößerungen oder Verkleinerungen vom Format 13 × 18 cm. Der eine Redakteur bevorzugt Fotos mit großen Flächen (nah rangehen!), der andere mag mehr die Übersichten. Die eine Zeitung hat um 17.00 Uhr Redaktionsschluß, die andere erst um 19.30 Uhr (mit einer Kiste Bier für die Repro geht es um 20.30 Uhr auch noch).

Der „Einstieg" durch Fotos vom Vereinsleben ist geglückt, der Redakteur meint auch, Sie können fotografieren. Die „Honorarhöhe" von 15 DM für das Bild hat Sie nicht abgeschreckt, schließlich muß man klein anfangen, wenn man einmal groß herauskommen will.

Pressefotos im Auftrag

Sie haben dem Redakteur eine Reihe weiterer erstklassiger Aufnahmen gezeigt, und das eine oder andere Foto hat er zur gelegentlichen Veröffentlichung dortbehalten.

Außerdem hat er Ihnen die nächsten Möglichkeiten zur Zusammenarbeit angekündigt: wenn der Hausfotograf Urlaub hat und dessen Vertreter ebenfalls unterwegs ist. Und Terminüberschneidungen kommen häufiger vor als man denkt.

Irgendwann ist es dann soweit: der erste „richtige" Auftrag! Das Fußballspiel des SV Hintertupfing gegen den Sportclub Tiefenhausen soll mit zwei Fotos (eins von der Heimmannschaft und eins mit Aktion) erscheinen, und Sie dürfen dieses Großereignis ablichten. Von Ihrer Dunkelkammer sprach ich bereits, die Ihres Freundes oder die in der Redaktion tut es selbstverständlich genauso, der Redaktionsschluß liegt zwei Stunden nach dem Spiel, also kein Problem.

30 DM Honorar sind erzielbar. Zwei Stunden dauert das Spiel, eine Stunde die Ausarbeitung der Bilder. Sie haben einen ganzen Film mit 36 Aufnahmen gebraucht, 5 Vergrößerungen zur Auswahl gemacht. Die Materialkosten liegen damit bei 6 bis 8 DM, es verbleiben Ihnen gute 20 DM Gewinn, da Sie auch Benzin fürs Auto rechnen müssen.

Dann haben Sie nach der Abrechnung aus privater Sicht 20 DM für 3 Stunden Aufwand, das sind 6,60 DM für eine Stunde.

So besonders viel ist das nicht, denn in Ihrem Hauptberuf verdienen Sie auf die Stunde umgerechnet mehr.

Scharf gerechnet, müßten Sie für diesen Auftrag sogar noch bares Geld mitbringen, da Sie die 30 Kilometer, die Sie mit dem Auto quer durch die Stadt gefahren sind, allein schon mit je 50 Pfennig ansetzen müßten. Die Materialkosten und die Geräteabschreibung sind dann so hoch anzusetzen, daß ein Stundenlohn von nur gut 1 DM herauskommt.

Die Rechnung geht dennoch auf, wenn Sie nicht isoliert die Pressefotos sehen, sondern sich über den Gesamtvertrieb Gedanken machen.

Wenn Sie von den 36 Aufnahmen nur jeweils eine Vergrößerung 13 × 18 cm mit 1,50 DM Gewinn an die Spieler oder an den Verein verkaufen, dann haben Sie eine Stunde zusätzlichen Zeitaufwand in der Dunkelkammer, aber immerhin 54 DM zusätzliche Einnahmen. Der Preis von 2 DM pro Bild 13 × 18 ist dabei noch recht niedrig angesetzt, wobei ich von Selbstkosten von 50 Pfennig pro Bild (Papier, Chemikalien und so weiter) ausgehe. Jeder Groschen mehr im Preis erhöht Ihren Gewinn.

Erfahrung sammeln

Presseaufnahmen sind eine gute „Schule" für jeden Fotografen. Erfahrungen, die Sie hier sammeln, werden Ihnen später oft von Nutzen sein.

Es kommt darauf an, immer und zu jeder Zeit zuverlässig und schnell zu arbeiten. Ein eigener Wagen, Telefon und Dunkelkammer sind notwendige Voraussetzungen.

Richtig Geld verdienen kann man dann, wenn man die Grundvoraussetzungen mitbringt und wenn die Routine einsetzt. Wer die vielfältigen Gelegenheiten hierbei nicht nutzt, verschenkt Bargeld.

Wer die Zeit und die Energie hat, Anfangsschwierigkeiten zu überwinden, wird mit relativ einfachen Mitteln gute Aufnahmen machen können und bei geschicktem Verkauf gutes Geld verdienen.

Bei der Pressefotografie ist es zudem nicht gar so eng zu sehen mit den steuerrechtlichen Hindernissen, solange an Einnahmen 800 DM im Jahr nicht überschritten werden. Bei Tageszeitungen muß man schon etliche Fotos gedruckt sehen, bis ein solcher Betrag zusammenkommt. Zu steuerlichen Dingen später mehr.

Nun haben Sie das Glück, daß in Ihrer Stadt eine zweite Tageszeitung existiert oder ein Anzeigenblatt, das an eben denselben Fotos interessiert ist, die Sie für Ihren ersten Auftraggeber gemacht haben. Solange Sie nicht irgendwelche einmaligen Fotos gemacht haben, wird es gegen eine Veröffentlichung weiterer Motive aus einer Serie keine Einwände geben, wenn nicht eine hohe Übereinstimmung der Aufnahmen besteht (so kann es bei Kameras mit Motor leicht der Fall sein, daß drei hintereinander geschossene Aufnahmen sich auf Anhieb kaum unterscheiden).

Auf alle Fälle sollten Sie mit dem zuständigen Redakteur der ersten Zeitung vor einer Veröffentlichung ähnlicher Fotografien sprechen. Sie werden dadurch Mißverständnisse vermeiden und Mißstimmungen vorbeugen. Vor allem aber werden Sie als fairer Partner angesehen, was für künftige Aufträge von großer Bedeutung ist: Kurzzeiterfolge sind nicht so wichtig wie eine lang anhaltende, vertrauensvolle Zusammenarbeit.

Wenn Sie sich bei den ersten Aufträgen bewährt haben, wird man bei der Zeitung gern wieder auf Sie zurückgreifen, wenn der hauptamtliche Fotograf verhindert ist.

Mit diesem sollten Sie übrigens versuchen, ein „kollegiales Verhältnis" herzustellen. Schließlich lebt der Profi davon, am Ball zu sein und am Ball zu bleiben. Da Sie ihm nicht hauptberuflich das Wasser abgraben wollen, wird er Ihnen manchen wertvollen Tip geben, wenn Sie ihn fragen.

Und es gibt nicht wenige Profis, die froh sind, wenn Sie einen guten Mann gefunden haben, der sie qualifiziert vertreten kann und der auch von der Redaktion als Vertreter akzeptiert wird. Manchmal ergeben sich dann aus Ihren eigenen Vorlieben oder Hobbys wieder neue „Märkte", wenn Sie zum Beispiel sportlich engagiert sind oder Tierfotografie als Spezialgebiet betreiben.

Zur Pressefotografie allgemein ist natürlich zu bemerken, daß hochdotierte Pressefotografen von Zeitschriften und großen Tageszeitungen mit ihren „kleinen" Kollegen nicht vergleichbar sind.

Was in der regionalen Tageszeitung Spitzenklasse ist, stellt sich in einer großen Zeitung vielleicht als absolut unbrauchbar dar.

Wenn Sie zudem davon träumen, beim „Stern" oder bei „Geo" mit Ihren Aufnahmen konkurrieren zu können, sollten Sie daran denken, daß nur wenige Profis jemals in der Lage sind, Fotos von der herausragenden Qualität zu liefern, die derartige Spitzen-Zeitschriften verlangen.

Verkaufen Sie Ihre Fotos überregional

Nachdem die Zeitungen und Zeitschriften Ihres Heimatortes und der Umgebung gemerkt haben, daß Sie gute Pressefotos liefern, immer zu erreichen sind und auch mal einen Auftrag ausführen, der nicht allzu lukrativ ist, erwacht Ihr Ehrgeiz zu neuen, größeren Taten. Das ist vollkommen in Ordnung und erschließt Ihnen bei konsequenter Handhabung weitere Möglichkeiten, Geld zu verdienen.

Die örtlichen Möglichkeiten sind also hinreichend genutzt – auswärtige Veröffentlichungsmöglichkeiten der Fotos ergeben sich dann manchmal zwangsläufig. Wenn bei Sportveranstaltungen – ich denke an Fußball, Handball, Leichtathletik – der Verein der Gäste von auswärts keinen eigenen Fotografen dabei hat, sind für Sie schon wieder neue Chancen für Veröffentlichungen da.

Die Kontakte zu den Vereinen können Sie vor Ort bei den Veranstaltungen herstellen oder über einen der Mannschaftsbetreuer, die zu den Zeitungen unbedingt persönlich und mit erstklassigen Fotos (bevorzugte Presse-Formate: 13 × 18 oder 18 × 24 cm).

Jede Mannschaft, jeder Verein ist daran interessiert, daß über sie in der Zeitung berichtet wird. Das ist nicht nur aus Gründen der Information notwendig, es dient ebensosehr zur Steigerung der Attraktivität des Vereins für die eigenen Mitglieder und für die Fans, die zu Hause mit ihren Eintrittsgeldern immerhin zu einem guten Teil für die Vereinskasse lebensnotwendig sind. Bei kleinen Vereinen ist die kommerzielle Ader zwar nicht besonders ausgeprägt, aber eine regelmäßige Berichterstattung in der Tageszeitung wird häufig gegen geringe Honorare von einem Mitglied des Vereins (da gibt es dann zumindest einen wohlklingenden Titel wie Pressewart oder gar Pressereferent) sichergestellt. Und dieser für Presseberichte zuständige Mann ist derjenige, an den Sie sich zunächst einmal halten sollten. Fotografiert er selbst, haben Sie vermutlich keine Einstiegschance.

Fotografiert er aber nicht selber, dann ist er Ihr Mann – derjenige nämlich, der Ihnen Redaktionsschluß, Fotoformate und Erscheinungstermine seiner Berichterstattung gern mitteilt und für die Veröffentlichung Ihrer Bilder sorgt.

Viele Tageszeitungen haben zusätzlich zu den Meldungen vom Sport in der Montagsausgabe am Dienstag eine sportliche Nachlese. Da werden dann all die Berichte und Fotos veröffentlicht, die den Redaktionsschluß am Sonntag nicht mehr erreicht haben oder die nur in kurzen Meldungen abgehandelt werden konnten, weil natürlich überregionale Ereignisse Vorrang haben.

Geschwindigkeit ist keine Hexerei

Bei Zeitungen kommt es immer aufs Tempo an.

Nehmen wir an, Sie benötigen von einem Fußballspiel drei Aufnahmen für Ihre Zeitung am Ort, weitere zwei Fotos können Sie in der Tageszeitung am Ort des Gastvereins unterbringen. Außerdem wollen die Vereinszeitschriften je zwei Fotos haben.

Redaktionsschluß für Ihre Zeitung am Heimatort ist 18.00 Uhr. Die auswärtige Zeitung veröffentlicht die Fotos erst am Dienstag, benötigt die Bilder also am Montag bis 18.00 Uhr. Dann haben Sie ausreichend Zeit, das gesamte Spiel zu fotografieren (es sei denn, ein weiteres Fußballspiel steht auf Ihrem Programm oder ein Handballspiel oder ... oder ...), wenn es zum Beispiel um 14.00 Uhr beginnt und Sie um 16.00 Uhr zu Hause sind.

Die Entwicklung des Films dauert inklusive Fixieren und Wässern eine Viertelstunde. Es dürfen auch 20 oder 25 Minuten sein. Das Trocknen darf 5 Minuten in Anspruch nehmen. Ein Trockenschrank ist bei häufiger Nutzung eine sinnvolle Investition, aber ein Fön tut es für den Anfang ebenso, wenn Sie nicht gerade so nah an den Film herangehen, daß die Beschichtung schmilzt. Die Filme sind heutzutage jedoch recht strapazierfähig, und da sie zudem ständig verbessert werden und beachtlich dünnschichtig sind, vertragen sie es einigermaßen klaglos, wenn man mit Wärme nicht spart.

Ein kleiner Tip zum Fön: Nehmen Sie nur neuere Exemplare, die eine Keramik-Isolierung haben. Sonst werden winzige Asbestteilchen gleichmäßig in die Schicht des Films geschleudert und geradezu eingebrannt. Das sieht man später auf den Vergrößerungen. Es kostet dann nicht nur unnötige Retuschearbeit und ist schon allein deswegen ärgerlich, sondern kann so schlimm sein, daß der gesamte Film nicht mehr zu gebrauchen ist.

Die Vergrößerungen machen dann die geringsten Probleme, seit es PE-Papiere gibt, die in einer Minute entwickelt, in einer Minute fixiert, in einer Minute gewässert und in einer Minute getrocknet sind. Selbst wenn alles jeweils 2 Minuten dauert, können Sie in einer halben Stunde 20 bis 30 Fotos produzieren, und zwar in allen Formaten, die Sie gerade benötigen.

Als günstigstes Presseformat hatte sich früher 18 × 24 cm eingebürgert.

FOTOS FÜR DIE ZEITUNG

Bei allgemeinen Aufnahmen und bei Produktionen für Ihr Archiv können Sie das machen, ansonsten reichen heute fast immer 13 × 18 cm. Das spart nicht nur Kosten beim Fotopapier, sondern auch im Versand.

4. Der Versand Ihrer Fotos

Fotos müssen meist zu einem bestimmten Zeitpunkt beim Empfänger sein. Das kann gerade bei Fotos für auswärtige Zeitungen ein Hauptproblem werden. Bei der Zeitung am Ort reichen bei einem Redaktionsschluß von 18.00 Uhr häufig zehn Autominuten vom heimischen Labor bis zur Redaktion. Kein Problem.

Bei der auswärtigen Zeitung kommt die Post auch rechtzeitig am Montagmorgen an, wenn der Brief mit den Fotos um 18.15 Uhr oder 20.00 Uhr im Briefkasten ist.

Dies ist der Idealfall, der aber leider nicht regelmäßig anzutreffen ist.

Tempo, Tempo, Tempo!

Die Presse lebt von der Aktualität, denn nichts ist so alt wie eine Zeitung von gestern.

Das Fußballspiel hat leider erst um 16.00 Uhr angefangen, ist also um 17.45 Uhr zu Ende, und bevor Sie zu Hause im Labor sind, ist es 18.00 Uhr. Zu dieser Zeit sollen die Fotos aber schon bei der Redaktion beziehungsweise auf der Post sein.

Wie ist das zu schaffen? Die vorherige Zeitplanung ging von günstigen Voraussetzungen aus, die jetzt nicht mehr gegeben sind.

Für gute Aufnahmen braucht man Höhepunkte. Die sollten auch in einer Halbzeit zu fotografieren sein. Wenn das Spiel um 16.00 Uhr begonnen hat, können Sie um 17.00 Uhr den Film im Entwickler haben: Sie haben bis zur Halbzeit fotografiert und Ihren Wagen so günstig geparkt, daß Sie schnell wegkommen. Das Spiel funktioniert dann auch mit der verkürzten Zeit zum Fotografieren wie vorher beschrieben.

DER VERSAND IHRER FOTOS

Es geht noch schneller

Die Ausarbeitung (Film entwickeln, Bilder machen) kann vielleicht sogar in 30 Minuten geschafft werden, jedenfalls die 10 wichtigsten Aufnahmen. Für den Versand per Post können die Briefumschläge mit Anschrift und Porto sowie das Verpackungsmaterial inklusive Anschreiben vorbereitet sein, so daß Sie nur noch die Anzahl der Fotos nachtragen, die Fotos in den Umschlag tun und zukleben müssen. Das bedeutet, daß Sie durch richtige Vorbereitung viel Zeit sparen können. Die Adressen können Sie, wenn Sie regelmäßig mit denselben Redaktionen arbeiten, als Aufkleber beschriften, Umschläge besorgen Sie sich in gängigen Größen am besten beim Bürofach(groß-)handel zu 500 oder 1.000 Stück.

Die Verpackung sollte grundsätzlich leicht und stabil sein. Fotos werden also entweder in Pappen verpackt oder in wattierten Umschlägen, die es in verschiedenen Ausführungen und Größen gibt. Sie sollten sich nicht scheuen, stabile Versandtaschen mehrfach zu verwenden, indem Sie sie mit neuer Anschrift bekleben. Das geht bei Aufklebern ohne Probleme, da sich diese leicht wieder entfernen lassen. Selbstklebende Aufkleber haben sich in meiner täglichen Praxis als ideal erwiesen, wenn es um Anschrift oder Absender geht.

Eine Versandtasche kann man drei- bis viermal verwenden, und da eine Versandtasche leicht um 1 DM kostet, sind doch erhebliche Ersparnisse möglich. Sparen hilft auch eine solide Briefwaage, die bis 1.000 Gramm exakt wiegen muß. Sie kostet etwa 50 DM. Gerade durch genaue Frankierung können Sie einiges an Portokosten sparen.

Weniger Probleme bereitet das Gewicht bei Expreßgutsendungen. Hier sollten Sie eine entsprechend massive Verpackung – nicht zu klein – wählen, damit die Fotos nicht versehentlich irgendwo verlorengehen. Die Abmessungen dürfen größer ausfallen als beim Brief. Und das Mindestgewicht muß ohnehin bezahlt werden.

Für den Absenderaufdruck tut es entweder ein Stempel (8 bis 20 DM) oder kleine Adressenaufkleber, die zu 1.000 Stück etwa 10 DM kosten, zum Beispiel bei der Karl-Heinz Jung GmbH, Remchinger Str. 1, 7537 Remchingen, Tel. 07232/7622.

Daß Sie Briefmarken in allen gängigen Werten ausreichend vorrätig haben, sollte selbstverständlich sein; dazu gehören natürlich auch Eilbotenaufkleber und Einschreibezettel.

Eilboten

Wenn es nicht supereilig ist, sollten Sie auf Eilboten-Versand verzichten. Der Eilboten-Zuschlag geht bei mehreren Sendungen und häufigem Einsatz ganz erheblich ins Geld. Und schneller wird dadurch lediglich die Zustellung des Briefes, nicht etwa die Laufzeit von A nach B.

Wenn dann ein Eilboten-Brief vier Tage für 50 km benötigt, haben Sie einfach Pech gehabt. Auszuschließen ist so etwas jedoch nicht. In einigen Fällen kann ein Eilbrief ganz regulär länger unterwegs sein als ein Normalbrief, wenn zum Beispiel der Zusteller für Eilboten eine bestimmte Tour fährt, die am anderen Ende der Stadt beginnt, und der reguläre Briefträger seine Zustellung in Ihrer Straße beginnt. Auch ein Postfach gibt diesen Feinheiten der Postgeheimnisse eine zusätzliche Variante, da hier die Sortierung zum Teil früher stattfindet als die allgemeine Zustellung. Falls sich in Ihrer Nähe ein Postamt befindet, lohnt sich also eventuell die Einrichtung eines Postfachs. Die einmalige Gebühr beträgt 20 DM; Auskunft erteilt jedes Postamt.

Daß Sie auf die Leerungszeiten der Briefkästen sorgfältig achten müssen, versteht sich von selbst. Sonst erwischen Sie für Ihren Eilbrief am Sonntagabend einen Briefkasten, der erst am Montag geleert wird. Da nutzt dann keine Eilzustellung mehr – die Fotos kommen zu spät an.

Ein normaler Brief, um 18.00 Uhr oder 20.00 Uhr eingeworfen, ist am nächsten Morgen beim Empfänger, mit oder ohne Eilboten – vorausgesetzt, die Laufzeit läßt es zu. Fragen Sie ruhig einmal Ihr örtliches Postamt. In größeren Städten gibt es sogar Übersichten über Laufzeiten von Briefen bei den Postämtern. Da kann es wichtig sein, daß der Brief um 18.00 Uhr im Briefkasten ist, weil er dann noch das Nachtflugnetz der Post erreicht, während der um 20.00 Uhr im Briefkasten befindliche Brief mit Lkw oder Bahn transportiert wird und somit länger braucht. Jedenfalls sollten Sie auf den Eilboten-Versand verzichten, wenn er nicht sichere Vorteile bringt. Reduzieren Sie Ihre Kosten, wo es ohne Leistungsverlust möglich ist!

Der Versand Ihrer Fotos

Der sicherste und schnellste Übermittlungsweg von Fotos ist: Sie übergeben sie persönlich. Wenn Sie bis zur Halbzeit fotografiert haben, können Sie bis zum Spielschluß dem „Pressewart" oder dem Redakteur der Zeitung die drei spannendsten Szenen überreichen und wissen damit, daß keine Transportprobleme auftreten können. Darüber lohnt es sich nachzudenken!

Versand per Bahn

Expreßgut heißt das Zauberwort, das mitunter dann weiterhilft, wenn die Post bereits geschlagen ist. Selbst 50 Kilometer Entfernung sind per Post nicht von 18.00 Uhr (Brief im Briefkasten) bis 19.00 Uhr (Brief beim Empfänger) zu bewältigen.

Für Expreßgut ist das kein Problem, vorausgesetzt, man wohnt in einer Stadt, die
1. einen Bahnhof hat, der
2. am Sonntag besetzt ist (das heißt, daß überhaupt jemand da ist), der
3. zu dieser Zeit dann auch noch geöffnet ist und der
4. zu dieser Zeit auch Expreßgut annimmt. Dann fehlt
5. nur noch ein Zug, der um diese Zeit dorthin fährt, wohin die Fotos sollen und der
6. auch an Sonntagen Expreßgut befördert. Wenn dann
7. auch noch der Empfangsbahnhof diese Voraussetzungen für Expreßgut aufweist, haben Sie eine exzellente Beförderungsmöglichkeit!

Fehlen dagegen einige dieser Voraussetzungen, dann fängt das Improvisieren an. Das geht natürlich nicht so weit, daß man Ihretwegen Züge außerplanmäßig halten lassen wird, aber die Abfertigung und ähnliche Dinge lassen sich vielleicht auch anders abwickeln, als es allgemein üblich ist. Sollte der zuständige Mann am Expreßgutschalter womöglich ein Fan des Vereins sein, dessen Spiel Sie fotografiert haben, dann werden sich um so leichter ganz neue und machbare Lösungen entwickeln lassen, an die vorher nicht zu denken war.

Mit gutem Willen ist selbst in den angeblich starren Strukturen der Deutschen Bundesbahn viel Spielraum vorhanden, den es zu erkunden und zu nutzen gilt. Mit Freundlichkeit und Beharrlichkeit kommen Sie meistens erheblich weiter als mit Berufung auf Vorschriften und mit Anspruchsdenken.

Bahnpost ist, wenn vorhanden (und so was gibt es nur in größeren Städten), eine wunderschöne Sache. Entweder mit Richtungsbriefkasten – dann wirft man seine Post dort ein – oder ohne Richtungsbriefkasten – dann bringt man seine Briefe direkt zum „Briefkasten" am Zug.

Luftpost kommt wohl nur dann in Frage, wenn man nahe einem Flughafen wohnt, die Empfänger ebenfalls in einer Stadt mit Flughafen sitzen und wenn zu den entsprechenden Zeiten direkte Flüge verkehren. Voraussetzungen also, die in dieser Kombination wohl eher als Ausnahmen zu sehen sind.

5. Vom aktuellen Pressefoto zum ständigen Mitarbeiter: Reportagen und Feuilleton

Nun arbeiten Sie schon erfolgreich mit einer oder mehreren Tageszeitungen im aktuellen Bereich – das muß ja nicht allein Sport sein – zusammen. Honorare fließen regelmäßig, und Spaß bringt es schließlich einem jeden, den eigenen Namen unter Zeitungsfotos gedruckt zu sehen.

Die Freunde und Kollegen sehen ein wenig den Starfotografen in Ihnen, und ehrlich gesagt haben Sie so viel nun auch wieder nicht dagegen einzuwenden. Da Sie nicht nur aktuelle Fotos machen, kommt der Gedanke von selbst, einmal all die schönen Landschaftsfotos für Reisebeilagen oder Feuilletons anzubieten und damit die Honorare für sich zu gewinnen, die bislang an andere flossen, die auch nicht besser fotografieren als Sie.

Also versuchen Sie zunächst wieder bei Ihnen bekannten Zeitungen, Ihre letzte Urlaubsausbeute an Fotos als Illustration zu einer Bilderstory zu verkaufen. Und plötzlich stellen Sie fest, daß der Reiseredakteur oder der Feuilletonredakteur bei weitem nicht dieselbe Begeisterung für Ihre Mitarbeit aufbringt, wie das im Bereich der Lokalredaktion der Fall war. Wieso dieses, wo Ihre Fotos doch mindestens so gut sind wie die bereits erschienenen, wenn nicht sogar erheblich besser?

Die Erklärung kann ganz einfach sein: Redaktionen von Tageszeitungen sind oft sogenannten Redaktionsgemeinschaften angeschlossen. Da gibt es in einer größeren Stadt eine komplette Redaktion mit allen Bereichen, in den umliegenden kleineren Städten jedoch nur erweiterte regionale „Lokalredaktionen".

Der allgemeine Teil der Zeitung, der „Mantel", wird „fertig" geliefert, lediglich der Name der Zeitung oder Ausgabe sowie die Regionalseiten werden vor Ort gemacht.

Die Sparten Politik, Kultur, Wirtschaft, Reise und Feuilleton werden meist überregional produziert.

Und insbesondere Reise-, Feuilleton- und Wirtschaftsseiten werden selbst bei großen Zeitungen zwar redaktionell zusammengestellt, aber häufig nicht von eigenen Redakteuren geschrieben. Da gibt es die Presseagenturen und Nachrichtendienste, mit denen feste Verträge für ganze Seiten bestehen; da gibt es Bildagenturen, von denen eine beachtliche Zahl auch allgemeiner Fotos ohnehin zur Verfügung steht; und da gibt es im Bereich der Touristik viele Veranstalter, Gebietsverbände, Fremdenverkehrsorganisationen, die gern und ohne Kosten für die Redaktion Texte und Fotos liefern. Auch große Firmen haben eigene Pressestellen, die am laufenden Band Neuheiten an die Redaktionen zu bringen versuchen, denn jede Meldung – möglichst mit Werksfotos – ist besser als Werbung und muß nicht mit kostspieligen Anzeigenpreisen bezahlt werden.

Wo gibt es Chancen?

Natürlich gibt es ausreichend Möglichkeiten, überregional Fotos an Tageszeitungen zu verkaufen. In allen Bereichen: Feuilleton, Wirtschaft und Reise. Das „Rezept" dafür ist ebenso einfach zu beschreiben, wie es schwierig zu praktizieren ist.

Machen Sie bessere Fotos als die Konkurrenz, bieten Sie Fotos zielgruppengerecht an, fotografieren Sie „Human Interest", bieten Sie Fotos von Spezialgebieten an, bieten Sie Reportagen an.

Daß Erfolge einem nicht in den Schoß zu fallen pflegen, hat sich herumgesprochen. Daß Erfolge überhaupt nicht zu vermeiden sind, wenn man „richtig" arbeitet, wollen wir mitunter nicht zugeben; dann jedenfalls nicht, wenn wir selbst diesen Erfolg nicht hatten oder dieser nicht so strahlend war, wie wir uns das vorgestellt hatten.

REPORTAGEN UND FEUILLETON

Fotos aus Spezialgebieten verkaufen sich besser

Wer sich beispielsweise auf Tierfotografie spezialisiert und diese in heimischer Umgebung ausübt, wird immer wieder Aufnahmen an Tageszeitungen (regionale und überregionale) verkaufen können. Das ist von dem berühmten und inzwischen leider sehr selten gewordenen Storch bis zum fröhlichen Star am Nistkasten oder der Kohlmeise am Winterfutterplatz ein dankbares Gebiet, das fotografisch interessant ist und bleibt. Sie können das auch mit Zootieren hervorragend beginnen. Wenn Sie einen Motor an der Kamera haben, eignen sich etliche tierische Zeitgenossen hervorragend zu einer Bildstory mit drei bis vier Fotos. Und diese drei bis vier Fotos, als Story verkauft, ergeben mehr Honorar als ein Einzelfoto.

Tieraufnahmen in freier Wildbahn sollten Sie nur dann zu Ihrem Spezialgebiet erwählen, wenn Sie viel Geduld haben und es Ihnen in erster Linie um den Spaß an der Natur geht. Denn schnell Geld verdienen und Tierfotografie sind zwei Paar Schuhe. Ein verantwortungsvoller Tierfotograf wird im Zweifel auf ein Foto verzichten, wenn eine Beeinträchtigung des frei lebenden Tieres erfolgen könnte. Beim Hundezüchter-Wettbewerb jedoch läßt sich ohne diese Schwierigkeiten eine schöne Serie „Hunde sind auch nur Menschen" oder „Hunde wie Du und ich" oder „Hunde sehen Dich an" fotografieren, deren Bilder in Flensburg wie in Berchtesgaden von gleicher Aussagekraft sind – heute, morgen und auch noch in zehn Jahren.

Immer wieder lustig: Schilder

Wenn Dr. Hund als Tierarzt seine Dienste auf seinem Türschild anpreist, wird sich vielleicht ein Dr. Brecher um die Zähne bemühen wollen und ein Dr. med. Kranke die Allgemeinmedizin vertreten.

Solche „Nomen est omen"-Schilder (der Name ist Zeichen) findet man bei aufmerksamer Beobachtung immer wieder hier und dort. Drei Aufnahmen sollte ein solches Schild schon wert sein; wenn zehn oder zwanzig Schilder beisammen sind, kann man eine Serie für den überregionalen Zeitungsmarkt anbieten. Auch hier gilt: Schilder mit Humor oder dem, was man vielleicht gemeinhin darunter versteht, lassen sich 1988 ebenso wie 1998 verkaufen, sie veralten nicht. Eine Ausnahme tritt höchstens dann ein, wenn die fröhliche zweideutige Auslegung einer Aussage überregional zu bekannt wird, wie dieses bei einem Schild des Wasser- und Schiffahrtsamtes Wilhelmshaven der Fall war. Dieses Schild machte darauf aufmerksam: „Slipbenutzung gebührenpflichtig".

Jedem Insider war klar, daß hier nicht Damenbekleidung gemeint war. Aber dennoch, fast jede Programmzeitschrift brachte dieses Schild in der Schmunzelecke, in „Zu guter Letzt" oder wie diese Humoroasen heißen mögen. Das Schild in Wilhelmshaven wurde daraufhin entfernt und erschien wieder mit eindeutigem, aber humorlosen, Text. (Übrigens: Der hier gemeinte Slip ist die schiefe Ebene, auf der ein Schiff zu Wasser gelassen wird.)

Fotos mit „Human Interest"

Der seltsame Fall, daß das Angebot gar nicht groß genug sein kann, ist bei Fotos der Richtung „Human Interest" zu beobachten. Was versteht man darunter? Vereinfacht erklärt: Wenn der Schotte gerade seinen Rock verliert, wenn Prinz Andrew die Badehose platzt oder wenn in einem Haus im Erdgeschoß „Dr. Müllers Sex und Gags", im ersten Stockwerk dagegen Brautmoden verkauft werden.

Ein wenig Schadenfreude, ein wenig Humor, ein wenig Überraschung, ein wenig Alltag, ein Mißgeschick, das dir und mir widerfahren könnte – das alles und viel mehr zeichnet Fotos mit „Human Interest" aus.

Solche Bilder gehören fast schon in die hohe Schule der Fotografie, weil hier das Denken und Sehen entscheidet; die Kamera selbst ist hier in der Tat nur noch Handwerkszeug, Mittel zum Zweck.

Wenn Sie sich in dieses Gebiet eingearbeitet haben sollten, stehen Ihnen nicht nur Tageszeitungen, sondern auch Illustrierte offen. Oft ist sogar eine internationale Vermarktung denkbar; da sollten Sie aber eine gute Bildagentur als Partner haben. Auf das Thema Bildagenturen kommen wir später noch zurück.

REPORTAGEN UND FEUILLETON

Die Reportage

Wenn die Firma XY auf der Messe in Hannover ausstellt und eventuell noch die Firmen Meyer, Müller und Schulze aus den Nachbarstädten dort sind, ergibt sich leicht die Möglichkeit, eine Reportage über die Firmen des Ortes in der Zeitung unterzubringen. Man sollte sich vorher mit dem zuständigen Redakteur über das Thema abstimmen, damit man die gewünschte Richtung des Beitrages berücksichtigen kann. Vorher sollte man allerdings dann auch mit den Pressestellen der Firmen telefonieren, um möglichst vor dem Fototermin bereits die Knüller zu erfahren, die man unbedingt fotografieren muß. Vielleicht ist sogar ein bedeutender Gast auf dem Stand, den man mit den Chefs der Firma fotografieren kann – wenn man vorher weiß, wer wann wo ist!

Wissen Sie das nicht, dann kommen Sie womöglich um 16.00 Uhr beim Stand Meyer an und haben den Außenhandelsminister von Mesopotamien versäumt, der einen Auftrag über 327 Millionen DM abgeschlossen hat – allerdings um 14.00 Uhr. In der Zeit hatten Sie die Firma Müller besucht und dort außer einem 08/15-Foto lediglich zwei Glas Sekt und einen Flirt mit der Hostess am Stand als Erfolgserlebnis zu verzeichnen.

Das Foto des Außenhandelsministers von Mesopotamien dagegen wäre genau der Aufhänger gewesen, der die nicht besonders interessante Optik in der Story um ein Highlight bereichert hätte.

Information ist alles

Informieren Sie sich bei Reportagefotografie über alles, wirklich alles, was zum Thema gehört! Der richtige Auftritt, das richtige Wort zur richtigen Zeit ermöglichen den Erfolg, um den es Ihnen letzten Endes geht.

Das muß keineswegs bedeuten, daß Sie lediglich des finanziellen Erfolges wegen fotografieren sollen. Aber auch deswegen.

Eine gut fotografierte Reportage über den gefährlichen Weg zur Schule über die Hauptstraße kann für Sie nicht nur fünf verkaufte Fotos à 30 DM und 137 Zeilen à 0,60 DM bedeuten; eine solche Reportage kann für Hunderte von Schulkindern bedeuten, daß sie künftig sicherer zur Schule gelangen können, wenn auf Grund dieser Reportage endlich die längst fällige Fußgängerampel installiert wird.

Das soziale Engagement hat hier den angenehmen Nebeneffekt des persönlichen Nutzens. Wenn Sie diesen nicht wünschen, können Sie in einem solchen Fall das Honorar für die Schülerlotsen stiften.

Ihr Bekanntheitsgrad als Fotograf kann dadurch nur gewinnen. Und das zahlt sich in anderen Fällen dann leicht doppelt und dreifach aus. Noch etwas ist bei einer Reportage zu beachten: Sorgen Sie dafür, daß Ihre Fotos nicht mit einem Text erscheinen, der Ihrer Interpretation entgegengesetzt ist!

Wenn Sie selbst fotografieren und schreiben, ist diese Gefahr eigentlich auszuschließen. Ansonsten sollten Sie mit einem Redakteur zusammenarbeiten, der die von Ihnen gesehene Aussage entsprechend umsetzt. Fotos und Text müssen eine Einheit sein, sonst wird daraus Krampf. Wenn ein Grüner und ein CSU-Mann als Reportageteam antreten, kann dabei kaum etwas Gescheites herauskommen. Und in der freien Arbeit sollten Sie so arbeiten, wie Sie es wollen. Reinreden wollen werden Ihnen andere ohnehin noch viel zu früh und viel zu oft.

Fotos aus der Wirtschaft

Eine meist recht einfache Aufgabe für gute Fotografen ist es, Gebäude der Hauptverwaltungen von Firmen im Bild festzuhalten. Jede Aktiengesellschaft hat einmal im Jahr Hauptversammlung, und die Wirtschaftsseiten von Tageszeitungen berichten darüber, ab und zu auch mit Fotos.

Bei den Fotos handelt es sich entweder um den Vorstandsvorsitzenden, der gerade wieder ein Rekordergebnis zu berichten hat (ob positiv oder negativ, ist dabei fast egal), um das Gebäude der Hauptverwaltung oder um irgendwelche dominierenden Produkte der Firma (zum Beispiel Verladung von Maschinen nach Saudi-Arabien; dieser Auftrag war ein Zeichen für die hohe Exportfähigkeit der Firma und hat die überdurchschnittliche Gewinnerwartung durch hohe Kapazitätsauslastung verdeutlicht). Hier ist also eine Reihe von Möglichkeiten gegeben, allgemeine und überregional einsetzbare Fotos aus allen Bereichen der Wirtschaft gezielt anzubieten.

Und wenn man von der Wirtschaft spricht, sind damit nicht nur die großen Firmen und großen Ereignisse gemeint. Wenn das nämlich so wäre, könnten Sie in Aurich in Ostfriesland beim besten Willen kaum jemals Fotos aus dem Wirtschaftsleben für überregionale Zwecke machen. Und doch geht es.

Fotografieren Sie Berufe

Ob Sie Elektriker oder Kfz-Mechaniker sind, fotografieren Sie Ihre Kolleginnen und Kollegen. Ein Foto von einem Auto-Mechaniker kann etwa zur Illustration einer Meldung dienen, daß die Werkstattkosten im letzten Jahr lediglich um 2,5 Prozent gestiegen sind im Vergleich zu den allgemeinen Lebenshaltungskosten, die einen vollen Prozentpunkt höher lagen.

Auch Berichte über Lohnverhandlungen sind mit Fotos der entsprechenden Berufszweige gut zu illustrieren. Jeder Redakteur ist dankbar, wenn er derartige Fotos von Ihnen jederzeit zur Verfügung hat und sie nur aus der Schublade zu ziehen braucht. Auch Bildagenturen sind an solchen Fotos immer interessiert, deren Format sollte jedoch mindestens 6 × 6 beziehungsweise 6 × 7 cm sein.

Das schnelle und reichliche Geld bringen diese Aufnahmen meist nicht, nebenher sind sie aber völlig unproblematisch mitzumachen, denn die Kosten für Vergrößerungen sind nicht allzu hoch, und einige werden jedes Jahr irgendwo veröffentlicht werden. Bei Fotos von Personen sollten Sie sich auf alle Fälle die Genehmigung zur Veröffentlichung geben lassen, sonst könnte es für Sie böse Überraschungen geben, die im ungünstigen Falle auch noch teuer für Sie werden können. Darüber später mehr.

Ein Traum von vielen: reisen und fotografieren

Welcher gestreßte Bundesbürger würde nicht gern seinen Job an den Nagel hängen, nur noch reisen und ein wenig fotografieren wollen, in schönster Umgebung und auf Kosten anderer? Es gibt Foto-Designer und Fotografen, die von Reise- und Touristikfotografie gut leben können.

Nebenberuflich ist das zumindest schwierig zu erreichen, wenn nicht gar unmöglich. Die Konkurrenz bei Reisefotos ist groß, denn viele Fotografen wollen ihre Urlaubsfotos zu Geld machen, und die Fremdenverkehrsverbände sind froh, wenn eine Zeitung ihre Fotos umsonst druckt, weil das kostenloser Werbung gleichkommt. Und da Redaktionen heutzutage wie jedermann kein Geld haben, werden die zur äußersten Sparsamkeit angehaltenen Redakteure zunächst einmal das Fotomaterial durchsehen, das zur kostenlosen Veröffentlichung vorhanden ist.

Erst wenn nun absolut kein brauchbares Foto umsonst vorhanden oder zu beschaffen ist (da wird eher für 30 DM telefoniert, denn das wird einem anderen Etat angelastet), wird zu einem Foto von Ihnen gegriffen.

Bei einigen großen Zeitungen mag das anders ablaufen, und mit Sicherheit habe ich auch etwas übertrieben. Aber versuchen Sie einmal, Reisefotos an Tageszeitungen zu verkaufen. Das schaffen Sie vermutlich nur dann, wenn Sie über eine Reise des Stadtjugendringes Ihrer Heimatstadt berichten. Und das zählt wiederum weniger zur Touristikfotografie als vielmehr zur Lokalreportage.

Fremdenverkehrsämter und -verbände

Diese Institutionen zeichnen sich überwiegend dadurch aus, daß sie Spitzenfotos (Regenbogen über dem Wahrzeichen der Stadt) mit allen Rechten der Veröffentlichung fast umsonst oder geschenkt haben wollen. Für 30 oder 50 DM dürfen Sie das Negativ mit abliefern und sich anschließend schwarz ärgern, wenn Sie zehn Jahre lang bundesweit Ihre Aufnahme regelmäßig veröffentlicht sehen. Es gibt aber auch die weißen Raben bei diesen Organisationen, mit denen Sie hervorragend zusammenarbeiten können – fair und professionell und für beide Seiten ertragreich. Ich wünsche Ihnen, daß Sie solchen begegnen.

Hier möchte ich die Vertriebsmöglichkeiten im überregionalen Bereich erst einmal zurückstellen bis zum Kapitel über Bildagenturen und in die „Niederungen" des Alltags in der Kleinstadt, bei der Tageszeitung, beim Verein, bei Firmen zurückkehren.

Presseausweise

Seit der Arbeitsmarkt nicht gerade ergiebiger geworden ist, Überstunden mehr die Ausnahme denn die Regel sind und das Geld allgemein nicht reichlicher wird, gibt es eine Reihe von „Gurus", die das Heil und die Erlösung und das große Geld verheißen, wenn man ihr Buch kauft und sich danach richtet, wenn man ihrem Verein beitritt und alle die vielen Vorteile wahrnimmt, die man mit nur 80 DM Jahresbeitrag erlangen kann, wenn man endlich 20.000 oder 30.000 DM nebenher verdienen will, ohne viel Arbeit und ganz leicht.

Selbstverständlich kostet ein Presseausweis, der das Tor zum großen Erfolg öffnet, lediglich 60 DM. Die vielen gesparten Eintrittsgelder, die Logenplätze im Zentrum des Geschehens und das Prestige des erfolgreichen Fotografen können Sie für nur ... DM erwerben, wenn Sie den Heilbringern glauben. Sie sollten solche Verheißungen getrost vergessen; Sie können das Geld dafür besser in Filmen anlegen und fotografieren, damit Sie bei Ihren Fotos die Qualität erreichen, die derartige Krücken unnötig machen.

„Presseausweise" kann jeder herausgeben, der eine Presseagentur gründet: mit 20 DM für einen Gewerbeschein sind Sie dabei. Ein solcher Ausweis besagt lediglich, daß Sie „freier Mitarbeiter" bei dieser Agentur sind, also gar nichts.

Sollten Sie bei Veranstaltungen Glück haben und auf weniger informierte Ordner treffen, kann sich der „Ausweis" durch Ersparnis von Eintrittsgeldern dennoch auszahlen. Der offizielle Presseausweis allerdings wird für Sie nur zu erhalten sein, wenn Sie hauptberuflich Ihre Brötchen mit Pressefotografien verdienen und dann beim Deutschen Journalisten-Verband e.V. (Bennauerstr. 60, 5300 Bonn 1, Tel. 0228/222971, Telex 886567 jour d) einen anerkannten Presseausweis beantragen. Alle übrigen Presseausweise, Mitarbeiterausweise, Verbandsmitgliedschaften haben ungefähr dieselbe Echtheit und Wirkung wie die Professoren-, Doktor- und Adelstitel, die in obskuren Kleinanzeigen für viel Geld angeboten werden. Sie nutzen dem, der daran glaubt, und vor allem dem, der sie vermittelt und verkauft. Gegen Bares. Ihr Bares.

„Tolle Geldquellen für jeden Fotofreund"

Solche Angebote gibt es in einigen Büchern zu entdecken. Wer sich danach richtet, wird sein blaues (oder geschäftlich gesehen: rotes) Wunder erleben. Wer mit Polaroidfotos und einem angemieteten Rhesusaffen auf dem Volksfest den Erfolg erzwingen will, kann geschäftlich dabei gesunden – oder schlicht und ergreifend einbrechen. Übrigens ist der Tierschutzverband immer zu Recht dagegen, Sie werden sich damit in Deutschland eine Anzeige einhandeln (die Affen sind nämlich nur unter Einsatz von Beruhigungsmitteln/Drogen ruhig zu stellen; selbst auf Gran Canaria ist derartiger Mißbrauch von Tieren strafbar).

Ob es Ihrem Verständnis von fotografischen Erfolgen entspricht, in dieser Art den Animateur zu spielen, sollten Sie vor einem derartigen Einsatz überdenken. Ebenfalls überdenken sollten Sie die finanzielle Seite: 100 Polaroids mit 2 DM Selbstkosten pro Stück und 5 DM Verkaufspreis bringen 300 DM Gewinn – wenn man 100 Polaroids verkauft. Wenn Sie nur 10 Stück verkaufen sollten, schrumpft der Gewinn auf mickrige 30 DM und sieht dann recht dürftig aus. Sollte der Affe gar 50 DM Miete gekostet haben (der Zoohändler war unerbittlich), geht das Geschäft bei 100 verkauften Fotos immer noch gut, bei 10 Stück wird es ein schlichter Flop.

Und es ist sicher nicht jedermanns Sache, den Clown für andere zu spielen und die primitivsten Scherze wieder aufzuwärmen. Mit Fotografie hat das ohnehin wenig oder gar nichts zu tun. Die Qualitätsfotos in Polaroid könnte der mitabgebildete Rhesusaffe ebenso ordentlich machen – wetten, daß?

Fotos von Wertgegenständen

Für Versicherungszwecke ist es in der Tat sehr nützlich, wenn von wertvollen Gegenständen Fotos vorhanden sind, sollte es zu einem Diebstahl kommen. Die Polizei ist dankbar. Und mit Aufnahmen von Wertgegenständen („Komme ins Haus") läßt sich ein Geschäft machen. Das Geschäft mit der Angst? Wer solche Dienstleistungen neben vielen anderen anbietet, kann damit vielleicht die eine oder andere Mark verdienen.

Allein reicht dieses Angebot allerdings wohl kaum, um den Lebensunterhalt davon bestreiten zu können. Wer gibt schon einige hundert Mark aus, um der Versicherung und der Polizei die Arbeit zu erleichtern? Wer hat schon einen echten Picasso an der Wand hängen, der eine fotografische Dokumentation lohnen würde? Selbst Juwelen und Teppiche sind selten in so reicher Menge vorhanden, daß sich ein Einsatz für Sie finanziell lohnen würde. Wie gut Sie dann die fotografischen Reproduktionen von Gemälden oder Münzen anfertigen oder wie exakt die Struktur des Pelzmantels (20.000 DM, das gute Stück) schwarz in schwarz auf Ihren Fotos wiedergegeben wird, ist eine unbeantwortete Frage, wenn Sie nicht Spezialist in diesen Bereichen geworden sind.

Ich könnte mir vorstellen, daß Sie zu Anfang dabei einiges Lehrgeld zahlen werden. Wer kann schon zu Beginn der fotografischen Tätigkeit universell alle fotografischen Gebiete so hervorragend beherrschen, daß er derartig schwierige Sachaufnahmen wie etwa von Pelzen oder von Münzen zur vollsten Zufriedenheit der Kunden herstellen kann?

Dabei gerät der fortgeschrittene Amateur sehr schnell an die Grenzen seiner technischen Ausrüstung, wenn er mit der früher erwähnten 5.000-DM-Ausstattung beginnt. Tele, Zoom und Weitwinkel sind dann überflüssig, die Kamera mit Normalobjektiv ist ausreichend. Zwischenringe, Balgengerät, Ringblitz und schweres Stativ sind die Zubehörteile, die dann vorrangige Anschaffungen sind. Völlig andere Zielsetzungen also, und dadurch andere Geräte.

Sachaufnahmen haben durchaus ihre Reize. Es gibt „Still-life"-Spezialisten, die nur mit Stilleben Hunderttausende in jedem Jahr verdienen. Die fotografieren dann aber Werbung und nicht Ringe und Pelze für Versicherungsfälle.

Messen und Ausstellungen

In vielen kleinen und erst recht in größeren Städten finden Frühjahrs-, Sommer-, Herbst- und Wintermessen statt (sie heißen natürlich viel wohlklingender „Leistungs- und Industrieschau des Bezirks ....." oder „Internationale Briefmarken-Ausstellung"). Dort gibt es häufig die Möglichkeit, während einer Messe stattfindende Veranstaltungen (zum Beispiel Eröffnung mit dem Präsidenten der Industrie- und Handelskammer, dem Regierungspräsidenten, dem Oberbürgermeister und den Innungsmeistern der Handwerkskammern) zu fotografieren. Wenn Sie davon – ganz ohne Auftrag und selbstverständlich unverbindlich – eine umfassende Reportage machen, haben Sie gute Absatzchancen.

Wenn Sie den anschließenden Rundgang des Herrn Regierungspräsidenten mit der Begrüßung von einzelnen Persönlichkeiten aus der Wirtschaft an diesen Messeständen ablichten, werden Sie die eine oder andere Verbindung auch zu diesen Firmen herstellen können. Denn zunächst versuchen Sie natürlich, die Fotoserie der Pressestelle des Regierungspräsidenten (gibt es die dort?) oder der IHK zu verkaufen.

Damit sind die Selbstkosten schon einmal gedeckt. Ab jetzt verdienen Sie. Von der örtlichen Tageszeitung – bei einer auswärtigen Messe von der am Ort – werden Sie ein Foto (Begrüßung des Inhabers der Firma Müller-Meier durch den Herrn Präsidenten – egal durch welchen) abgenommen bekommen. Die Firmen auf der Messe kaufen Ihnen mitunter gern Pressefotos von solchen Live-Ereignissen ab, denn die Fotos werden für die Firmenchronik und für die Selbstdarstellung des Firmeninhabers, Werbeleiters, Messestandgestalters dringend benötigt.

Ein Messestand kostet mit Personalkosten immerhin einige zehntausend Mark, da spielen die 250 DM für fünf Fotos mit je fünf Vergrößerungen 13 × 18 cm eine untergeordnete Rolle. Vorausgesetzt, Sie sind schnell. Heute fotografiert, morgen noch auf der Messe verkauft. Warten Sie nicht bis nach der Messe. Das wäre geschäftlich für Sie tödlich. Statt fünf Fotos werden dann vielleicht noch zwei Stück genommen, statt 50 DM darf das Stück nur 30 DM kosten, und weitere Vergrößerungen werden gar nicht erst bestellt.

Denn nach der Messe hat sich vielleicht herausgestellt, daß die Verkaufserfolge auf der Messe nun doch nicht so gut waren, wie man sich das erhofft hatte, und mit einem Mal war es ja schon von allen vorausgesagt worden: Der Stand war zu teuer, die Spesen zu hoch, die Standplazierung nicht günstig („Wie konnten Sie es nur zulassen, daß ausgerechnet die Firma XY neben uns plaziert war, die haben doch das Niveau kaputtgemacht, die haben uns die Schau gestohlen."), die Standgestaltung einfallslos (dabei wurde der Architekt mit der Gestaltung hauptsächlich wegen seiner Qualifikation als Golf- oder Tennispartner des Firmenbosses beauftragt) – und dann kommen in diese unglaublich positive Atmosphäre Ihre Fotos. Klar, daß die dann immer unerwünscht sind. Oder? Menschlich. Sie wissen es und richten sich danach. Heute fotografiert, morgen verkauft und möglichst gleich kassiert.

Die 250 DM sind Ihre, die Firma läßt die Fotos im Firmenarchiv verstauben, und die Kosten fallen niemandem unangenehm auf. Und gut waren die Aufnahmen halt doch. Und im nächsten Jahr wird man sich nach langem Zögern entschließen, die Messe wieder zu beschicken, diesmal sparsamer und viel effektiver. Aber man muß ja wieder, denn die Konkurrenzfirma war diesmal dort und kommt auch nächstes Jahr wieder.

Der haben Sie natürlich ebenfalls von ihrem Stand Fotos vom Chef mit dem Präsidenten bei der Begrüßung verkauft. Die eigentlichen Standfotos sollten Sie hingegen dem professionellen Messefotografen (den gibt es bei größen Messen) überlassen. Er will auch leben, lebt schon lange davon und sieht Konkurrenz nicht so gern. Was ihm nicht zu verdenken ist.

Industriefotografie

Von solchen Reportagen führt der Weg dann leicht zur Industriefotografie. Weil die Fotos vom Messestand so gut geworden sind, sollen Sie auch die Produktion im Betrieb fotografieren, was in der Halle, die stockdunkel ist, einen riesigen Lampenpark erfordert. Das alles natürlich ohne Störungen des Produktionsablaufs, und teuer darf es auch nicht sein. Mein Rat: Versuchen Sie, sich mit Zeitmangel oder mit Mangel an Ausrüstung von solchen Aufträgen freizumachen. „Wissen Sie, ich würde das ja gern übernehmen, aber dazu benötigt man das Format 9 × 12 cm, und das ist mir noch zu teuer." Oder: „Dafür habe ich leider keine Zeit, ich bin nur nebenberuflich tätig."

Wenn Sie jedoch mindestens 15.000 DM in Ihre Ausrüstung investiert haben, läßt sich mit Aufträgen kleinerer Firmen gut verdienen, so daß sich die teure Ausrüstung in einem akzeptablen Zeitraum amortisiert.

Diaduplikate

Wer wunderschöne Aufnahmen gemacht hat, wird manchmal bedauern, daß er nur eine einzige Aufnahme von diesem oder jenem Motiv hat. Abhilfe liefern Duplikate. Dabei gibt es mehrere Möglichkeiten:
   Fachduplikate für Reproduktionen sind gut und teuer, für den gelegentlichen Bedarf dennoch eine Überlegung. Duplikate für Projektion sind häufig kaum schlechter als Fachduplikate, jedoch preiswerter. Amateurduplikate gibt es im Kleinbild für Pfennige in ordentlicher Qualität. Wer ein solches Duplikat mit Fachduplikaten vergleicht, wird aber wohl auch die Unterschiede feststellen können. Alle Duplikate haben gemeinsam, daß sie teurer sind als eine Originalaufnahme, nur selten sind sie besser. Mit Fachduplikaten können Sie verkleinern, vergrößern, Farbkorrekturen durchführen, zusammenkopieren (zum Beispiel einen Sonnenaufgang in den langweiligen Himmel zaubern). Selbst Wischeffekte und sonstige Effekte vom Sterngitter bis zum Weichzeichner lassen sich durch das Duplikat in die Originalaufnahme hineinbasteln. Selbermachen kostet weniger und bringt mehr Spaß. Zwei unterschiedliche Möglichkeiten werden derzeit angeboten:
   1. Duplizieren mit Blitzlicht und Streulicht beziehungsweise Vorbelichtung durch Glasfaserkabel. Multiblitz, Illumitran und Elinchrome bieten dafür Geräte an. Der normale Tageslichtfilm kann benutzt werden. Die Kontraste werden durch die variable Zusatzbelichtung in dem normalen Umfang erhalten und werden nicht härter. Nachteil: Die Grundschwärze kann leiden.
   2. Duplizieren mit dem Mischkopf von Vergrößerungsgeräten und Duplicating-Film (Kodak, Fuji). Vorteil dieses Systems ist die absolut professionelle Qualität, die auch von Fachlabors auf diese Weise erzielt wird. Nachteil des Verfahrens ist es, daß für die Verarbeitung nur KB, 70 mm und Rollfilm in 30-Meter-Kassetten und Planfilm zur Verfügung stehen. Das Filtern erfordert außerdem erhebliche Erfahrungen, die zu Anfang ins Geld gehen. Bei gelegentlichem Einsatz von Duplikaten sollten gleich fünf Stück in Auftrag gegeben werden, die Preise werden erträglicher.

Archivierung von Farbdias und Schwarz-Weiß-Fotos

Wer viel fotografiert, wird über kurz oder lang vor dem Problem stehen, wie er seine Fotos und Dias archiviert. Die Archivierung kostet nämlich nicht nur Zeit, sondern auch Geld.

Eine qualifizierte Archivierung ermöglicht aber den schnellen Zugriff zu sämtlichen Aufnahmen und Themen, ermöglicht in der Endkonsequenz schnelle Lieferung von Dias an Interessenten und damit eventuell schnellen Erfolg. Erfolg, der sich in Mark und Pfennig auszahlt.

Für die private Archivierung von KB-Dias mögen Kodak-Karussells oder sonstige Magazine ausreichend sein, für professionelle Zwecke taugen sie nicht. Das von Bildagenturen oft verwendete APIS-System (EDV-Programm für Bildverwerter mit Wang-Computer) ist dem Normalverbraucher nicht zugänglich, weil zu teuer. Dieses System hat eine Vielzahl von Möglichkeiten des Zugriffs, von der Zuordnung über verschiedene Begriffe bis zur Autorenzuordnung, Honorarabrechnung und Kundenlisten.

Diese Vielseitigkeit ist hervorragend geeignet, mehr als 100.000 Dias professionell zu verwalten. Das System ist ausbaufähig und in der Lage, die Kommunikation zwischen Fotografen und Bildagenturen zu vereinfachen. Fotografen mit mehr als 20.000 Dias Produktion pro Jahr nutzen APIS auch erfolgreich für die eigene Archivierung. Jedes Dia kann dann bei Aussendung und Rücksendung problemlos identifiziert werden.

Für die meisten freiberuflichen Foto-Designer dürfte diese Lösung jedoch zu aufwendig und zu teuer sein. Verschiedene Alternativen bieten sich für verschiedene Formate an:

4 × 5 inches / 9 × 12 cm

Jedes Dia wird von der Entwicklungsanstalt bereits in einer Acetat-Schutzhülle geliefert. Meist sind zwei Seiten offen. Beide Seiten werden mit Tesafilm verschlossen, entweder vollständig (staubdicht) oder mit kurzen Streifen, damit das Dia nicht aus der Hülle herausrutschen kann. Die Beschriftung erfolgt dann nach dem Muster, das noch ausführlich erläutert wird.

6 × 9 cm / 6 × 7 cm / 6 × 6 cm / 4,5 × 6 cm

Die Archivierung von sogenannten Mittelformatdias kann recht unterschiedlich durchgeführt werden:

Passepartouts: Meist werden diese zur Einzelarchivierung genutzt, manchmal allerdings auch im Format DIN A-4 mit zum Beispiel 6 Ausschnitten à 6 × 6 cm. Verbreitet ist eigentlich nur die Einzelarchivierung, also etwa Diaformat 6 × 6 cm / Außenformat 9 × 12 cm. Es bleibt Platz für die Beschriftung (oben) und Copyright-Aufkleber (unten). Diese Passepartouts sind oft klappbar und werden in Acetathüllen 9 × 12 cm eingeschoben. Neuerdings verschweißen oder verkleben manche Fotografen diese Acetathüllen dann, um eine unbefugte Verwendung des Dias zu verhindern. Da die moderne Reprotechnik aber durchsichtige Acetathüllen problemlos überwindet, es also für eine unbefugte Verwendung des Dias keine Hindernisse gibt, gingen einige Fotografen dazu über, einen Zwirnsfaden quer über das Dia in die Acetathüllen einzufügen. Die Verfeinerungen dieser Bemühungen wurden in einem neuen Dia-Archivierungssystem zusammengefaßt, und das nennt sich

Dia-Cover: Dia-Cover bestehen aus Hartplastik, sind im Format außen auf DIN A-6 standardisiert, haben Beschriftungsfelder und sind fast 100prozentig in der Lage, eine Verwendung ohne Öffnung des Dia-Covers zu verhindern. Hersteller ist die Peter Fuchs GmbH, Maximiliansplatz 12 A, 8000 München 2, Tel. 0 89/29 81 04, Telex 5 215 359 pefu d. Viele Bildagenturen sind inzwischen auf dieses System eingeschworen, im Inland wie im Ausland. Das System hat einen gravierenden Nachteil: Es kostet Geld – pro Dia rund 0,40 DM. Das ist bei 500 Dias nicht viel, bei 5.000 schlägt es mehr zu Buche, und bei 20.000 Dias merkt man die Kosten doch recht deutlich. Daher können Sie zur vorläufigen und ungenaueren Archivierung ein anderes System verwenden.

DIN A-4 Acetathüllen mit Platz für 6 Dias 7 × 7 cm oder 12 Dias 6 × 6 cm. Diese Hüllen gibt es von verschiedenen Firmen meist aus Hart-PVC, das für die Farbbeständigkeit der Dias unschädlich ist (so sagen die Experten). Einige Firmen haben auch schon ebenso unschädliche Weich-PVC-

Hüllen entwickelt. 12 Dias, also ein Film 6 × 6 cm Dias, auf einen Blick und alle 112 Filme eines Themas, einer Reise in einem ganz normalen Ordner, thematisch unterteilt durch Trennblätter. Diese Lösung ist relativ preiswert und oft ausreichend für die eigene Übersicht. Werden dann 35 Aufnahmen für eine Redaktion benötigt, können diese aus dem Ordner ausgesucht, einzeln beschriftet und archiviert werden. 112 Filme in dieser Archivierung nehmen gerade den Platz eines Ordners von 8 cm Breite ein. Über 1.300 Dias in Passepartouts oder Dia-Cover beanspruchen sicher dreimal soviel Platz und Bearbeitungszeit. Platz, den Sie mitunter nicht zur Verfügung haben. Zeit, die Ihnen woanders fehlt. Daher bietet sich die Archivierung von kompletten Filmen immer dann an, wenn Sie einzelne Motive mehrfach fotografieren und wenn Sie die Beschriftung nicht bis in alle Einzelheiten sofort auf jedem Dia benötigen.

In *Platten* à 12 Stück können Sie gerahmte Dias 7 × 7 cm archivieren. Das sieht repräsentativ aus, wird für Versandzwecke aber praktisch kaum in Frage kommen, da Bildverwender Dias nicht durch Projektion beurteilen, sondern am Leuchttisch mit der Lupe auswählen. Also verursacht diese Archivierungsform höhere Kosten bei geringerem Erfolg.

Kleinbilddias werden als Streifen à 6 Aufnahmen oder fertig gerahmt aus der Entwicklungsanstalt kommen. Kodak liefert noch Archivbögen für gerahmte Dias dazu, Studio 13 hat ein komplettes Archivierungssystem für KB-Dias entwickelt, und viele weitere Firmen bieten Archivierungssysteme an.

Ich selbst arbeite sowohl mit den Boxen von Studio 13 als auch mit den Acetathüllen für 20 Dias 24 × 36 mm. Beide Systeme haben mir gleichermaßen gute Dienste geleistet.

Die Beschriftungen von KB-Dias sind fast nur mit einer Schreibmaschine mit Raumsparschrift ordentlich auszuführen, ein professionelles Gerät wie Dia-Mind kostet mehr als 1.000 DM.

Die Beschriftung kann auf Etiketten ausgeführt werden, die auf die Diarahmen geklebt werden. Auf Kunststoffrahmen halten sonstige Beschriftungsmethoden oft nicht, das gilt für Filzschreiber, Kugelschreiber, Füllfederhalter. Permanentschreiber (Feinstrich!) bilden die rühmliche Ausnahme.

Copyright-Aufkleber gibt es gummiert und selbstklebend. Bei Passepartouts können Sie gummierte Aufkleber verwenden. Bei KB-Dias bevorzuge ich die selbstklebenden. Insbesondere bei selbstklebenden Etiketten gibt es enorme Preisunterschiede. Ob Sie für 250 Stück 30 DM bezahlen oder für 1.000 Stück 35 DM, macht schon etwas aus. Vergleichen Sie also die Preise und achten Sie auf Sonderangebote. Ich selbst verwende überwiegend selbstklebende Etiketten, zum Beispiel von der Firma printcard (Postfach, 2081 Hetlingen, Tel. 04103/82025).

Archivierung per Personal-Computer ist für den Amateur oder Halbprofi kostengünstig machbar. Es gibt für IBM-PCs und kompatible Programme, die bis zu 100.000 Dias archivieren und verwalten können und teilweise schon für unter 200 DM angeboten werden, zum Beispiel von Dipl.-Ing. W. Grotkasten (Birnenweg 6, 7060 Schorndorf, Tel. 07181/804151). Über die Vielseitigkeit und Qualität solcher Programme kann ich leider nichts sagen, da der Markt schwer überschaubar und ständig in Bewegung ist. Achten Sie auf entsprechende Berichte in den Fotozeitschriften. Was ein derartiges Archivierungsprogramm aber kann, zeigt das folgende Beispiel aus einer Beschreibung:

Allgemeines: Das Diasortierprogramm besteht aus einem Block. Auf einer Diskette kann dieser Block bis zu 5mal kopiert werden. Auf einer Festplatte kann dieser Block weit über 100mal kopiert werden (abhängig vom freien Platz auf der Festplatte). Jeder Block stellt ein großes Hauptthemengebiet dar. In jedem Block kann eine bestimmte Anzahl von Dias mit den dazugehörigen Stichwörtern gespeichert werden. Die Anzahl der Dias, die man in einem Block speichern kann, ist abhängig von der Anzahl der jedem Dia zugeordneten Stichwörter und von der Länge der einzelnen Stichwörter. Bei dem Aufbau des Programms wurde sehr darauf geachtet, daß zum Bedienen des Programms keine Computerkenntnisse vorhanden sein müssen.

Programmbeschreibung: Zu allererst sollten Sie von Ihrer neu erworbenen Software-Diskette eine Kopie machen. Haben Sie eine Festplatte, so kopieren sie die Datei „DIA.COM" von der Diskette zur Festplatte. Das Programm wird mit DIA (bitte ohne .COM) gestartet. Es erscheint folgendes Bild (Menü-Karte) auf dem Bildschirm: Auflisten der Stichwörter/Eintragen der Dias/Finden der Dias im Speicher/Korrigieren der Dias/Speichern der Dias.

Der Anwender kann nun aus der Menü-Karte sein Programmteil auswählen, indem er den jeweiligen ersten Buchstaben drückt (A, E, F, K oder S). Alle anderen Zeichen der Tastatur werden als Fehlbedienung erkannt und ignoriert. Grundsätzlich werden alle falschen Eingaben mit einem Aufmerksamkeitston beantwortet. Die folgende Beschreibung ist nach den einzelnen Programmteilen gegliedert.

Auflisten der Stichwörter: Bei diesem Programmteil erhält man alphabetisch alle Stichwörter aufgelistet, die im Speicher vorhanden sind. Die Stichwörter können auch ausgedruckt werden.

Eintragen der Dias: Bei Auswahl dieses Programmteiles erscheint auf dem Bildschirm folgende Anzeige: Eintragen der Dias/99%/Dianummer/ Menü.

Die Zahl gibt den Prozent-Anteil des noch zur Verfügung stehenden freien Speichers an. Geben Sie nun eine Dianummer zwischen 0 und 255 ein. Der Dianummer kann ein Buchstabe vorangestellt werden (z.B. W245). Liegt die eingegebene Zahl außerhalb dieses Bereiches, so wird die Eingabe gelöscht. Als nächstes geben Sie eine Kastennummer zwischen 0 und 2047 ein. Die Eingaben für die Dia- und Kastennummer werden gespeichert. Ist bei der Eingabe des nächsten Dias die Kasten- oder Dianummer gleich, so muß nur die RETURN-Taste gedrückt werden.

Nun ordnen Sie dem Dia Stichwörter zu (maximal 8). Die einzelnen Stichwörter werden mit einem Komma getrennt (für Tabulatorsteuerung). Ein Stichwort kann maximal 24 Buchstaben oder Zahlen oder Satzzeichen haben. Geben Sie mehr als 24 Zeichen ein, so wird das ganze Wort gelöscht und ein neues Wort wird angefangen.

Durch Drücken der J-Taste werden die Eingaben, die unter dem Wort STICHWOERTER stehen, in den Diaspeicher eingeschrieben. Durch Drücken der D-Taste werden die Eingaben zusätzlich noch auf einem Drucker ausgedruckt. Durch Drücken der N-Taste wird die Eingabe nicht gespeichert. Geben Sie nun wieder eine Dia- und Kastennummer für das nächste Dia ein. Wollen Sie diesem Dia dieselben Stichwörter zuordnen wie dem Dia davor, so drücken Sie die RETURN-Taste. Dadurch werden die zuvor eingegebenen Stichwörter automatisch auf dem Bildschirm kopiert.

Finden der Dias im Speicher: Bei diesem Programmteil kann man im Diaspeicher nach maximal 8 Stichwörtern suchen lassen. Sie erhalten nun Dias aufgelistet, die das oder die Stichwörter enthalten. Angezeigt werden jeweils Dia- und Kastennummer. In welcher Reihenfolge Sie die Stichwörter eingeben, ist gleichgültig.

Korrigieren der Dias: Bei diesem Programmteil kann man ein Stichwort im Diaspeicher korrigieren oder ein Dia ganz löschen. Wird ein Dia gelöscht,

WIE MACHE ICH MICH MIT FOTOGRAFIEREN SELBSTÄNDIG

so werden die dazugehörigen Stichwörter im Diaspeicher auch gelöscht, sofern sie nicht noch einigen anderen Dias zugeordnet sind.

Speichern der Dias: Wenn die Menükarte (Block 1) unter dem Namen DIA auf der Diskette bzw. Festplatte abgespeichert werden soll, so drücken sie die Taste J. Soll sie unter einem anderen Namen abgespeichert werden, so drücken Sie die Taste N. Geben Sie dann einen neuen Namen ein. Der Name darf maximal 8 Buchstaben oder Ziffern enthalten. (Existiert eine Datei unter diesem Namen auf der Diskette bzw. Festplatte, so wird sie vorher gelöscht.)

Kann die Speicherung nicht ausgeführt werden (z. B. Datenträger ist voll, falscher Name usw.), so erhalten Sie eine entsprechende Fehlermeldung auf dem Bildschirm.

Wenn Sie sich die Dateien auf der Diskette bzw. Festplatte auflisten lassen (DIR-Befehl), so werden Sie feststellen, daß an den Namen noch eine Ergänzung (.COM) automatisch angehangen wurde. Lassen Sie diese Ergänzung beim Starten des Programms weg.

Kopie einer Bildschirmseite auf einen Drucker: Das Programm erlaubt Ihnen, alle wichtigen Bildschirmseiten ausdrucken zu lassen. Ist kein Drucker angeschlossen oder ist er abgeschaltet, und Sie rufen irrtümlich trotzdem die Druckerroutine auf, so bleibt das Programm für ca. 10 Sekunden stehen. Geben Sie in der Zwischenzeit keine Eingabe über die Tastatur ein. Nach Ablauf der Zeit erscheint eine entsprechende Fehlermeldung auf dem Bildschirm. Sie können jetzt den Drucker einschalten oder zur Menü-Karte zurückkehren.

Erstellung weiterer Menü-Karten: Kopieren Sie sich von Ihrer neu erworbenen Software-Diskette das Programm DIA.COM auf eine neue Diskette bzw. Festplatte. Dann starten Sie das Programm mit DIA (bitte ohne .COM). Rufen Sie als erstes den Programmteil KORRIGIEREN DER DIAS und danach NEUEN TITEL EINTRAGEN auf. Geben Sie nun Ihrer Menü-Karte einen Namen.

Durch Drücken der M-Taste kommen Sie wieder zur Menü-Karte zurück. Jetzt wird der Programmteil SPEICHERN DER DIAS aufgerufen. Geben Sie einen neuen Namen ein, unter der die Menü-Karte abgespeichert werden soll.

Es bestehen nun zwei Menü-Karten auf der Diskette bzw. Festplatte. Jede dieser Menü-Karten, die unabhängig für sich arbeiten, kann ca. 8.000 Dias mit den dazugehörigen Stichwörtern speichern. Auf einer Diskette können 5 verschiedene Menü-Karten, auf einer Festplatte weit über 100 Menü-Karten kopiert werden.

6. Farbfotografie – was denn sonst?

Nachdem Sie nun einige Tips für den Umgang mit Schwarz-Weiß (und privat Farbe) gelesen haben, wird es Sie brennend interessieren, warum jedermann Farbdias produziert und hier von deren Verkauf noch überhaupt keine Rede war. Eigentlich merkwürdig, zumal der Bedarf an Farbfotos, Farbdias ungeheuer groß sein muß. Der „Playboy" druckt fast nur Farbe, Ansichtskarten gibt es nur in Farbe, selbst die Tageszeitung hat am Sonnabend in ihrer Beilage ein Farbfoto veröffentlicht. Farbe überall – warum bislang fast nicht erwähnt?

Ich will davon ausgehen, daß Sie mittlerweile ordentlich journalistisch fotografieren (im Idealfall einen Lehrgang absolviert haben), die Technik der Belichtung oder der Belichtungsautomatik beherrschen und Ihre Diavorträge im Tennisclub helles Entzücken hervorrufen.

Nur Ihre wirklich schönen, bunten Dias kommen von jeder Zeitschrift, von jedem Verlag zurück. Dabei sind Ihre Aufnahmen nicht schlechter als die veröffentlichten. Nicht schlechter mag stimmen. Sind sie aber tatsächlich auch besser? Oder noch einfacher: Steht Ihr Kleinbilddia vielleicht in Konkurrenz zu einem Dia im Format 6 × 6 cm oder 4 × 5 inches?

Auf Wiedersehen Kleinbild – Kameras für größere Formate

Wenn Sie mit Farbdias Verkaufserfolge erzielen wollen und nicht gerade die Tochter des Chefredakteurs zur Freundin haben, sollten Sie (fast) immer zu einer Mittelformatkamera greifen. Anderenfalls wird man Ihre Dias zwar sehr gut finden, aber zum Dia des größeren Formats greifen. Das ist leider immer noch häufig der Fall, obwohl von Kleinbilddias in der

Werbung sogar Großflächenplakate hergestellt werden. Es nützt Ihnen jedoch wenig, wenn ein bekannter Fotograf wie Ernst Haass seine Kleinbilddias gut verkauft. Sie verkaufen Ihre zu Anfang nicht.

Dem ist nur mit einem größeren Format abzuhelfen, wobei 4,5 × 6 cm das Minimum darstellt. 6 × 6 cm ist besser, 6 × 7 cm ideal.

Für eine einigermaßen brauchbare Kamera müssen Sie nicht gleich einige tausend Mark hinblättern. Es geht einfacher und preiswerter. In Fotozeitschriften werden sie angeboten, der Fotohändler um die Ecke hört mal rum und nimmt sie für Sie in Zahlung: die gute alte zweiäugige Spiegelreflex Ikoflex (mit dem Tessar) oder Rollei (mit Xenar, Tessar, Xenotar oder Planar). Für eine „Gebrauchte" müssen Sie nicht allzuviel ausgeben, und für Sie ist ein guter Einstieg in die Farbe da. Gebrauchte zweiäugige Rolleis beispielsweise können Sie schon ab 300 bis 400 DM erwerben. Kaufen Sie aber nicht ohne Gebraucht-Garantie, denn an Transport, Verschluß, Blendenlamellen oder Blitzsynchronisation tauchen oft versteckte Mängel auf.

Neu geht es fast ebenso preiswert. Yashica bietet eine zweiäugige Spiegelreflex an, die der Rollei „nachempfunden" wurde. Mamiya bietet die Zweiäugige gar mit Wechseloptiken zum zivilen Preis (ein wenig umständlich ist die Handhabung der Kamera schon, dafür ist die Qualität aber sehr gut).

Ich halte für den Anfang Wechseloptiken nicht für unbedingt notwendig, obwohl sie wünschenswert sind. Ich halte auch eine „Super"-Vergütung von Linsen wie HMC oder Super-Multi-Coating nicht für absolut entscheidend für die Qualität von Farbdias. Diese Feinheiten werden Sie später zum Teil selbst herausarbeiten und für Ihre Fotografie in Anspruch nehmen und zu nutzen wissen, wenn Sie an die Grenzen der bisherigen technischen Möglichkeiten stoßen.

Die etwas antiquierten Klappkameras in den Formaten 6 × 6 cm und 6 × 9 cm sind für sehr gute Farbaufnahmen geeignet, sofern sie zwei Voraussetzungen erfüllen: stabile Konstruktion und vierlinsiges Objektiv.

Diese Oldtimer sind heiß begehrt, waren früher für wenige Mark gebraucht zu haben und sind heute wieder teuer, weil selten. Die Super-Ikontas mit Tessaren, die Bessa II 6 × 9 cm mit Color-Scopar, Heliar (5-Linser, weich zeichnend, ein Super-Landschaftsobjektiv) werden in guter Erhaltung für 300 bis 600 DM ab und zu in Fotozeitschriften angeboten.

FARBFOTOGRAFIE

Hier sollten Sie unbedingt zugreifen, denn neuere Kameras dieser Art gibt es kaum. Lediglich Plaubel baut heute die Makina im Format 6 × 7 cm mit Spreizenkonstruktion, relativ klein, handlich, mit Nikkor-Optik hervorragend bestückt und mit gekoppeltem Entfernungsmesser sowie mit Belichtungsmesser ausgerüstet. Außer der Normaloptik-Kamera gab es zwei weitere Ausführungen: mit Weitwinkel 55 mm und mit Shift-Optik 75 mm. Allerdings kosten diese guten Kameras auch richtiges Geld: Die Makina mit Nikkor 2,8/80 mm ist mit etwa 1.700 DM eben nicht zum Schleuderpreis zu haben und wird ohnehin selten gebraucht angeboten.

Im Vergleich zu Kleinbildkameras müssen Sie bei größeren Formaten ohnehin sofort doppelte, dreifache, vierfache Kosten einkalkulieren. Das einfachste Beispiel sind bereits die Materialpreise:

Kleinbild-Diafilme kosten mit 36 Aufnahmen etwa 18 DM (Kodachrome oder Ektachrome Professional 64 inklusive Umkehrung), das sind etwa 50 Pfennig pro Aufnahme; Fuji und Agfa sind etwas preiswerter. Rollfilme 6 × 6 cm (z.B. Ektachrome Professional EPR 64) kosten inklusive Umkehrung bei Großhandelspreisen mit 12 Aufnahmen 6 × 6 cm ca. 12 DM, das ist etwa 1 DM pro Aufnahme.

Bei 6 × 9 cm sind dann bereits 1,50 DM pro Dia fällig. Und in 4 × 5 inches kostet der Spaß schon 7 bis 8 DM pro Aufnahme. Rechnen Sie für eine einäugige Spiegelreflexkamera der Spitzenklasse mit Normalobjektiv etwa 1.500 DM, so kostet die 6 × 6 cm-Kamera dieser Art mindestens 3.000 DM. In 4 × 5 inches können Sie dafür noch einige Tausender mehr auf den Tisch blättern. Daher ist es nicht jedermanns Sache, den Aufwand in derartige Höhen zu treiben, wie sie der Profi als selbstverständlich empfindet.

Es gibt heute im Fotohandel nirgends Festpreise. Jeder Händler kalkuliert für sich, jeder kalkuliert anders. Der Einzelhandel kann bei Sonderangeboten außerordentlich günstig sein, günstiger als der Großhandel. Vergleichen Sie, es ist schließlich Ihr Geld, das Sie ausgeben.

Bei den Filmen zu sparen, ist nur im Preisvergleich für eine Marke sinnvoll. Sie sollten, einmal mit Agfa vertraut und zufrieden, nicht morgen Kodak, übermorgen Tura, dann Quelle, Ilford, Porst, Fuji, Allkauf oder Sakura verwenden, nur weil diese ein paar Pfennige billiger sind. Bleiben Sie bei Ihrer gewohnten Marke, bleiben Sie auch bei Ihrem Entwicklungslabor.

Wie mache ich mich mit Fotografieren selbständig

Aus eigener Erfahrung kann ich Ihnen versichern, daß selbst der beste Film durch ein mittelmäßiges Labor vermanscht werden kann, in den Farben, versteht sich. Große Amateurlabors schmeißen alle Filme in dieselbe Entwicklersoße, die Ergebnisse sehen entsprechend unterschiedlich aus.

Aber auch andere Fehler können vorkommen. Zuverlässige Fotolabors (und nur mit solchen sollten Sie zusammenarbeiten) reagieren dann unbürokratisch und kulant, wie das folgende Beispiel zeigt:

Sehr geehrter Kunde,

trotz umfangreichster Sicherheitsvorkehrungen und modernster Rahmungsmaschinen trat eine technische Panne auf, die einige Ihrer Dias beschädigte. Hauptverursacher hierbei waren mit Sicherheit die Rähmchen, die wir von einem sonst sehr zuverlässigen Lieferanten beziehen.

Wir bedauern diesen ärgerlichen Vorfall außerordentlich und bitten Sie um Entschuldigung. Als Ersatz fügen wir eine Gutschrift über die gesamten Entwicklungs- und Rahmungskosten bei.

Bitte vertrauen Sie uns weiterhin Ihre Filme an, die wir wieder zu Ihrer vollsten Zufriedenheit bearbeiten werden.

Mit freundlichen Grüßen, Photo Studio 13 GmbH

Und wenn andere eine Panne verursachen, zum Beispiel die Post, bemüht sich ein gutes Labor, Ihnen bei der Aufklärung des „Falles" zu helfen – siehe Abbildung Seite 59.

Lassen Sie Kodak in Speziallabors für Kodak umkehren, lassen Sie Agfa bei den Agfa-Spezialisten. Bei den meisten Labors in großen Städten gibt es einen 8-Stunden-Service, da haben Sie Ihren Diafilm (bei Kleinbild mit Rahmung!) am selben Tag zurück. Ganz schnell geht es per Eilentwicklung in zwei bis drei Stunden (zum Teil gegen Aufpreis). Nachdem Agfa inzwischen auf den E-6-Prozeß umgestellt hat, läßt sich auch Agfa schnell verarbeiten.

Haben Sie etwas Zeit und brauchen die Dias nicht am selben Tag, habe ich für Kodak-Film-Fans zwei Tips für die Umkehrung (der zweite gilt auch für alle Fuji-Filme sowie für Agfa):
1. Original Kodak-Entwicklungsbeutel. Die verkauft Ihnen Ihr Fotohändler, oder die Kodak AG, Hedelfinger Str. 56, 7000 Stuttgart 60, Tel. 0711/40111, Telex 723736 kod d, nennt Ihnen Lieferadressen. Es gibt

FARBFOTOGRAFIE

Herrn
Heinz Mollenhauer

Ihre Zeichen   Ihre Nachricht vom   Unsere Zeichen   ECHTERDINGEN BEI STUTTGART,
                                                dal   13.03.

Sehr geehrter Herr Mollenhauer,

Ihre Verpackungstüte , mit der Sie Ihren Auftrag einsandten, ging
bei uns in beschädigtem Zustand ein, und somit auch ohne Film-
inhalt.

Im Postsack aber fanden wir einen Rollfilm 120 (Marke: Fuji).
Nach der Entwicklung mußten wir feststellen, daß auf dem Film
nichts zu sehen ist, denn er ist ganz schwarz.

Bitte stellen Sie bei Ihrem Postamt einen Nachforschungsantrag
bezüglich Ihrer Filme. Sollte aber der o. g. Fuji-Film Ihnen
gehören, bitten wir um Nachricht.(in diesem Fall sehen wir von
einer Berechnung ab).

Als Beweisunterlage für Ihr Postamt legen wir diesem Schreiben
die beschädigte Verpackung bei.

Mit freundlichen Grüßen   Anlage:
    PHOTO STUDIO 13   beschädigte Verpackung
    -Kundendienst-
    i. A.
       (D. Alber)

PS: Leider waren Sie telefonisch nicht zu erreichen.

Ein gutes Labor hilft bei Pannen

die Umkehrbeutel für normale Umkehrung und für forcierte Entwicklung mit einer Empfindlichkeitssteigerung um 3 DIN = 1 Blende. Der Kodak EL (27 DIN) kann dann mit 30 DIN belichtet werden. Für alle anderen Filme gilt dasselbe. Haben Sie den Film versehentlich überbelichtet, geht es auch umgekehrt mit 3 DIN weniger.

2. Die Firma Photo Studio 13, Postfach 230240, 7000 Stuttgart 23, Tel. 0711/796061. Qualitativ meiner Meinung nach ebensogut wie Kodak-Original und dazu noch mit mehr Variationsmöglichkeiten in der Verarbeitung. Sie können dort nicht nur 3 bis 6 DIN höher oder niedriger umkehren lassen, das geht dort sogar mit 1/3 Blenden und je 1 DIN.

Kleinbilddias werden zudem in einer äußerst praktischen (patentierten) Archivierungsbox aus Plastik geliefert. Wer über einige hundert Diafilme verfügt, wird diese Ordnungshilfe zu schätzen wissen. Außerdem kann man von den kompletten 36 Dias auch Kontaktbögen machen lassen, womit eine perfekte Archiv-Organisation für den Profi oder Semi-Profi angeboten wird. Studio 13 verarbeitet natürlich auch alle anderen Filme, die im E-6-Prozeß umzukehren sind, das sind zum Beispiel Agfachrome, Fuji, Sakura, 3M.

Als Zusatzservice wird von vielen Labors getestetes Filmmaterial angeboten. Was bedeutet das: getestet? Wer testet Filme und wozu? Jede Film-Emulsion hat leicht abweichende Werte. Bei Profifilmen wird daher von Kodak die tatsächliche Empfindlichkeit des Filmmaterials in der Gebrauchsanweisung angegeben. Es ist ja immerhin ein Unterschied, ob ein Film EPD, der mit 200 ASA = 24 DIN Normalempfindlichkeit angegeben ist, nun 160 ASA = 23 DIN oder gar 250 ASA = 25 DIN hat. Insbesondere bei sensiblen Motiven (etwa Haut oder Stillife) kann eine Abweichung der Empfindlichkeit von entscheidender Bedeutung sein. Ebenso wichtig ist die Farbneutralität. Es gibt bei jeder Emulsion Farbabweichungen, die man filtern kann. Bei einer Emulsion mit starken Abweichungen muß im Interesse guter Ergebnisse sogar gefiltert werden. Wenn die Angaben dafür vom Lieferanten (zum Beispiel Studio 13) angegeben sind, muß man nicht selbst testen.

Über den Farbcharakter einzelner Filmtypen gibt es in den Foto-Fachzeitschriften immer wieder Tests, die durchaus gute Anhaltspunkte liefern können. Im übrigen werden von den Diafilm-Herstellern immer wieder neue Filme auf den Markt gebracht, die speziellen Anforderungen entge-

FARBFOTOGRAFIE

genkommen. Diese ständige Fortentwicklung beschert einmal der einen Firma, ein anderes Mal der Konkurrenz einen Wettbewerbsvorsprung, der allerdings meist nicht lange Zeit anhält.

Seit Jahrzehnten bewährt hat sich der Kodachrome-Kleinbildfilm, den es in den Empfindlichkeiten 25 und 64 ASA gibt. Da die Tendenz nach Grün lange Jahre ein „Markenzeichen" von Kodachrome war, war es stets besonders wichtig, eine möglichst neutrale Emulsion zu erwischen. Inzwischen gibt es für Profis den Kodachrome Professional, der außer der unübertroffenen Schärfe neutrale Farbabstimmung aufweist. Zudem wird Kodachrome Professional bevorzugt umgekehrt, d. h. innerhalb eines Tages. Bei Versand als Brief per Eilboten ist damit der Kodachrome innerhalb von drei Tagen zurück. In einigen Städten gibt es sogar Abholstationen (abends gebracht, am nächsten Abend abzuholen). Inzwischen gibt es außerdem den Kodachrome 200 und für das Mittelformat den Rollfilm Kodachrome 64.

Ektachrome sind in 50 (Kunstlicht), 64, 100, 200, 400 und 800/1.600 ASA lieferbar. Alle lassen sich genau umkehren, das heißt auf eine Drittel Blende exakt. Das geht folgendermaßen: Man belichtet einen ganzen Film mit einer Belichtung. Zum Test werden drei bis vier Aufnahmen abgeschnitten und umgekehrt (sogenannter Clip-Test). Das Ergebnis wird auf dem Leuchttisch beurteilt und der Rest des Films mit den verbleibenden 32 Aufnahmen so umgekehrt, wie das Ergebnis sein soll. Zwar kostet das erheblich mehr als gewöhnlich (zwischen 50 und 100 Prozent Aufschlag), garantiert aber beste Qualität.

Fuji hat den Profibereich seit einiger Zeit neu entdeckt und das Sortiment erheblich erweitert. So gibt es den sehr feinkörnigen und scharfen Fujichrome 50 ASA inzwischen nicht nur als Kleinbildfilm, sondern auch als Roll- und Planfilm, 100 ASA sind ebenfalls komplett lieferbar, bei 400 und 1.600 ASA gibt es Kleinbild- und Rollfilme. Alle Filme von Fuji werden im E-6-Prozeß verarbeitet wie auch die Agfachrome, die es in 50, 64, 100, 200, 400 und 1.000 ASA gibt. Fachlabors, die diesen E-6-Prozeß anbieten, gibt es in fast jeder großen Stadt. Viele Fachlabors werden zudem von Kodak geprüft und arbeiten in sehr engen Toleranzen, so daß gleichwertige Qualität gewährleistet ist.

Noch etwas zur Lagerung Ihrer Filme. Der Kühlschrank ist der optimale Aufbewahrungsort für Ihre Filme. Kühl und trocken gelagert, sind die angegebenen Daten der Haltbarkeit fast bedeutungslos. Allerdings sollten Sie einen Kühlschrank ausschließlich mit Filmen bestücken. Die Kombination mit Wurst und Käse, Entwickler und Eiern kann nämlich Tücken haben. Bei Planfilm, aber auch bei nichtverpackten Roll- und KB-Filmen können Gerüche (zum Beispiel von Essig, Obst, Fleisch) eventuell die Filmemulsion angreifen. Der Film arbeitet dann mit Schleiern, mit Fehlern. Der Fachmann wundert sich, das Labor weist jede Schuld von sich. Die Ursache zu finden ist schwieriger, als eine solche mögliche Ursache von vornherein zu vermeiden.

Kühl und trocken lagern, das ist bei Wüstendurchquerungen und ähnlichen Unternehmungen häufig Illusion. Die Filme können insgesamt alle viel mehr aushalten, als die Filmhersteller garantieren. Ein Test auf dem Pkw-Armaturenbrett über einen Sommer lang gibt Aufschluß über extreme Belastbarkeit. Wenn der Film danach noch einwandfreie Farben liefert, haben Sie beim Alltagseinsatz nichts zu befürchten.

Doch zurück zum Thema: Wir wollten eigentlich mehr über Kameras für Farbfotografie wissen.

Einäugige 6 × 6 cm-Kameras gibt es in mäßiger Qualität ab etwa 500 DM. Dafür bekommen Sie gebraucht die Pentaconsix, die jedoch Film-Transportprobleme hatte. Die Probleme mit der Filmplanlage sollen inzwischen allerdings gelöst sein. Für die ersten zwei bis drei Jahre gibt es für das Mittelformat kaum eine billigere Kamera, zumal die Zusatzobjektive superpreiswert sind. Wo sonst gibt es ein Weitwinkel für 6 × 6 cm-Kameras für rund 400 DM (4/50 mm Flektogon) oder ein 4/300 für 300 bis 400 DM (Pentacon, allerdings ohne Springblende)? Nach zwei bis drei Jahren Betriebsdauer ist der Filmtransport aber so weit abgenutzt, daß Überlappungen auftreten. Eine Reparatur kostet etwa 200 DM, beim nächsten Ausfall lohnt nur wegwerfen und ein neues Gehäuse kaufen. Aber für den Anfang ist die Pentaconsix eine Lösung, wenn man Wechseloptiken wünscht und nicht viel Geld ausgeben möchte. Mit den preiswerten Modellen ist es danach allerdings vorbei.

Die Asahi Pentax 6 × 7 cm ist erheblich teurer, aber professionell. Die Zusatzobjektive halten sich preislich noch im erträglichen Rahmen, für etwa 4.000 DM kann man eine (für den Anfang komplette) Ausrüstung mit 2,8/90 mm, 4/55 mm und 4/200 mm Objektiven erwerben. Das Fehlen von Wechselmagazinen stört kaum: zehn Aufnahmen macht man schnell,

FARBFOTOGRAFIE

und wer wechselt heutzutage noch ständig zwischen Schwarz-Weiß und Farbe?

Die Pentax 645 ist mit dem Format 4,5 × 6 cm fast so schnell und komfortabel wie eine moderne Kleinbildkamera. Ein 220er Rollfilm mit 30 Aufnahmen ist für Life-Fotografie und Serien optimal.

Ein zweites Gehäuse ist nicht wesentlich teurer als zum Beispiel bei Hasselblad ein Magazin. Dafür hat man beim Ausfall eines Gehäuses ein Ersatzgehäuse zur Verfügung, was bei einem Fehler im Verschluß oder Transport sehr beruhigend ist.

Hasselblad ist sicher die bekannteste Profikamera im Format 6 × 6 cm, die meisten Profis benutzen sie. Sie ist viele Jahre erfolgreich auf dem Markt, in mechanischer (503 LX) und elektrischer Ausführung (553 ELX) mit einem zusätzlichen Gehäuse und Schlitzverschluß (2003 FCW). Die 2003 FCW hat neue und teilweise besonders lichtstarke Objektive, die ein kleines Vermögen kosten. Die benötigen selbst Profis selten und nur, wenn sie auf bestimmte Themenbereiche spezialisiert sind. Die robusteste Ausführung ist die mechanische. Die kann man gebraucht einigermaßen risikolos kaufen.

Hasselblad ist ein mindestens ebenso großer Name wie Leitz. Beide liefern hervorragende Kameras zu hervorragenden Preisen. Ob Sie 5.000 bis 6.000 DM ausgeben wollen, ist Ihre Angelegenheit. Für jedes Zusatzobjektiv sind bei Hasselblad mindestens 3.000 DM Standard. Die Filter, sonst in 67 mm-Schraubfassung für etwa 30 DM zu haben, kosten dann rund 100 DM und mehr.

Rollei baut auch wieder zweiäugige 6 × 6 cm-Spiegelreflexkameras. Die einäugige Rollei SL 66 hat sich nie allgemein durchsetzen können; sie war und ist etwas für Spezialisten. Es gibt eine Schwester zur SL 66, die den Zusatz E trägt und Belichtungssteuerung durch die Optik hat. Die Spitzenkamera von Rollei ist die 6008, die mit allem modernen Elektronik-Komfort ausgestattet ist, den man von Kleinbildkameras kennt, also mit Motor, Belichtungsmessung und Steuerung durch die Optik. Der Filmwechsel geht bei vorgeladenen Filmeinsätzen in zehn Sekunden vonstatten, was nicht einmal bei Kleinbildkameras zu schaffen ist. Wenn die Stromversorgung dieser Kamera aber jemals zu streiken gedenkt, haben Sie schlechte Karten. Dann bewegt sich nichts mehr. Rien ne va plus. Und Elektronik hat halt auch ihr Eigenleben, wie ich an meinem eigenen

SLX-Exemplar zu meinem großen Leidwesen erfahren mußte, als Filmtransport und Verschluß gleichzeitig arbeiteten und nicht, wie vorgesehen, nacheinander.

Die Zeiss-Objektive der Rolleis sind wie immer hervorragend, und mit der Elektronik lernt man umzugehen. Ebenfalls ausgezeichnet sind Rolleigone-Objektive; sie sind aus japanischer Fertigung und preiswerter als Zeiss. Pech kann man im übrigen mit jeder Kamera haben, auch wenn sie Hasselblad (die 2003 FCW hat elektronische Verschlußsteuerung), Rollei oder Zenza Bronica heißt.

Zenza Bronica baut außer der 6 × 6- und der 6 × 7 cm-Kamera, die ebenfalls über elektronische Belichtungssteuerung verfügt, zusätzlich eine Kamera im Format 4,5 × 6 cm, wie Mamiya auch (M 645). Über die Bronica ist zu sagen, daß Service und Vertrieb bei Linhof liegen. Dadurch kann man wohl von einer hohen Zuverlässigkeit ausgehen.

Wer wesentlich preiswerter mit höchster Qualität beginnen will, auf Zusatzobjektive nicht verzichten will und nicht unbedingt Reportagefotografie betreiben möchte, ist mit der zweiäugigen Spiegelreflex Mamiya C 220 recht ordentlich bedient. Die Kamera kostet kaum mehr als eine Kleinbildkamera, und die Zusatzobjektive halten sich preislich ebenfalls im Rahmen. Dafür ist das System nicht gerade das schnellste in der Handhabung. Man kann kaum alles zur gleichen Zeit haben, Leistung und Preis und Komfort stehen oft eben doch in direktem Zusammenhang, wenngleich die entscheidenden Feinheiten mitunter im Preis fürchterlich zuschlagen. Die Mamiya RB 67 ist dagegen im Format 6 × 7 cm angesiedelt und ebenso wie die elektronische Schwester RZ 67 überall sehr gut einsetzbar. Diese Profi-Kameras weisen zudem ein erstklassiges Preis-Leistungsverhältnis auf.

Ich erwähnte vorhin das Format 4,5 × 6 cm, das als Zwitter zwischen Kleinbild und 6 × 6 cm dasteht. Ob man so etwas haben sollte, müssen Sie für sich selbst entscheiden.

Dieser kleine Ausflug in die Kameras sollte Sie von einem nicht ablenken: Der Erfolg hängt nicht so sehr von der Kamera ab, sondern mehr von Ihnen selbst. Sie können mit nur einem Normalobjektiv hervorragende Farbdias machen – wenn Sie es können. Wenn Sie es nicht können, nutzt Ihnen eine Hasselblad oder Rollei 6006 auch nichts.

FARBFOTOGRAFIE

So gehen Reparaturen schneller

Es ist ärgerlich genug, wenn Kamera oder Zubehörteile ihren Dienst versagen. Noch ärgerlicher ist es, wenn Sie das Gerät wochenlang entbehren müssen, weil der Weg über den Fotohändler zur Kundendienstabteilung des Herstellers unnötig Zeit kostet. In vielen Fällen kann der Fotohändler defekte Geräte nämlich nicht reparieren, sondern schickt sie einfach weiter. Diesen Weg zum Hersteller können Sie auch direkt gehen! Das ist nicht nur schneller, sondern erspart Ihnen auch noch den Aufschlag, den der Fotohändler in der Regel dem eigentlichen Reparaturpreis zurechnet.

Hat Ihr Gerät nur einen kleinen Schaden, ist das Einschicken ans Werk oft gar nicht notwendig. Häufig genügt schon ein Anruf bei der Servicestelle, um ein Problem zu lösen.

Folgende Punkte sollten Sie beim Einschicken von Geräten an die Hersteller beachten, um sich Kosten, Zeit und unangenehme Überraschungen zu ersparen:

- Kleben Sie ein Etikett mit Ihrem Namen und Adresse auf das Gerät.
- Beschreiben Sie im Begleitbrief ganz genau die Schäden.
- Sind Schäden nur auf dem Film erkennbar (etwa bei Lichteinfall durch undichtes Kameragehäuse), fügen Sie einen Film bei.
- Benutzen Sie zum Versand möglichst die Originalverpackung des Geräts.
- Verschicken Sie die Sendungen stets als Wertpaket und versichern Sie sie entsprechend dem Wert des Inhalts.

Hier nun die Servicestellen der bekanntesten Hersteller:

Agfa-Gevaert AG
Servicezentrale
5090 Leverkusen
Tel. 02 14/30 45 69
Telex 851 140 agl d

Fuji Photo Film (Europe) GmbH
Abteilung DA
Heesenstr. 31
4000 Düsseldorf 11
Tel. 02 11/5 08 90
Telex 8 587 072 fds d

Canon Euro-Photo Handels-GmbH
Siemensring 90
4156 Willich 1
Tel. 0 21 54/49 50
Telex 8 531 969 case d

Hanimex Deutschland GmbH
Industriestr. 1
3012 Langenhagen
Tel. 05 11/77 18 80
Telex 924 062 hanex d

WIE MACHE ICH MICH MIT FOTOGRAFIEREN SELBSTÄNDIG

Hasselblad
Vertriebsgesellschaft mbH
Kurt-Fischer-Str. 47
2070 Ahrensburg
Tel. 0 41 02/4 91 01
Telex 2 189 886 nord d

Kodak AG
Geräte-Kundendienst
Postfach 60 03 45
7000 Stuttgart 60
Tel. 07 11/40 60
Telex 723 726 kod d

Konica Europe GmbH
Industrie Center X 11
8011 Hohenbrunn
Tel. 0 81 02/80 40
Teletex 810 282 = SAKUD
Telefax 0 81 02/53 21

Leica GmbH
Oskar-Barnack-Str. 11
6336 Solms
Tel. 0 64 42/20 80
Telex 482610 leica d

Wild-Leitz Wetzlar GmbH
Postfach 20 27
6330 Wetzlar 1
Tel. 0 64 41/2 90
Telex 483849 leiz d

Linhof Vertriebs-GmbH
Rupert-Mayer-Str. 45
8000 München 70
Tel. 0 89/72 49 20
Telex 523312 linka d

Mamiya
Profiphot Vertriebs-GmbH
Gollierstr. 70/II
8000 München 2
Tel. 0 89/50 70 21
Telex 5 212 097 prof d

Minolta Camera GmbH
Kurt-Fischer-Str. 50
2070 Ahrensburg
Tel. 0 41 02/7 01
Telex 2 189 800 minl d

Nikon GmbH
Tiefenbroicher Weg 25
4000 Düsseldorf 30
Tel. 02 11/4 15 70
Telex 8 584 019 niko d

Olympus Optical Co. (Europe) GmbH
Wendenstr. 14
2000 Hamburg 1
Tel. 0 40/23 77 30
Telex 2 163 467 oly d

Pentax Handelsgesellschaft mbH
Julius-Vosseler-Str. 104
2000 Hamburg 54
Tel. 0 40/5 61 70
Telex 215 016 pentx d

Petri
Dörr Foto-Marketing
Messerschmittstr. 1
7910 Neu-Ulm
Tel. 07 31/7 80 37
Telex 712 305 doerr d

Plaubel Feinmechanik & Optik GmbH
Borsigallee 37
6000 Frankfurt 60
Tel. 0 61 09/3 10 18
Telex 4 185 982 maki d

Polaroid GmbH
Sprendlinger Landstr. 109
6050 Offenbach 1
Tel. 0 69/8 40 41
Telex 4 152 863 pol d

Ricoh Deutschland GmbH
Merkentaler Allee 38
6236 Eschborn
Tel. 0 61 96/90 60
Telex 418 340 ricoh d

Rollei Fototechnik GmbH
Salzdahlumer Str. 196
3300 Braunschweig
Tel. 05 31/6 80 00
Telex 952884 rowe d
Telefax 05 31/6 80 02 43

Vivitar
Hanimex GmbH
Industriestr. 1
3012 Langenhagen
Tel. 05 11/77 18 80
Telex 924062 hanex d

Voigtländer GmbH
Salzdahlumer Str. 196
3300 Braunschweig
Tel. 05 31/6 21 33

Yashica Kyocera GmbH
Eiffestr. 76
2000 Hamburg 26
Tel. 0 40/2 51 50 70
Telex 2 163 488 ykyo d

Die Objektive

Was ist besser: Originalobjektive des Kameraherstellers oder Fremdoptiken, die oft nur einen Bruchteil kosten? Über diese Gretchenfrage werden Diskussionen geführt, seit sich Fotoamateure Kameras mit Wechseloptiken kaufen. Nichts gegen Objektive fremder Hersteller, aber die toten Massen Glas und Metall (heute zum Teil auch schon Kunststoff) entwickeln in der Kombination als Objektiv sehr differenzierte Ergebnisse, die nicht immer nur eitel Freude hervorrufen.

Zeichnet das Originalobjektiv leicht warmtonig, das Fremd-Zoom leicht blau und das Weitwinkel einer anderen Fremdmarke etwas rötlich, haben Sie den schönsten Farbensalat. Der paßt dann hinten und vorne nicht zu einer Einheit, und Sie ärgern sich nach allen Regeln der Kunst, wenn Ihnen die Ursache für die Probleme klar wird.

Bei Sonderoptiken, die Sie nur dreimal im Jahr zu Stimmungsfotos verwenden, ist eine Farbabweichung akzeptabel. Bei den ständig im Einsatz befindlichen üblichen Brennweiten jedoch sollten Sie sich Objektive eines einzigen Herstellers zulegen. Ich plädiere – soweit finanzierbar – für die Originalobjektive des Kameraherstellers, weil dieser das geringste Interesse an mäßigen Resultaten haben kann. Die Verarbeitung entspricht in der Qualität weitestgehend derjenigen des Kamera-Bodys, Auflagemaße usw. sind präzise. Sie können außerdem bei Service-Angelegenheiten Gehäuse und Objektiv an eine Adresse senden.

Spitzenobjekte sind fast ausschließlich bei den Originalobjektiven zu finden, wie die Tests verschiedener Fotozeitschriften bestätigen. Wenn Sie natürlich Preis und Leistung berücksichtigen wollen, werden Fremdobjektive häufig ebensogut beurteilt wie Originalobjektive. Meine Meinung dazu ist: Bei 500 mm für Sonnenuntergänge tut es eine gute Fremdoptik, beim Zoom 80 – 200 mm bevorzuge ich das Originalobjektiv (obwohl es sehr gute, fast gleichwertige Fremdobjektive gibt), und bei Standardbrennweiten wie 2/28 mm, 2/35 mm oder 4,5/300 müssen es (für mich) die Objektive des Systems sein, also zum Beispiel Leitz, Nikon, Canon, Minolta, Pentax, Mamiya, Zeiss. Diese persönliche Meinung gewinnt zusätzliches Gewicht dadurch, daß der eine Hersteller eine Größe von 49 mm, der zweite 52 mm und der dritte Hersteller 55 mm als Filterdurchmesser für seine Objektive ausgewählt hat. Wenn das 28 mm-Objektiv einen anderen Filterdurchmesser hat als das 50 mm-Objektiv und dieses wiederum einen anderen als das 135 mm- oder als das 200 mm-Objektiv hat, müssen Sie alle Filter in allen Durchmessern erwerben. Bei drei bis vier Filtern pro Durchmesser müssen Sie die Kosten für diese Filter zu den Objektivkosten hinzurechnen! Die Preisdifferenz zwischen Original- und Fremdobjektiven schrumpft dann sehr schnell und wird leicht uninteressant.

Versichern Sie Ihre Ausrüstung!

Auf Reisen und auch sonst kann es sehr leicht passieren, daß Ihnen Ihre wertvolle Ausrüstung abhanden kommt. Für Fotoapparate finden sich leicht Liebhaber, die zwischen mein und dein nicht unterscheiden wollen.

Ihre erste Pflicht ist erhöhte Aufmerksamkeit auf die Gerätschaft. Wenn Sie ein Objektiv beim Wechsel auf den Boden legen, vergessen, es in die Universaltasche einzupacken, und sich erst fünf Minuten später und einen halben Kilometer weiter daran erinnern, kann es vorkommen, daß andere Liebhaber gerade diese Optik auch ganz passend für ihre Kamera fanden. Oder zumindest gut verkäuflich. Jedenfalls ist das Objektiv nicht wieder auffindbar – es wurde schlicht gestohlen.

FARBFOTOGRAFIE

In einigen europäischen Ländern und in den letzten Jahren insbesondere in Ländern der dritten Welt soll die Tätigkeit des Kameraklaus schon fast Volkssport geworden sein. Das ist wenig tröstlich, wenn es sich um Ihre Kamera, um Ihre Ausrüstung handelt.

Der beste Schutz ist natürlich erhöhte Aufmerksamkeit. Manchmal nutzt dies aber auch nicht viel. Sie können nicht sämtliche Ausrüstungsgegenstände mit sich schleppen, auch ein Hotelzimmer ist nicht absolut sicher. Ob es der Hotelsafe ist, ist die zweite Frage. Der Safe bietet aber wohl doch eine relative Sicherheit.

Noch mehr Sicherheit für Sie bietet eine Versicherung für die Fotoausrüstung. Wieso eine extra Versicherung, wo Sie doch eine Reisegepäck-Versicherung besitzen?

Die meisten Reisegepäck-Versicherungen decken die Risiken des Verlustes von Reisegepäck ab. Die Versicherungsbedingungen enthalten oft Klauseln, die Wertgegenstände (und dazu zählen Fotoapparate meistens) nur bis zu einem bestimmten Prozentsatz mitversichern. Also etwa bis zu 20 Prozent der Versicherungssumme. Das sind bei 2.000 DM Versicherungssumme dann 400 DM. Ihre Ausrüstung aber hat einen weit höheren Wert.

Da hilft die Erhöhung der Versicherungssumme wenig, besser ist eine gesonderte Versicherung für Fotogeräte. Diese wird allerdings nur von wenigen Gesellschaften angeboten. In der Bundesrepublik Deutschland sind die Agrippina und die Nordstern schon länger am Markt, neuerdings auch die Vereinigte Versicherungsgruppe.

Diese Versicherungen berechnen im allgemeinen zwischen 4 Prozent (Deutschland) und 8 Prozent (ganze Welt) des Versicherungswertes als Prämie. Wesentlich preiswerter tut es die Northern Assecurance aus Großbritannien, die durch die Schweizer Agentur Markus Segginger vertreten wird.

Hier die Anschriften der erwähnten Versicherungen:

Agrippina Versicherung AG
Riehler Str. 90
5000 Köln 1
Tel. 0221/77150
Telex 8885391 agrv d

Nordstern Allgemeine Versicherungs-AG
Gereonstr. 43
5000 Köln 1
Tel. 0221/1481
Telex 8882714 nst d

Vereinigte Versicherung AG
Fritz-Schäffer-Str. 9
8000 München 83
Tel. 089/67850
Telex 5215721 vvg d

Northern Assecurance
Agentur Markus Segginger
Blickendorfer Str. 15a
CH-6340 Baar
Schweiz
Tel. 0041-42/310022

7. Themen, Tips und Abnehmer

Wichtig beim Verkauf von Farbdias ist deren Gestaltung, die eine wesentlich andere sein muß als bei Schwarz-Weiß-Fotos. Ohne in ein Fotolehrbuch abzugleiten, darf ich Ihnen großflächige Motivgestaltung und Details ans Herz legen, und bitte verwechseln Sie nicht farbig mit bunt. Während bei Schwarz-Weiß-Fotos überwiegend Tageszeitungen als Abnehmer in Frage kommen, sind es bei Farbdias Zeitschriften, Kalender- und Buchverlage, die einen großen Abnehmerkreis bilden.

Wie kommt man an solche Käufer heran, welche Dias werden dort benötigt, und wie funktioniert der Verkauf?

Wenn Sie das Sensationsfoto des Jahres gemacht haben (Prinz Charles küßt die Flamme Koo seines Bruders; ein deutscher „Sportflieger" landet auf dem Roten Platz in Moskau), brauchen Sie sich über Filmformat und Abnehmer keine Sorgen zu machen. Die großen Bildagenturen und Zeitschriften, alle werden diese, natürlich mit Motor in allen Einzelheiten festgehaltene Serie zu jedem von Ihnen genannten einigermaßen realistischen Preis kaufen. Nun passieren solche Sensationen „leider" nicht allzu häufig, und wenn es sie wirklich einmal geben sollte, haben Sie bestimmt keine Kamera dabei. Reportagen können Sie aber nicht nur über Sensationen verkaufen. Wie Sie es von den Schwarz-Weiß-Fotos bereits kennen, ist die Marktkenntnis außerordentlich wichtig.

Sie werden dem Lokalredakteur keine Makrofotos anbieten und der Tenniszeitschrift keine Tierfotos (es sei denn, eine Elster hätte sich einen Tennisball geschnappt und Sie hätten diesen Vorgang ablichten können). Bei allen bekannten Zeitschriften werden Sie immer wieder hervorragende Farbreportagen entdecken. Wenn Sie da jemals Ihre Farbdias veröffentlicht sehen möchten, sind zwei Voraussetzungen notwendig: Qualität und Selbstkritik. Und während ich Ihnen als allgemein gültiges

Mindestformat für Farbdias bereits das Mittelformat (6 × 6 cm, 6 × 7 cm) nahezulegen versuchte, kann ich Ihnen für Reportagen durchaus das Kleinbildformat empfehlen.

Der Streit der Formate ist in vieler Hinsicht überholt, selbst wenn es nicht so scheint. Wenn Sie für den amerikanischen Markt arbeiten sollten, wird man sehr erstaunt sein, wenn Sie Mittelformatdias anbieten. Technisch notwendig ist das größere Format jedenfalls nur sehr selten. Die Qualität der Optiken und der Diafilme hat in den letzten Jahren derartig zugenommen, daß man heute aus einem Kleinbilddia, im Hochformat aufgenommen, noch einen Ausschnitt auf Querformat zu einem Großflächenplakat verarbeiten kann.

Das geht dann allerdings nicht mehr so ohne weiteres und erfordert einige Tricks, die richtiges Geld kosten. Und solche Super-Vergrößerungen setzen niedrigempfindliche Aufnahmefilme, zum Beispiel Fuji, Agfa, Kodachrome oder Ektachrome 64, voraus.

Durch die Amateurfotografie und den Wunsch der Filmproduzenten, das Massengeschäft anzukurbeln, wurden in den letzten Jahren einige neue Formate wie Pocket oder Disc auf den Markt gebracht. Die Disc-Filmscheiben haben völlig neue Diafarbfilme hervorgerufen, die mit geradezu sensationellen neuen Eigenschaften ein erhebliches Plus an Farbsättigung, Schärfe und Auflösungsvermögen bieten. Das wird in Zukunft die Formatfrage noch weiter in den Hintergrund drängen.

Ohnehin gibt es für den ernsthaften Amateur und den Semi-Profi schon lange kaum Probleme mit Filmmaterial. Für alle Zwecke am preiswertesten und vielseitigsten sind die Diafilme. Ausnahmen davon gibt es nur selten, etwa wenn Ihr Auftraggeber einen bestimmten Filmtyp wünscht. Sie wollen verkaufen, Farbbilder sind teuer und Qualitätsschwankungen unterworfen, und Sie benutzen daher sinnvollerweise Diafilme. Dias ermöglichen die augenblickliche und subjektiv korrekte Beurteilung von Farbe, Schärfe und Motiv. Bei Reportagen – und damit sind wir wieder beim Thema – wird es Motive geben, die mit Mittelformatkameras schlicht nicht fotografierbar sind. Ein einfaches Beispiel: Es gibt bei Innenaufnahmen im Reportage-Stil die Notwendigkeit, ohne Blitz (mit available light) zu arbeiten. Das geht, so ausreichend Licht vorhanden ist, mit Blende 4 oder 2,8 im Weitwinkelbereich auch im Mittelformat. Zeigt der Belichtungsmesser aber Blende 2 mit 1/30 sec bei 27 DIN oder gar bei

30 DIN, so können Sie entweder nur mit Kleinbildkameras arbeiten oder aber die Aufnahme mit großem Beleuchtungsaufwand und Mittelformat „stellen".

Probieren Sie letzteres einmal in einer vollen Diskothek! Dann lieber Kleinbild und Blende 2 bei 28 oder 24 mm oder Blende 1,4 mit 35 mm. Selbst die Super-Super-Weitwinkel mit 15 mm Brennweite haben bei Blende 3,5 mehr Lichtstärke anzubieten als die besten Mittelformatobjektive. Die Kleinbildkamera ist die Reportagekamera. Wenn es irgend möglich ist und Sie einen festen Abnehmer haben, sollten Sie bei Reportagen dieses Format Ihrer Dias „verkaufen". Bei allen Reportagen, für die Sie keinen Auftrag haben, sollten Sie mit dem größten möglichen Format – meist Mittelformat – arbeiten. Es verkauft sich einfach besser. Selbst wenn das Kleinbilddia qualitativ besser ist, wird zunächst zum größeren Format gegriffen, und meist wird dieses Dia dann gekauft.

Wie verkauft man Farbreportagen?

Eine erheblich andere Technik als bei Tageszeitungen müssen Sie bei Zeitschriften anwenden, wenn Sie Ihre Dias vermarkten wollen. Der Amateur wird den guten Beispielen folgen und häufig in Fotozeitschriften seine Spitzendias unterbringen wollen. Wenn das eigene Dia einmal mit Namen darunter erschienen ist, kann der Weg zum großen Durchbruch nicht mehr weit sein. Meint der gutgläubige Fotofan.

Wie aber sieht bei Fotozeitschriften die Realität aus? Früher gab es eine Fotozeitschrift für Amateure, die sich „Klick" nannte, um die 80 Pfennig kostete und als Billigblättchen einmal im Monat Tips zur Filmvernichtung gab. Eine weitere sorgte sich um die nach höheren Weihen strebenden Amateure („Foto-Magazin"), eine weitere übte sich in Kunst: „Camera". Die Amateure werden heute mit vielen Kundenzeitschriften vom Fotohandel („FF-Foto- und Filmtips" oder „Poster-Journal") zum Nulltarif versorgt, und um die fotografische Fortentwicklung vom Knipser zum Könner bemühen sich beispielsweise „Meyers lehrreiches Fotoheft", „Foto – mein Hobby" und „Foto-Praxis".

Die anspruchsvolleren Amateure bekommen heute eine reiche Palette an Zeitschriften angedient, die sich von der reinen Information gegenseitig nicht allzuviel nehmen. Neben dem im Ringier-Verlag erscheinenden „Oldtimer" „foto magazin" – geliftet und immer noch frisch – erscheinen „Color-Foto", „Photo" und die Schweizer „Photographie". Da alle dieselben Informationen haben und bekommen, liegen die Unterschiede in den Bildauswahlen, in den Tests von Kameras und Objektiven und in den sonstigen redaktionellen Beiträgen. Und vielleicht in Ihren Dias, die Sie bei einer dieser Zeitschriften zu verkaufen versuchen. Wenn Sie es tatsächlich schaffen sollten, im selben Heft mit Sam Haskins, David Hamilton und Cheyco Leidmann Ihre Dias abgedruckt wiederzufinden, wird die Enttäuschung vielleicht in dem Moment folgen, wo Sie die Honorarabrechnung erhalten. Selbst mehrseitige Reportagen werden lediglich mit einigen hundert Mark honoriert. Woran liegt das, und wieso wird dann von Starfotografen berichtet, die Hunderttausende im Jahr verdienen?

Nun, die Erklärungen sind leicht verständlich:
1. Keine Redaktion gibt freiwillig unbedingt mehr Geld aus als notwendig.
2. Angebot und Nachfrage bestimmen die Preise.
3. Die Redaktionen werden von Angeboten überschwemmt.
4. Einzelne Dias daraus sind immer wieder hervorragend, aus einigen hundert Tierfotos gibt es für acht Seiten immer die 15 Dias, die farblich und qualitativ zusammenpassen.
5. Die Herstellungskosten der Foto-Zeitschriften sind hoch, der Druck meist gut oder sehr gut, die Auflagen leider nicht immer hoch.
6. Logischerweise sind bei weniger hohen Auflagen auch weniger hohe Anzeigenpreise zu erzielen.
7. Dadurch ist der Redaktionsetat knapper bemessen als etwa bei „Playboy", „Lui", „Penthouse" oder „Stern", „Quick", „Bunte Illustrierte".
8. Bekannte Fotografen, die als erstrebenswerte Beispiele immer wieder angeführt werden, wollen trotz des Images, um das es ihnen selbstverständlich auch geht, dennoch einigermaßen akzeptable Honorare haben.
9. Daraus folgt: Für Sie bleibt ein (besseres?) Anerkennungshonorar. Enttäuscht? Nicht doch!
10. Morgen sind Ihre Dias besser. Ihr Name bekannter. Handeln Sie das Honorar vorher aus, dann ersparen Sie sich unnötige Enttäuschun-

Themen, Tips und Abnehmer

gen. Bieten Sie Ihre Dias, wenn Sie damit Geld verdienen wollen, zu Ihren Mindesthonoraren an. Erwarten Sie selten eine höhere Honorierung.

Ein weiterer Tip, den Sie unbedingt beachten sollten (ob Sie anders verfahren wollen, bleibt Ihnen überlassen, Sie können damit vielleicht erfolgreich sein): Bieten Sie möglichst nicht dasselbe Thema drei Verlagen an, die in Konkurrenz zueinander stehen.

Wenn die Konkurrenz auch nicht gar zu tierisch ernst genommen wird (untereinander sind es immer dieselben Redakteure, die sich im Laufe von 20 oder 30 Berufsjahren mit Sicherheit gut kennen), sieht es kein Verlag und kein Redakteur gern, wenn er die auf sieben Seiten gefeierte Neuentdeckung (er fotografiert alles in Rot, Blau oder Grün oder nur mit ganz grobem Raster) in der verehrten Zeitschrift der Konkurrenz mit denselben Motiven (jeweils ganz leicht anders im Bildausschnitt) wiederfindet. Der dann aufkommende Frust der Redaktionen wird direkt auf die gefeierte Neuentdeckung zurückschlagen und weiteren Ambitionen auf Veröffentlichungen im Bereich dieser Zeitschriften nicht sehr förderlich sein.

Ihre Reportage ist nun tatsächlich in der Fotozeitschrift XY erschienen, der Druck war gut, Ihre Fotos sowieso, das Honorar war einigermaßen akzeptabel. Alle Freunde und Bekannten sind mal wieder begeistert von Ihren Dias, von Ihren Erfolgen. Nun ist er endlich da, der große Durchbruch zum Weltreisenden in Fotografie, zum Herzensbrecher für Playmates of the Month, zum Millionär. Man wartet nur darauf, gerade Ihre Dias zu veröffentlichen, man muß sich ja geradezu darum reißen. Man tut es dennoch nicht.

Weder Weltreisen noch Playmates noch Riesenhonorare stellen sich ein. Die nächsten Dias werden erst in einem Jahr veröffentlicht, die 780 DM Honorar haben die Materialkosten mal eben so finanziert. Mehr als zweimal im Jahr werden Sie Ihre Aufnahmen bei Fotozeitschriften nicht los. Die früher erwähnten Sensationen – Caroline von Monaco verführt den deutschen Bundeskanzler – laufen Ihnen auch nicht über den Weg, und Ihre Dias finden große Beachtung nur im kleinsten Kreise. Damit sind wir dann wieder bei einer Spezialität, die mit einer Kleinbildausrüstung für 1.000 DM zu bewältigen ist.

Wir machen eine Diaschau

Verkaufen Sie Ihrer Tageszeitung doch eine Diaschau, halten Sie regelmäßige Vorträge „Mit unserer Zeitung zu den historischen Stätten in Italien, Griechenland" oder, oder... Die Zeitung wird kaum die Möglichkeit haben, bei allen Leserreisen eigene Fotografen mitzuschicken, außerdem ist das zu teuer. Wenn Sie nun zu vernünftigen Bedingungen (zum Beispiel freie Fahrt, Verpflegung, Materialkostenersatz und Unterstützung in der Werbung für den Besuch des Vortrags, eventuell zusätzliches Honorar) eine professionell fotografierte Diaschau anbieten, wird die Chance zum Erfolg groß sein. Die Diaschauen oder Multivisionen (das sind die mit mindestens zwei Projektoren, Musik- und Tonuntermalung) können Sie mit Kleinbildkameras perfekt fotografieren, wenn Sie die Spielregeln beachten. Große Übersichten sollten mit Details abwechseln, kräftige Farben sollten mit ruhigen Kompositionen eine harmonische Gesamtschau abgeben. Details (etwa Verkehrsschilder, Hinweistafeln, Eintrittskarten, Plakate) zählen zu einer Diaschau ebenso wie Menschen.

Diaschauen oder Multivisionen unterliegen in vieler Hinsicht den Gesetzen der Reportage in Farbe. Nicht der Standardtourist soll abgebildet werden, sondern die Atmosphäre des Landes, der Stadt durch die Menschen. In fremden Ländern Menschen zu fotografieren, bedeutet nun aber nicht Großwildjagd mit der Kamera. Warum versuchen Sie nicht einfach, demjenigen, den Sie fotografieren möchten, dieses mit Worten oder, wenn Sie die Sprache nicht beherrschen, mit Gesten mitzuteilen? Das sind dann viel ehrlichere Aufnahmen als die mit der Telekanone geschossenen. Fragen kostet nichts, und mehr als nein sagen kann das „Fotoopfer" auch kaum. Bleiben Sie aber auch dann höflich, und gehen Sie weiter. Denken Sie vielleicht darüber nach, wie Sie reagieren würden, wenn ein Amerikaner Sie im Hofbräuhaus fotografieren wollte...

Die Diaschau müssen Sie – wirklich, Sie müssen! – mit einer einzigen Filmmarke durchfotografieren. Wenn Sie in Kodachrome 25 beginnen (Außenaufnahmen mit viel Licht), mit Agfa CT 18 und Fuji 400 weitermachen und dann die Dias zu einer Serie, zu einer Schau zusammenstellen, dürfen Sie sich nicht bei den Filmherstellern beklagen, wenn die Farben nicht zu einer Einheit zusammenzubringen sind: Jeder hat sein Verfahren, jeder Charakter der Farbe hat Vorteile und Probleme. Nehmen Sie Filme einer Marke in den Empfindlichkeiten 18 oder 19 DIN, 24 und 27 DIN, und Sie haben die Gewähr für ein Zusammenpassen der Farben. Auf der großen Leinwand fallen schon die kleinsten Unterschiede unangenehm auf – Unterschiede, die übrigens auch aus der Nutzung von Fremdoptiken stammen können.

Die Diaschau oder die Multivision waren das Ausgangsthema. Aus Diaschauen entstehen Folgeaufträge. Eine gut gemachte Diaschau ist vielleicht der Anstoß für einen Firmenchef, Ihnen den Auftrag für eine Diaschau zum Firmenjubiläum zu erteilen, und den Auftrag lassen Sie sich dann richtig bezahlen.

Was verstehen Sie unter richtiger Bezahlung? Die Maßstäbe sind unterschiedlich, Honorare sind frei aushandelbar. Wenn Sie pro Tag 500 DM fürs Fotografieren zuzüglich Material und Spesen berechnen, sind Sie bestimmt nicht teuer.

Eine Multivision oder eine Diaschau muß eine Story haben. Es reicht nicht, einfach gut fotografierte Dias aneinanderzureihen. Dann sieht die Schau gewollt und nicht gekonnt aus. Bieten Sie Ihrem Auftraggeber immer eine zusammenhängende Story an. Der Ablauf der Dias, der Ablauf der Story muß vor den Aufnahmen besprochen und festgelegt werden. Es reicht nicht, eine große Schau anzubieten und dann eine konfuse Ansammlung von Dias vorzuführen. Schreiben Sie eine Art Drehbuch, das ruhig Reportageform haben kann:

Beginn der Reise am Ausgangsort. Reise mit Bahn, Bus, Schiff, Flugzeug. Service durch die Zeitung, Betreuung durch den Reiseleiter. Ankunft der Reisenden im Hotel. Aufnahmen von Einzel- und Doppelzimmern, Bad, Eingangshalle des Hotels, Schwimmbad, Blick vom Balkon auf die Umgebung, auf den Strand. Alle Aufnahmen möglichst mit Personen.

Der Zielort und seine Umgebung. Ausflüge, die angeboten werden. Eigene Exkursionen als Tips für die nächsten Reisenden. Details des Lebens in diesem Zielort, im Lande. Shopping. Strand. Gastronomie. Folklore, Sitten, Bräuche, Spezialitäten. Musik, Sport, Kneipen. Hochhäuser, Friedhöfe, Autokennzeichen – lassen Sie Ihrer Phantasie freien Lauf!

Fotografieren Sie mit „available light", ohne Blitz. 1/8 Sekunde bei 27 DIN ist in der Kneipe bei Blende 2 immer drin, die Bewegungsunschärfe wirkt kaum störend. Probieren Sie die Aufnahmen, die Sie eigentlich nicht machen dürften, weil sie ja doch nicht gelingen. Die Aufnahmen gelingen oft genug. Sie dürfen nur nicht eine Superschärfe bis in das kleinste Härchen erwarten. Aber Sie werden überrascht sein, wie stimmungsvoll derartige Dias wirken, wie natürlich, live und echt. Lassen Sie solche Dias als Serie in eine Diaschau einfließen, Sie werden vom Beifall belohnt werden.

Fotografieren Sie Details, Details, Details! Die Außenansicht vom Café-Hotel Sacher ist sicher interessant – das Firmenschild, die Nahaufnahme einer Sacher-Torte, die Innenaufnahmen vom Café mit Gästen sind eindrucksvoller und vermögen mehr auszusagen. Wechseln Sie zwischen Nahaufnahmen und Übersichten. Bringen Sie fröhliche und lustige Begebenheiten. Das Leben ist ernst genug, das kennt jeder aus dem mehr oder weniger trüben Alltag.

Zeitschriften

Nach den Diaschauen kommen wir zum größten Absatzmarkt für Dias: Zeitschriften. Zeitschriften gibt es für alle Zielgruppen: für Jäger, Sammler, Fußball-, Motorradfans; für Auto, Elektronik, Hi-Fi, Foto, Angler, Medizin; es gibt kaum einen Bereich des Lebens, für den nicht die passende Zeitschrift existiert. Eltern und Kinder, Senioren und Gaby, Tina, Freitag, Petra, Mädchen, Babys, für alle gibt es eine Zeitschrift. Ein Herz für Kinder, Tiere, Alte, Kranke, Bravo – Sie können die Liste beliebig fortsetzen.

Wie Sie schon bei der Schwarz-Weiß-Fotografie erfahren haben, sind die großen Illustrierten und Zeitschriften am schwierigsten zu erreichen. Sie müssen lernen, mit Absagen zu leben, wie sie die Abbildung auf Seite 79 zeigt. Nicht alle Absagen sind übrigens so ausführlich und freundlich.

Der „Stern" hat etwa 20 Fotografen, die ständig für diese Zeitschrift unterwegs sind, die gezielte Aufträge erfüllen, die erstklassig fotografieren, die mit Spitzenkameras unter relativ optimalen Bedingungen arbeiten können. Im Normalfall haben Sie gegen diese Profis nicht die Spur einer Chance. Sie sollten diese Zeitschriften (Illustrierten) zunächst getrost vergessen, sie als erstrebenswerte Ziele aber schon für später vormerken.

THEMEN, TIPS UND ABNEHMER

Color FoTo

Verlag Laterna magica · Stridbeckstraße 48 · 8000 München 71

Einschreiben

Redaktion

Herrn
Heinz Mollenhauer

München, den

Bildrücksendung

Sehr geehrter Herr Mollenhauer,

für das an unsere Redaktion gesandte Bildmaterial dürfen wir uns sehr herzlich bedanken. Auf der einen Seite haben Sie damit den Mut bewiesen, sich der Kritik zu stellen und mit Ihren Arbeiten nicht "hinter dem Berg" zu halten, auf der anderen Seite haben Sie damit Ihr Bemühen um gute fotografische Aufnahmen dokumentiert.

Aus unserer Sicht gibt es aber eine Menge von Kriterien zu berücksichtigen, die weit über die Frage der Bildqualität hinausgehen. So müssen wir uns beispielsweise fragen, ob wir ein ähnliches Thema in letzter Zeit schon veröffentlicht haben oder in Kürze veröffentlichen werden, hierfür das Bildmaterial aber schon möglicherweise vorliegt. Wir achten auch darauf, ob Konkurrenzzeitschriften ähnliche Themen gebracht haben oder ankündigen – um nicht in den Verdacht des "Nachmachens" zu geraten. Hinzu kommen jahreszeitliche Überlegungen. Bedenken Sie aber vor allem, daß bei zwölf Heften im Jahr immer nur ein relativ kleiner Kreis von Einsendern berücksichtigt werden kann.

Keinesfalls aber sollten Sie dadurch, daß wir Ihnen Ihre Bilder heute zurücksenden den Mut verlieren, denn wie gesagt, viele Gründe sind für diese Entscheidung maßgeblich. Durch die Vielfalt der Einsendungen können wir Ihnen und uns nicht zumuten, das Bildmaterial langfristig zu blockieren bzw. zu archivieren. Selbstverständlich können Sie uns gelegentlich gerne wieder unverbindlich Aufnahmen übersenden (bitte Rückporto beifügen). Weiterhin viel Erfolg und Freude beim Fotografieren

Ihre Bildredaktion COLOR FOTO

Gabriele Huber

Anlage:

Ihre 109 Dias retour (Einschreiben)

Verlag Laterna magica Joachim F. Richter · Stridbeckstr. 48 · 8000 München 71 · Telefon-Sa.-Nr.: (0 89) 79 70 91
Bayer. Vereinsbank München 700 800 7 · Postscheck München 5222-804

Absage einer Zeitschrift – nicht alle sind so freundlich formuliert

WIE MACHE ICH MICH MIT FOTOGRAFIEREN SELBSTÄNDIG

Herrn

**Kundenzeitschriften und
Mitarbeiterzeitschriften der
Energieversorgungsunternehmen**

Herausgegeben von
Georg Trurnit Berkenhoff
und Hanno Trurnit

tag + nacht Verlag Georg Trurnit Berkenhoff · Putzbrunner Straße 38 · 8012 Ottobrunn · Telefon (089) 60 30 83 · Telex 522 739 zfk d

Rundschreiben: Titel-Dias für _____

Sehr geehrte Damen und Herren,

es ist wieder einmal soweit: Wir stürzen uns auf der Suche nach den Titelbildern für unsere vier verschiedenen Vierteljahreszeitschriften in die erste Runde. In einer Vorauswahl, die möglichst umfangreich sein sollte, sieben wir schon einmal jene Aufnahmen aus, denen wir bei der alljährlichen Endauswahl, die Ende September/Anfang Oktober zusammen mit unseren Kunden stattfindet, eine Chance geben.

An Motiven kommen wie immer in Frage: Kinder, Jugendliche, Pärchen, hübsche Mädchen - die allerdings jeweils "action" zeigen müssen. Willkommen ist jede Art von Freizeitbeschäftigung, vor allem sportlicher Art, wie schwimmen, surfen, segeln, wandern, ski- und schlittenfahren, eislaufen etc. "Menschenlose" Tieraufnahmen können wir nicht unterbringen. Wegen unseres kleinen Formats besonders wichtig: Großaufnahmen oder ähnliches, die nicht zuviel ferne "Umgebung" zeigen. Sicher unnötig zu sagen, daß wir auf schicke, moderne, farbintensive Aufnahmen Wert legen. Die Motive gehen wie immer durch alle Jahreszeiten.

Falls Sie mit von der Partie sein wollen, bitte ich Sie, mir spätestens bis zum 5. August eine möglichst umfangreiche Auswahl zu schicken. Die Durchsicht bzw. Rücksendung der nicht in Frage kommenden Dias erfolgt innerhalb weniger Tage. Um unsere Zeitschriften in Erinnerung zu rufen, legen wir jeweils zwei Titelblätter bei.

Mit freundlichen Grüßen
tag + nacht Verlag
Chefredaktion

Hypobank München (BLZ 700 201 16) Kto.-Nr. 2510102838, Raiffeisenbank Oberhaching bei München (BLZ 701 664 86) Kto.-Nr. 40983, Postscheck München 1836 36-806

Rundschreiben eines Zeitschriftenverlags

Wenn Sie wirklich einmal Ihre Dias dort veröffentlicht sehen wollen, werden Sie entweder geduldig arbeiten müssen, bis Sie sehr gut fotografieren und eigene zündende Ideen anbieten können, oder auf Zufälle bauen. Letztere treffen ebenso selten ein wie die berühmten sechs Richtigen im Lotto.

Beginnen Sie mit Kundenzeitschriften

Ihre Dias waren schon immer gut, sie wurden nur noch nicht veröffentlicht. Das können Sie ändern.

Recht dankbare Abnehmer sind Kundenzeitschriften. Die gibt es in Fotogeschäften ebenso gratis wie in Apotheken, Drogerien, im Landhandel, bei Banken, beim Bäcker, Fleischer, Lebensmittelhändler. Kundenzeitschriften veröffentlichen gern Leserfotos, wenn die Qualität einigermaßen stimmt. Oft wird dann das Honorar auch entsprechend mäßig ausfallen und nicht unbedingt den branchenüblichen Gepflogenheiten entsprechen. Es werden von einigen Kundenzeitschriften mit Auflagen über 100.000 „Honorare" für Titelbilder in Höhe von 75 DM angeboten. Lassen Sie sich auf solche Schleuderpreise nicht ein. Derartig miserable Honorare dürfen Sie nicht akzeptieren, wenn Sie sich nicht Ihren Ruf kaputtmachen wollen. Werfen Sie das Dia lieber in den Papierkorb. Oder verkaufen Sie es anderswo zu einem ordentlichen Honorar.

Bei freien Angeboten ist es immer riskant, das „übliche Honorar" zu verlangen, wenn man nicht weiß, was üblich ist. Die Zeitschrift beruft sich dann auf ihre üblichen Honorare, und die sind dann vielleicht wirklich bescheiden. Spätere Reklamationen sind sinnlos oder zumindest schwierig durchzusetzen. Sie wollen Farbdias verkaufen und nicht verschenken. Selbstverständlich gibt es mitunter die Notwendigkeit, mit den Honoraren unter den Standardsätzen der Bildagenturen zu bleiben. Was also tun?

Entwoder, Sie bieten Ihre Dias an und nennen Mindesthonorare, zum Beispiel „übliches Honorar, jedoch nicht unter 100 DM für Dias auf den Innenseiten (bis 1/2 Seite), nicht unter 400 DM für den Titel". Wenn die Dias erstklassig sind und gebraucht werden, wird man Ihnen für die Veröffentlichung die entsprechenden Honorare zahlen oder Ihnen ein Angebot machen, das meist einen Kompromiß bedeutet. Ob Sie den Kompromiß annehmen wollen, bleibt Ihnen überlassen. Bei einem einigermaßen realistischen Angebot („Fünf Dias innen, leider nur klein, einspaltig, zusammen leider nur 400 DM.") sollten Sie vielleicht zugunsten einer längerfristigen Zusammenarbeit annehmen und am Anfang auf einige Mark Honorar verzichten.

Ist die Situation jedoch so, daß die Ausbeutung des Bildautors im Vordergrund zu stehen scheint, sollten Sie diese Verlage meiden. Fotografen, die Dias für diese Verlage liefern, sind entweder fotografisch oder geschäftlich nicht ganz auf der Höhe der Zeit. Jedenfalls sollten Sie dann lieber auf den Fußballplatz gehen oder fernsehen. Zum Fotografieren reicht dann die Disc-Kamera.

Viele Kundenzeitschriften erhalten Aufnahmen von Bilderdiensten, die kostenlos Fotos und Dias zur Veröffentlichung liefern. Wie ist das möglich, wie geht das, wer macht denn so etwas?

Da bringt zum Beispiel die Firma Meyer ein neues Produkt auf den Markt – Meyers Schneeketten mit der Einfachmontage, einfach Meyers genannt. Außer der üblichen Werbung in Zeitschriften und Zeitungen beauftragt die Firma eine PR-Agentur, doch bitte eine Pressemeldung mit Foto zu produzieren und an alle in Frage kommenden Zeitschriften und Zeitungen zum kostenfreien Abdruck zu versenden. Da die einfache Montage natürlich am besten von zarter Frauenhand demonstriert wird, liefert die PR-Agentur also drei verschiedene Fotos oder Dias mit eben dieser freundlichen Schneekette und der noch freundlicher lächelnden jungen Dame, dazu einen ebenso informativen Text an alle Zeitschriften und Zeitungen, die eine Rubrik oder eine Seite über Autos im redaktionellen Programm haben.

Hat nun der Redakteur der Zeitung einmal freien Raum auszufüllen („Mir fehlt noch ein Zweispalter."), so greift er in die große Kiste, wo 127 ähnlich freundliche und nette Fotos mit Story herumliegen und auf Veröffentlichung warten. Manche warten, bis sie überholt sind.

Einige werden jedoch veröffentlicht und bieten somit eine Gratiswerbung für Meyers Schneeketten. Da Anzeigen meist viel Geld kosten und außerdem im Anzeigenteil erscheinen, haben PR-Storys im redaktionellen Teil ungemein viele Vorzüge. Sie kosten keine Anzeigenpreise. Sie sind erheblich glaubwürdiger. Sie stehen in einem optimalen Umfeld, wo nur über diese und ähnliche Produkte berichtet wird. Und häufig entsteht beim Leser der Eindruck, daß es sich bei dieser Meldung schon fast um eine Empfehlung handelt.

So, und nun kommen Sie mit Ihren Fotos und wollen Geld dafür. Und Sie sind noch nicht einmal mit 20 DM Honorar zufrieden. Unverfrorenheit! Wo doch Fotos von überall her umsonst zu haben sind. Jede Firma liefert sie gratis, PR-Agenturen überhäufen die Redaktionen mit Bild- und Textmaterial.

Und dennoch: Es fehlen gute Fotos, gute Farbdias! Wenn Sie solide Qualität anbieten können, werden Sie kaum Absatzprobleme haben. Mein Tip: Anruf genügt. Rufen Sie bei der Redaktion an und fragen Sie. Fragen Sie nach dem Bedarf, fragen Sie nach den Honoraren. Die schönste Diaserie in 6 × 6 cm-Dias über das Liebesleben der Störche wird in der Zeitschrift „Mein Baby und ich" wenig Resonanz finden, wenn die besagte Zeitschrift ein ähnliches Thema schon im vorletzten Monat oder im letzten Jahr abgehandelt hat oder wenn Störche überhaupt nicht in das Redaktionsprogramm passen. Das können Sie nicht ohne weiteres wissen, aber: Anruf genügt!

Durchhalten, durchhalten, durchhalten! Spätestens nach drei vergeblichen Versuchen werden Sie sich fragen, ob all Ihre Mühe wirklich sinnvoll ist, wenn Sie Ihre Dias in der Gegend umhersenden und nichts davon veröffentlicht wird. Wieso nicht? Die Antworten sind verblüffend einfach, denn es muß nicht an der Qualität Ihrer Dias liegen: Wenn Sie im Sommer Dias vom Sommer versenden, werden Sie wenig Erfolg haben.

Zeitschriften haben Vorlauf

Ungefähr drei Monate vor Erscheinen besteht bei allen Zeitschriften schon ein Redaktionsprogramm, bei vielen wird dieses sogar für ein ganzes Jahr im voraus schon grob festgeschrieben. Im Mai erscheint die Reisebeilage für den Sommer, im Oktober die für den Winter. Die Sommerausgabe wird diesmal Fernost und Skandinavien behandeln, die Winterausgabe Österreich und Mexiko. Da können Sie die allerschönsten Dias von Jugoslawien und Gran Canaria anbieten, die Redaktion wird sie Ihnen ungerührt zurücksenden. Die Redaktion braucht nun mal Dias von Mexiko und nicht von Gran Canaria. Verständlich!

Und wenn Sie im Dezember Ihre schönsten Dias vom Christkindlesmarkt in Nürnberg anbieten, dann arbeitet die Redaktion bereits an der Osterausgabe. Also: Mindestens drei Monate Vorlauf einkalkulieren. Es lohnt sich. Nur so haben Sie eine Chance.

Redaktionspläne, Vorschauen

Wie erfahren Sie, welche Zeitschrift welche Dias benötigt? Die Zeitschrift „Merian" etwa bringt Vorschauen, in denen die Erscheinungstermine für neue Hefte ein Jahr im voraus angekündigt werden. Wenn zum Beispiel im Dezember des nächsten Jahres ein Heft über Malta erscheinen soll, müssen Sie Ihre Dias spätestens bis zum Juni bei der Redaktion haben.

Dies ist natürlich nur als Beispiel gedacht. Sollten Sie die Möglichkeit haben, im April auf Malta zu fotografieren, so fragen Sie bei der Redaktion einfach einmal nach, an welchen Motiven besonderes Interesse besteht. Wenn Ihnen diese Motive ohnehin fast am Wege begegnen, sind die paar Mark zusätzliche Materialkosten gut angelegt. Und wenn Sie dann bei „Merian" keinen Erfolg haben, ergeben sich bestimmt bei anderen Zeitschriften Möglichkeiten. Der Markt ist riesig groß, die Gruppe der wenigen erfolgreichen „Insider" recht klein. Das ist erklärbar, denn nur wenige beschäftigen sich mit solcher Fotografie. Obwohl sie bei professioneller Arbeitsweise sehr ertragreich sein kann (aber nicht zwangsläufig sein muß).

Noch einmal: Fotos aus der Touristik

Wir sind, wie Sie bemerkt haben, wieder bei der Touristik angekommen. Der Bedarf an guten Farbdias, insbesondere im Format 6 × 6 cm, 6 × 7 cm oder größer, ist unbegrenzt. Unbegrenzt aus mehreren Gründen:

Das Hauptangebot besteht aus Kleinbilddias von Amateuren oder Halb-Profis. Viele Dias sind nicht bei optimalen Wetterverhältnissen entstanden, weisen also Schwächen auf.

Fast alle Motive sind zeitlichem Wandel unterworfen, also nur wenige Jahre gültig. Ein Neubau im Hintergrund, eine Renovierung der Fassade, ein neuer Anstrich machen Fotos vergangener Jahr alt und somit un-

THEMEN, TIPS UND ABNEHMER

brauchbar. Das Licht bei der Aufnahme verleiht dem Foto den Charakter. Ihr Dia, am Spätnachmittag mit Gegenlicht aufgenommen, sieht erheblich anders aus als das mit Sonne im Rücken am Vormittag geschossene Bild.

Frühjahr, Sommer, Herbst und Winter entscheiden weiterhin wesentlich über die Qualität der Aufnahme, über die Stimmung, die sich letztlich dem Betrachter mitteilen soll, mitteilen muß. Warum nun ist das Angebot nicht größer? Einige weitere Gründe stellen sich so dar: Fotografen und Foto-Designer, die erstklassig sind, verdienen mit weniger Aufwand und Risiko mehr Geld als mit Touristikfotos.

Fremdenverkehrsverbände haben selten Geld, und noch seltener können sie es für erstklassige Dias und Fotos ausgeben. Da sagt dann der zuständige Sachbearbeiter, Referent oder wie der Titel auch sein mag, daß er von Fotografen am Ort bereits für 50 DM Dias mit allen Rechten kaufen kann und dieses auch tut. Versuchen Sie besser nicht, mit solchen Preisen konkurrieren zu wollen. Bei Verlustgeschäften ist auch durch die Masse kein Gewinn zu erzielen.

Wenn diese Fremdenverkehrsverbände oder -vereine dadurch bei 20 Fotos im Prospekt vielleicht 2.000 DM Honorar einsparen können, wird die Werbewirkung um den Wert von 10.000 DM geringer. Die 2.000 DM müßten gezahlt werden, die 10.000 DM weniger Einnahmen jedoch schlagen zumindest nicht bei diesem Konto zu Buche.

Das lag dann an der allgemeinen Konjunktur oder an der schwierigen Lage dieses Ortes im besonderen, wenn die allgemeine Konjunktur zur Erklärung nicht ausreicht. Viele Städte, Gemeinden und Verbände haben im Bereich Fremdenverkehr verdiente Verwaltungsspezialisten angesiedelt, die mitunter auch noch parteipolitisch etabliert sind oder einer großen Partei nahestehen. Diese maßgebenden Leute mögen von allem Möglichen Kenntnis und Ahnung haben, von Fotografie jedenfalls nur sehr wenig und sehr selten. Bitte berücksichtigen Sie diese Gegebenheiten bei Ihren Versuchen, Ihre Dias zu verkaufen.

Übrigens sehen Prospekte mit Aufnahmen von 20 verschiedenen Fotografen dann anschließend aus wie Kraut und Rüben. Irgendwann geht dieses schlimme Produkt allen auf den Geist. Es muß ein neuer Prospekt her. Diesmal darf die Produktion einiges mehr kosten. Der Fotograf des Heimatortes, Spezialist für Portraits und Hochzeiten und natürlich der führenden Partei im Rathaus nahestehend, erhält einen ordentlich dotierten Auftrag. Die miesen Dias werden anschließend als künstlerisch hochwertige Leistung verkauft, für die etwaige Kritiker dieses Dilettantismus noch nicht reif sind.

Die hier genannten Beispiele sind frei erfunden. Ähnlichkeiten mit wahren Begebenheiten wären rein zufällig. Beim dritten Versuch schließlich wird dann eine auswärtige Werbeagentur beauftragt, die für viel Geld Durchschnittsware liefert. Weil ein 50.000-DM-Auftrag bei 20 Millionen DM Agenturumsatz vielleicht nur unter „ferner liefen" bearbeitet wird. Diese Durchschnittsprodukte begegnen uns immer häufiger, immer wieder. Sie sind langlebig, weil sie teuer waren. Durch die Verwendung über drei oder vier Jahre kann der Preis im nachhinein begründet werden. Die Kostensteigerung von 20.000 auf 50.000 DM ist so ebenfalls begründbar: „Sie wissen schon, wir wollten ja endlich von dem Hausbackenen weg, dazu brauchten wir eben den Starfotografen, die Starmodelle. Natürlich ist das etwas teurer. Aber auf drei Jahre gerechnet ist es billiger als bisher."

Was lernen Sie daraus? Sie müssen Ihre Dias gut und teuer verkaufen. Die Begründung wird Ihnen abgenommen, wenn sie plausibel ist. Gute Qualität hat ihren Preis. Bei Dias auch. Rechtfertigen Sie Ihre Preise. Stellen Sie Ihr Licht nicht unter den Scheffel. Sagen Sie, daß Sie gut verdienen wollen. Sagen Sie, daß Sie dafür gute Leistung bieten. Sagen Sie, daß Sie daher preiswert sind. Sagen Sie, wie Sie kalkulieren. Sagen Sie, weswegen Sie nicht billiger sein können. Sagen Sie, welchen Aufwand Sie betreiben werden. Sagen Sie, weswegen der Aufwand notwendig ist. Offene Darstellung von Kosten, Preisen, Gewinnen schafft Vertrauen. Sie haben nichts zu verbergen, aber Sie haben auch nichts zu verschenken.

Bieten Sie Kompromisse an: Der kostenlose Hotelaufenthalt für drei Aufnahmen dieses Hotels ermöglicht preiswerteres Arbeiten. Die Bereitstellung von Mitarbeitern des Auftraggebers als Fotomodelle spart Kosten. Die Qualität der Aufnahme sollte dabei nicht leiden. Nicht jeder nette Mitarbeiter, nicht jede nette junge Dame ist als „Fotomodell" geeignet. Das sollten Sie im Zweifelsfalle deutlich machen, denn die mittelmäßige Qualität der Dias fällt sonst auf Sie zurück. Zu Recht übrigens, denn Sie sind der Fotograf. Ob Sie nun frei oder im Auftrag arbeiten, ist im Grunde genommen ziemlich gleichgültig. Interessante Aufnahmen werden Sie verkaufen, langweilige nicht.

THEMEN, TIPS UND ABNEHMER

Touristikveranstalter suchen immer neue Dias, auch von den bekanntesten Reisezielen. Das ist verständlich, denn zweimal im Jahr erscheinen neue Prospekte, zweimal im Jahr werden Dias benötigt: von unterschiedlichen Jahreszeiten (haben Sie schon London im Winter mit Schnee fotografiert?), von neuen Motiven, die im letzten Katalog nicht enthalten waren und die von den Mitbewerbern noch nicht veröffentlicht wurden. Ein neues Motiv, eine neue Perspektive, andere Personen, eine andere Tageszeit machen ein anderes Dia, das gerade in diese Zusammenstellung hervorragend paßt. Wobei Sie wiederum berücksichtigen sollten, daß viele Fotos den normalen Bildaufbau haben müssen: von links nach rechts!

Von links nach rechts wegen der Dynamik, wegen der Hinführung zur nächsten Seite, zum Umblättern und weil es dem allgemeinen Empfinden am häufigsten entspricht. Wenn Sie derlei Grundregeln als Einengung Ihrer Kreativität empfinden, ist das in Ordnung. Es hindert Sie niemand, besser, kreativer zu fotografieren. Wenn Sie dafür dann auch noch Abnehmer finden, können Sie Ihren eigenen fotografischen Stil bis zur Masche kultivieren. Ansonsten empfehle ich Ihnen für den Anfang, einige Standardeinstellungen zu fotografieren und die Kreativität als Ergänzung und als persönliche Note mit anzubieten.

Sie werden zu Ihrer Verblüffung feststellen, daß nicht die nach Ihrer Ansicht besten Aufnahmen veröffentlicht werden, sondern daß nach anderen, Ihnen unerklärlichen Gesichtspunkten ausgewählt wurde. Lassen Sie sich nicht entmutigen; es kann Ihnen ziemlich gleichgültig sein, ob Sie das Honorar für Ihr Lieblingsfoto oder für ein x-beliebiges Foto erhalten. Große Künstler hatten es zu Lebzeiten schon immer etwas schwieriger. Sie sollten den Redakteuren und Artdirectors Zeit lassen, Ihren neuen Stil anzuerkennen, ihn begreifen zu lernen. Maschen nachzuahmen, ist eine Zeitlang witzig und vielleicht erfolgreich. Wenn Sie David Hamilton nachahmen, werden Sie im Zweifel fast so gut fotografieren wie der Meister selbst. Das heißt aber nur: fast. Nicht ebenso gut, nicht besser. „Fast" reicht eine Weile, aber nicht auf Dauer. Weder die Super-Tele- noch die Super-Weitwinkel-Perspektive ersetzen eine klare Bildaussage oder einen harmonischen Bildaufbau. Alles zu seiner Zeit, und Gags bitte in Grenzen! Der Markt für Fish-Eye-Perspektiven ist in der Touristik nicht allzu groß...

Stricken Sie mit Ihren Dias Ihre eigene Masche. Die gesunde Mischung

Wie mache ich mich mit Fotografieren selbständig

von Übersichten und Details, von Menschen und Museen, von Neubau und Fachwerk benötigt nur wache Augen, eine durchschnittliche Ausrüstung sowie Zeit und Geduld. Ideen sind reichlich zu finden; wer nicht schlafend durch die Gegend läuft, hat an Motiven keinen Mangel.

Mängel können an Zeit, am Wetter, an sonstigen äußeren Umständen reichlich vorhanden sein. Sie können noch so gut fotografieren: Wenn ein Bauwerk wegen Renovierung oder Restaurierung mit einem Baugerüst zugepflastert ist, müssen Sie das Motiv für diesmal vergessen. Vielleicht haben Sie beim nächsten Besuch mehr Glück.

Touristikveranstalter vergeben mitunter auch Festaufträge. Seit die moderne Kameratechnik jedem halbwegs geschickten Menschen die Herstellung technisch einwandfreier Dias ermöglicht, haben viele Veranstalter die Zeichen der Zeit erkannt. Die neuen Katalogfotos machen entweder die Fotografen der Zielgebiete oder Hotels (gratis selbstverständlich) oder Reiseleiter (30 DM pro Dia) oder die Touristen selbst (50 oder 75 DM in Form eines Reisegutscheins).

Foto-Wettbewerb nennt sich das dann: „Mein schönstes Ferienfoto". Viele Amateure freuen sich über die Anerkennung, die ein veröffentlichtes Foto für sie bedeutet. Im Bekanntenkreis fördert es das Image des engagierten Fotografen, der eigentlich zu erheblich Höherem berufen wäre, wenn er nur die Voraussetzungen all dieser Größen hätte.

Aufträge an Profis sehen dann so aus, daß pro Tag vier Hotels außen und innen vollständig durchfotografiert werden sollen, ein paar Sportaktivitäten natürlich zusätzlich. Dafür liegen die Hotels dann 15 km auseinander, vor 10.00 Uhr ist kein Mensch ansprechbar, und nach 18.00 Uhr ist es dunkel. Die am Pool liegenden Schönheiten sind bestenfalls für den journalistischen Anspruch einer Tageszeitung geeignet, und die Zimmer sind leider vor 12.00 Uhr nicht aufgeräumt. Die Sonne steht gerade entgegengesetzt zur Wunschvorstellung, und neben der Hotelfassade steht der Baukran für die Erweiterung dieses ebenso bedeutenden wie häßlichen wie austauschbaren Kastens, der auf Mallorca, Gran Canaria, in Rimini, in Frankfurts Nordweststadt oder in Berlin stehen könnte.

„Die müssen Fotografen hassen", meinte einmal ein Kollege über die Foto-Einkäufer eines Touristikunternehmens mit derartigen Vorstellungen. Buchstäblich baden ging ein Freund, der eine Kreuzfahrt fotografieren sollte, sich während einer Seenotübung ins Rettungsboot begab und –

THEMEN, TIPS UND ABNEHMER

ein Seil riß – prompt im Wasser landete. Mehrere Kameras verschwanden in der See, der Auftrag war im Eimer, der Auftraggeber war für Schadenersatz natürlich nicht zuständig. Der Prozeß mit der Reederei dauerte Jahre und wurde gewonnen, doch den Ärger hatte der Foto-Designer.

Erwartet wird bei solchen Aufträgen Superqualität, mindestens in Werbefotoqualität. Mindestens ein Aufmacherfoto pro Tag soll dabei sein, das halb- oder ganzseitig im Katalog erscheinen kann.

Nur werden bei Werbeaufnahmen nicht 500 DM, sondern mindestens 1.800 DM pro Tag für den Fotografen ausgegeben. Ein „ordentliches" Foto dieser Art beschäftigt dann den Fotografen 2 Tage, eine Stylistin (500 DM Tagessatz) 3 Tage, eine Visagistin 2 Tage (auch 500 DM pro Tag) und benötigt Requisiten für 1.500 DM. Location (das heißt: Suche des Orts, wo fotografiert wird) kostet ebenfalls 3 Tage à 500 DM. Für ein Werbefoto benötigt man mindestens 800 DM Filmmaterial, und es kostet dann 10.000 DM unter Brüdern, wenn's preiswert ist. Kommen Fotomodelle dazu, dann muß es oft Billy Hair aus London, Melanie Blond aus Mailand sein, weil nur mit diesen beiden das Sympathische des Produktes ausgedrückt werden kann. Die Modell-Kosten von 2.000 DM Tagesgage plus Reisespesen sind bestenfalls Kleingeld im Vergleich zu der enormen Werbewirksamkeit. Haben Sie das System erkannt? Wenn Sie mehr darüber wissen wollen, lesen Sie nach bei Günter Stein: „Enthüllungen aus der Welt der Riesenwaschkraft" oder in seinem Nachfolgewerk „Aus dem Werbeleben eines Taugenichts", beide erschienen im Tomus Verlag, München.

So kann das alles wohl nicht wahr sein, da übertreibt der Autor schamlos, meinen Sie? Wenn Sie Ihre eigenen Erfahrungen hinter sich gebracht haben, werden Sie hoffentlich nicht zu der Überzeugung kommen, daß sich alles genauso abspielt, nur noch schlimmer.

Touristik bringt außergewöhnlich vielfältige Möglichkeiten für den Fotografen, sofern der Aufwand in Grenzen gehalten wird.

Zunächst gibt es da das eigene Umfeld, das anscheinend nicht besonders attraktiv ist, dafür aber den unbestrittenen Vorteil der kurzen Wege hat. Das Badestädtchen um die Ecke läßt sich in 15 Minuten erreichen, das Wetter, launisch wie leider so oft, kann bestens berücksichtigt werden. Der Sonnenstand ist bekannt (das Rathaus hat nur zwischen 16.00 Uhr und 18.00 Uhr Licht), und die Veranstaltungen, Volksfeste und so weiter kann man kurzfristig besuchen, wenn das Wetter gut ist. Wenn nicht, bleibt man zu Hause. Das Freibad im Sommer, die Kneipp-Anlage, der Tennis-, Golf- oder Minigolfplatz geben eine Reihe von Motiven, die bei neutralem Hintergrund oft nicht nur für diesen Ort eingesetzt werden können.

Im Winter oder auch in den Wischi-Waschi-Jahreszeiten (so mittelhochtief) können Sie dann innen Kuranwendungen, Moorbäder, Massagen und anderes fotografieren. Das hat den zusätzlichen Vorteil, daß Sie sich Personen zum Fotografieren vorab aussuchen können und auch Modelle aus dem eigenen Bekanntenkreis mitnehmen können. Die wissen dann vorher, worum es bei den Aufnahmen geht und daß das Fotografieren ein wenig Zeit und Geduld kostet. Außerdem kann die Kleidung vorher abgesprochen, können Requisiten beschafft werden. Das geht vom farbigen Handtuch bis zur Auswahl der Badelatschen und zum Bikini, der zur Badehose abgestimmt sein sollte. Die rosa Bluse wirkt zu farblos im Vergleich zum Jeansblau, und auch der Rucksack sollte zur Kleidung passen. Der Wasserball hat nicht die richtige Größe, die Frisur des Herrn ist zu modisch und soll mit dem Föhn etwas zurückgenommen werden. Dafür paßt der knallige Lippenstift besser zu dem Blond, die Fingernägel dürfen diesmal nicht bunt lackiert sein. Und so weiter mit Dutzenden von Details ... Diese Feinheiten gelten bei allen Aufnahmen von Personen, egal ob drinnen oder draußen fotografiert wird. Wie weit Sie ins Detail gehen wollen oder können, ist Ihnen überlassen.

Solche Aufnahmen von Personen und Aktivitäten sind nicht auf einen Fremdenverkehrsort beschränkt. Bei typischen Motiven sollten Sie daher immer dann mindestens eine Serie fotografieren, wo neutrale Hintergründe eine weitere Verwendung, zum Beispiel über Bildagenturen, zulassen.

Mit der Kamera unterwegs

Wer mit der Kamera reist, sollte vor Beginn der Reise genau überlegen, welche Ausrüstung am zweckmäßigsten ist. Der Schmetterlingsfotograf wird zweifelsohne andere Geräte benötigen als der Mädchenfotograf, als der Architekturspezialist oder als derjenige, der überwiegend Aufnahmen aus touristischer Sicht für Bildagenturen macht.

Für Flugreisen gibt es dabei das Problem der Gewichtsbegrenzung von 20 Kilogramm Handgepäck. Zwei Kameras mit Motor, vier oder fünf Objektive, Filter, Filme, Bereitschaftstaschen – da sind schnell 10 bis 15 Kilo beieinander, und ein Paar Socken muß man schließlich auch einpacken. Die Mitnahme als Handgepäck bedeutet die einzige Chance, sich aus dem Dilemma einigermaßen herauszulügen. Also: Die Kameratasche mit allem Filmmaterial sollten Sie unbedingt vom aufgegebenen Gepäck trennen und als Handgepäck mitführen. Meist haben Sie Glück, und das Handgepäck wird nicht mit dem aufgegebenen Gepäck gewogen.

Noch ein Tip: Filme sollten nicht durch die Röntgengeräte gejagt werden! Jeder Mitarbeiter des Flughafens wird Ihnen hoch und heilig versichern, wie unschädlich diese Durchleuchtungen für Ihre Filme sind. Sicher ist die Unschädlichkeit jedoch nur bestimmt, wenn Sie eine Handkontrolle durchsetzen können. Das geht auf kleineren Flughäfen leichter als zum Beispiel in Frankfurt, wo solche Wünsche manchmal auf Unverständnis stoßen (jedenfalls habe ich diese Erfahrung schon gemacht). Wieweit aufgegebenes Gepäck mit Röntgengeräten durchleuchtet wird, wird von den Flughafenverwaltungen nicht publik gemacht. Ein Tip, der nutzen kann: Es gibt Filmdosen, die durchsichtig sind. Also sollten Sie die Filme in diese durchsichtigen Dosen tun (Fuji-Filme werden darin geliefert) und die durchsichtigen Dosen in eine durchsichtige Plastiktüte. Wenn Sie dann noch etwas vertrauenerweckend und höflich um Handkontrolle bitten, werden Sie damit oft Glück haben.

Die Industrie bietet auch Film-Schutzbeutel mit einem Fassungsvermögen von je fünf oder zehn Filmen an. Dennoch besteht die Gefahr, daß die Röntgengeräte so reguliert werden, daß der Inhalt der schützenden Bleibeutel doch sichtbar wird. Der Schaden für Ihre Filme ist im ungünstigen Fall nicht geringer als ohne Schutzbeutel.

Metallkoffer oder Weichtaschen sind die gängigen Bereitschaftstaschen. Metallkoffer sind teilweise wasser- und staubdicht (beispielsweise die von Rimowa), wiegen aber 3 bis 4 Kilogramm. Weichtaschen aus Nylongewebe sind heute mit 1 bis 1,5 Kilo wesentlich leichter. Vor Staub und Regen schützen sie die Ausrüstung ebenso wie Kunststoff- oder Ledertaschen, völlig wasserdicht sind sie meistens nicht.

Volksfeste

Volksfeste erfreuen sich steigender Beliebtheit, haben jedoch die Nachteile der Wetterabhängigkeit und anderer Unwägbarkeiten: Wie finden Sie den günstigsten Standpunkt? Welchen Hintergrund wählen Sie? Fotografieren Sie mit der Sonne oder mit Gegenlicht? Diffuses Licht ist für Aufnahmen am besten geeignet, strahlender Sonnenschein schafft harte Schatten. Harte Schatten und helle Lichter ergeben einen Kontrastumfang, den ein Diafilm zwar in der Projektion gerade noch verkraftet, der im Druck dann aber schlimm aussieht.

Bei Volksfesten gibt es viele fotografisch attraktive Motive, die nur darauf warten, abgelichtet zu werden. Farben sind reichlich vorhanden, historische Plätze geben eigentlich immer eine fotogene Kulisse ab. Ein Volksfest sollten Sie nie unvorbereitet besuchen, es sei denn, Sie wollen sich nur mit Ihren Kindern amüsieren. Das bringt sicher auch Spaß, und Sie müssen nicht zehn Kilogramm Ausrüstung durch die Gegend schleppen.

Festliche Umzüge haben einen vorher festgelegten Weg, den Sie kennen sollten. Historische Uniformen wirken vor historischen Gebäuden erheblich besser als vor Fertigbetonteilen eines Parkhauses. Die Sonne muß nicht in Ihrem Rücken stehen, Gegenlicht bringt Tiefe, bringt Spannung ins Bild. Dadurch werden auch Motive interessant, die schon hunterttausendmal von anderen fotografiert worden sind. Die Übersichten sind mitunter notwendig, die Portraits sind aber wichtiger.

Zwei Kameragehäuse, eines mit 35 mm Weitwinkel (oder mit 50 mm Weitwinkel für 6 × 6 cm-Kameras) und eines mit einem Zoom 80–200 (mit 150 mm Tele für 6 × 6 cm-Kameras), machen Sie für die meisten Motive schnellschußbereit. Es reicht bei entsprechendem Einsatz auch eine 6 × 6-Kamera nur mit Normalobjektiv. Jeder Festumzug gerät häufig zum Stillstand. Dann haben Sie Zeit genug, nah an die Festzugteilnehmer heranzugehen, die Sie fotografieren wollen. Wenn Sie höflich darum bitten, werden Sie selten Schwierigkeiten haben. Die prächtigen Farbdias im Format 6 × 6 cm werden Sie für diese vergleichsweise geringen Mühen entschädigen.

Einige Profis verwenden dabei dann sogar noch einen leichten Blitz, den sie zur Aufhellung einsetzen. Diese Methode hat den unbedingten Vorteil von absolut gleichmäßig ausgeleuchteten Dias, die strahlende Farben aufweisen. Der Nachteil ist, daß der Fachmann diese Zauberei merkt. Wenn der Blitz bei Tageslicht nicht sehr gekonnt und sehr sparsam dosiert wird, sehen die Dias „zu schön" aus, der Live-Charakter leidet.

Vielleicht probieren Sie solche technischen Variationen vorher ausführlich bei Familienfotos im heimischen Garten. Wenn diese Aufnahmen dann nicht genau so ausfallen, wie Sie sich das gedacht haben, ist es nicht ganz so tragisch.

Wenn Sie eine größere Ausrüstung in 6 × 6 cm-Geräten zur Verfügung haben, können Sie die Lichtverhältnisse recht einfach prüfen: Sie nehmen zur Kontrolle ein Polaroid. Polaroid-Ansätze gibt es für fast alle 6 × 6 cm-Kameras, die Wechselobjektive haben. Auf dem Polaroid-Bild können Sie dann genau sehen, ob Sie den Blitz etwas sparsamer dosieren müssen oder ob das Tageslicht zu sehr dominiert.

Den Blitz können Sie auch im Computerbetrieb dadurch beeinflussen, daß Sie zum Beispiel einen 19 DIN-Film verwenden, dem Computer aber einen 22 DIN-Film eingeben. Automatisch wird der Blitz eine Blende unterbelichten, was zur Aufhellung reicht. Das geht ebenso, wenn Sie 19 DIN eingeben, die Blende in der Kamera auf 8 stellen und dem Computer Blende 5,6 eingeben. Auch in diesem Fall wird dem Computer signalisiert, daß weniger Licht notwendig ist. Auf einem Polaroid-Bild können Sie sehen, wie Tages- und Blitzlicht miteinander wirken. Das Verfahren mag Sie drei bis vier Polaroids kosten, das sind 6 bis 8 DM. Danach können Sie dann aber ganz beruhigt die Veranstaltung durchfotografieren, und Sie wissen, daß die Belichtung stimmt.

Übrigens gibt es seit einiger Zeit auch für Kleinbildkameras Polaroid-Ansätze. Sie sind jedoch ebenso teuer wie die Kamera selbst und somit für Sie kaum rentabel. Mit etwas Voraussicht lassen sich aber Erfahrungswerte ermitteln, die für Ihre Zwecke voll und ganz ausreichen, um erstklassige Dias zu fotografieren, die keine unüberbrückbaren Kontraste aufweisen. Denn Sie wissen: Wo viel Licht ist, ist auch viel Schatten. Diffuses Licht und dazu ein leicht bewölkter Himmel mit großer Grundhelligkeit sind optimale Voraussetzungen für gleichmäßig und natürlich ausgeleuchtete Farbdias. Voraussetzungen, die allzuoft leider nicht vorhanden sind.

Wie mache ich mich mit Fotografieren selbständig

Gehen Sie abends und bei Regen auf den Rummel! Die meisten Festtage und Volksfeste haben nicht nur schöne Umzüge mit alten Kostümen oder Uniformen, sondern auch schlicht und einfach den üblichen Festplatz mit allem, was das Herz an Karussells, Bratwurstbuden und ähnlichem mehr begehrt. Diese Festivitäten gibt es vom Frühlingsfest über das Osterfest zum Sommer-, Herbst- und Weihnachtsmarkt in allen kleinen und großen Dörfern und Städten. Es muß nicht unbedingt das Oktoberfest in München sein, um gute Aufnahmen von Volksfesten zu machen. Daß Sie tagsüber die Möglichkeiten zu guten, verkäuflichen Aufnahmen genutzt haben, setzen wir einfach voraus. Abends geht die fotografische Tätigkeit munter weiter. Dann wird das Stativ zum wichtigsten Helfer, zusammen mit Drahtauslöser und Blitz.

Die wirkungsvollsten Aufnahmen können Sie machen, wenn Sie die Zeit zwischen Tag und Nacht, die Dämmerung, nutzen. Das Tageslicht muß dazu schon so weit gegangen sein, daß die vielen tausend Lampen und die Leuchtreklamen strahlen. Sie verwenden dafür Tageslichtfilm, ob 18 DIN oder 27 DIN hängt davon ab, ob Sie mit Stativ arbeiten wollen oder nur live. Sie glauben nicht, wieviel Sie mit hochempfindlichen Filmen und hoher Lichtstärke auch noch aus freier Hand machen können. Das Stativ gibt Ihnen die Möglichkeit, Langzeiteffekte zu produzieren. Alle Lichter des Riesenrades in Bewegung, farbige Linien und Wischeffekte, soviel Sie wollen. Eine, zwei, fünf Sekunden Belichtungszeit bei kleineren Blenden ergeben Farbenpracht und Dynamik. Die Dämmerung bringt einen neutraleren Hintergrund in Richtung Blau. Nach Einbruch der Dunkelheit wird der Hintergrund dann schwarz, und die Wirkung vom Vordergrund, vom Hauptmotiv wird sehr viel anders sein. Probieren Sie einmal Aufnahmen in der Dämmerung – die Ergebnisse werden Sie (und andere) begeistern!

Regen zaubert aus langweiligen 08/15-Motiven zauberhafte Spiegelungen in Pfützen, auf Straßen. Glanz in den Lichtern, Farbeffekte in immer wieder neuen Variationen, und ein kleiner Windhauch macht aus einem deutlichen Spiegelbild einen interessant verschwommenen Vordergrund. Welche Art der Fotografie Sie gerade bevorzugen, ist Ihnen überlassen. Interessante Fotos können Sie so oder anders machen.

Und so können Sie diese Dias auch verkaufen: Das Fotogeschäft am Ort wird Ihnen vielleicht dankbar sein, wenn Sie sich als Fotograf anbieten und dafür lediglich eine Beteiligung an den verkauften Bildern erwarten. Fotografieren Sie zum Beispiel alle Kinder, die ein Karussell heimsuchen. Den Eltern sagen Sie dann, daß die Aufnahmen in zwei Tagen im Schaufenster des Fotogeschäfts am Ort ausgehängt werden und dort auch bestellt werden können. Wenn das Bild 13 × 18 cm für 3 DM verkauft wird und Sie 1 DM als Honorar kassieren, ist damit ein Hunderter schnell verdient. Das funktioniert aber nur in kleineren Städten und sei daher nur als Anregung gedacht.

Es kann Ihnen in solchen Fällen passieren, daß Ihre Anregung dankbar aufgegriffen wird, nur Sie benötigt man dazu dann nicht. Seien Sie nicht verärgert, Sie haben genügend andere Möglichkeiten, Ihr Können in bare Münze umzusetzen. Beim Direktverkauf freut sich der Besitzer des Karussells vielleicht, auf diesem Festplatz (das Rathaus im Hintergrund) sein Karussell abgelichtet zu sehen. Fragen Sie doch einfach! Wenn Sie ein Musterfoto, bei anderer Gelegenheit aufgenommen, dabeihaben, können Sie sehr viel leichter überzeugen, daß Ihr Angebot preisgünstig ist.

Fotowettbewerbe – ein Kapitel für sich

Alle Jahre wieder werden von allen möglichen Fotozeitschriften, Illustrierten und Verlagen Fotowettbewerbe ausgeschrieben. Wer möchte nicht sein schönstes Ferienfoto prämiert wissen, möglichst mit dem ersten Preis, der Reise für zwei Personen nach London, oder zumindest einen der übrigen 99 Preise gewinnen? Die eigenen Fotos beziehungsweise Dias sind Ihrer Ansicht nach schon lange reif, einmal ganz groß herauszukommen, und ein Preis macht ja auch noch den Namen bekannt. Das Dia wird vielleicht sogar von anderen Zeitschriften veröffentlicht, und das könnte dann endlich den Durchbruch zu den Starhonoraren an den Spitzen der Branche geben. Schließlich haben sehr bekannte Foto-Designer mit preisgekrönten Fotos bei „Jugend fotografiert" auf der Photokina Köln ihre ersten Lorbeeren erringen können. Wer nun meint, mit einem veröffentlichten Farbfoto bei einem Fotowettbewerb (es war sogar der sechste Platz, und es gab als Gewinn drei Fachbücher und für 200 DM Fotomaterial) bekannt werden zu können, der irrt.

Warum werden Fotowettbewerbe ausgeschrieben? Fotozeitschriften machen das aus mehreren Gründen:

1. Ein Fotowettbewerb ist etwas Besonderes, er erweckt Aufmerksamkeit beim Leser oder bei demjenigen, der als Leser gewonnen werden soll.
2. Ein Fotowettbewerb bringt Image. Die Zeitschrift kann auf zum Teil attraktive Preise (die zum großen Teil von interessierten Firmen der Fotobranche gestiftet werden) verweisen, die eigentlich jeder gewinnen kann.
3. Beide oben genannten Gründe bringen zusätzlich verkaufte Exemplare, das tut der Auflage gut.
4. Ein Fotowettbewerb füllt Seiten. Er stellt die Redaktion allerdings vor die Qual der Wahl, da eine Fülle von Dias gleichwertig scheint, da von den 4.382 eingesandten Dias mindestens 10 Prozent veröffentlichungswürdig sind. Maximal 1 Prozent davon kann jedoch tatsächlich erscheinen, also etwa 40 Stück. Wie groß ist Ihre Chance? Rechnen Sie einmal nach!
5. Ein Fotowettbewerb kostet kaum Veröffentlichungshonorare, höchstens Arbeitszeit für die Redaktion und für die Sekretärin, die die nicht angenommenen Dias zurücksenden muß.

Nun will ich neben den sehr lobenswerten und seriösen Fotowettbewerben auf einige Variationen hinweisen, die Sie tunlichst meiden sollten, wenn Sie die Fotografie und sich selbst ernst nehmen wollen.

Variante 1: Der Fotowettbewerb lobt wie üblich Preise aus; die ersten drei Preise liegen bei 300 DM, 200 DM, 100 DM. Trostpreise gibt es in Form von Filmen oder ähnlichen Kleinartikeln. Daß Sie einen frankierten Rückumschlag beifügen müssen, wenn Sie Ihre Dias zurückerhalten wollen, ist bei den normalen Fotowettbewerben in Ordnung. Die Portokosten sind schließlich beachtlich, wenn 750 Sendungen à 3,80 DM oder noch höher frankiert werden müssen.

Und genau dann steht da bei diesen „Wettbewerben" ein merkwürdiger Satz, den Sie nicht überlesen sollten. Da steht nämlich nichts von einer Rücksendung, sondern einfach und lapidar: „Alle eingesandten Dias gehen mit den Veröffentlichungsrechten in das Eigentum des Verlages über." Manchmal ist das etwas verklausuliert, etwa: „Die eingesandten Dias werden nicht zurückgesandt. Der Bildautor überläßt die Veröffentlichungsrechte auch der nicht prämierten Aufnahmen dem Verlag."

Haben Sie die Falle erkannt? Da versucht ein Verlag, preiswert an gute

Themen, Tips und Abnehmer

Dias zu kommen – auf Ihre Kosten, versteht sich! Es ist natürlich etwas anderes, wenn nur 9 × 13-Bilder eingesandt werden, die dann nicht zurückgegeben werden, und wenn die Veröffentlichungsrechte lediglich für die prämierten Fotos in dieser Zeitschrift nicht zusätzlich honoriert werden. Das ist in Ordnung und sinnvoll, denn 9 × 13-Farbbilder sind häufig in der Herstellung billiger als das Porto.

Variante 2: Ebenfalls beliebt sind bei Fotowettbewerben Bearbeitungsgebühren, Teilnahmegebühren oder wie die Gebühren auch immer heißen mögen. Selbst Fotoclubs nehmen diese Gebühren für die Teilnahme an Ausstellungen oder ähnlichem. Hier gilt es abzuwägen. Ein Fotowettbewerb oder eine Ausstellung machen Arbeit, sie kosten Geld. Eine Beteiligung an Wettbewerben hat ihren Reiz, für den Amateur mit Sicherheit. Wer möchte nicht endlich seine Aufnahmen in einer Ausstellung unterbringen oder in einer bekannten Zeitschrift gedruckt sehen? Das sind ehrenwerte und verständliche Motive für eine Beteiligung.

Wenn nun 10 DM Gebühren gefordert werden, um 13 × 18-Fotos zurückzusenden, ist das für den Veranstalter reichlich großzügig kalkuliert. Werden dagegen für eine Ausstellung Formate von 40 × 50 cm gefordert, sind 10 DM für Porto und Verpackung kaum ausreichend.

Werden für die 10 DM Gebühren nicht nur die Fotos zurückgesandt, sondern einige zusätzlich in einem Katalog veröffentlicht, den es für jeden Einsender gibt, müssen Sie entscheiden. Sind Ihnen die Chancen, Ihre Fotos in einem Katalog gedruckt zu sehen, das Geld wert? Wenn ja, in Ordnung. Wenn nein? Sie müssen ja nicht an Fotowettbewerben teilnehmen! Zumindest nicht an solchen.

Die Schlußfolgerung aus diesen Anmerkungen müssen Sie für sich ziehen: Wettbewerbe sind schön und gut. Bedingungen vorher zu lesen ist wichtig. Beklagen nachher ist zu spät. Kleingedrucktes ist nicht immer zu Ihrem Vorteil und Nutzen. Es muß aber auch nicht immer zu Ihrem Nachteil sein. Spielregeln müssen nun mal sein. Auch bei Fotowettbewerben.

Noch einmal kurz zum Imagegewinn für Sie selbst: Ein dritter Preis mit dem Gewinn einer 500-DM-Kamera hebt das Selbstbewußtsein ungemein, hat ansonsten jedoch überhaupt keine Auswirkungen. Weder bei diesem Verlag noch bei anderen wird man sich künftig um Ihre Fotos reißen, nur weil Sie den dritten Preis in einem Fotowettbewerb gewonnen haben.

Wenn Sie sehr viel Glück haben, können Sie Ihren Erfolg als Meldung (Foto mit Bildunterschrift) bei der örtlichen Tageszeitung unterbringen. Vier Wochen später erinnert sich kein Mensch mehr daran. Lassen Sie sich dennoch den Spaß an Fotowettbewerben nicht nehmen, so etwas übt. Übt in der Selbsteinschätzung und Selbstkritik.

Fotos für Kalender – ein regelmäßiges Geschäft

Wer möchte nicht seine Farbdias über viele Jahre in schöner Regelmäßigkeit verkaufen und gedruckt sehen? Alle Jahre wieder gibt es Dutzende, ja Hunderte von Kalendern. Kalender für Tierfreunde, Kalender mit schönen Frauen, schönen Landschaften, schönen Unterwasseraufnahmen, schönen Tierfotos. Es ist überhaupt immer schön, was auf Kalenderblättern abgebildet ist.

Einige wenige Kalender sind sehr anspruchsvoll, was Fotografie anbelangt. Meist sind diese Kalender von Firmen in Auftrag gegeben worden, die Fotokosten liegen dann oft über dem Jahresgehalt eines Durchschnittsverdieners. Diese mit Kodak-Preisen hochgelobten Kunstwerke sind im Moment nicht gemeint, sondern die Kalender für den Alltag, die der Kaufmann zu Weihnachten verschenkt oder die für 19,80 DM im Großformat im Schreibwarenhandel zu haben sind.

Es gibt eine Vielzahl von Kalenderverlagen; alle Adressen hier aufzuführen, würde den Rahmen dieses Buches sprengen. Sie finden die Adressen jedoch im „Adreßbuch für den deutschsprachigen Buchhandel, Band 1: Verlage", herausgegeben vom Börsenverein des Deutschen Buchhandels, Großer Hirschgraben 17, 6000 Frankfurt 1, Tel. 069/13060, Telex 413573 buchv d. Sie können dieses nützliche Handbuch auch kostenlos in Bibliotheken oder bei Ihrem Buchhändler einsehen.

Die meisten Kalenderverlage haben ein Standardprogramm mit einer Vielzahl an Themen, wie Landschaften, Natur, Städte, Blumen, Katzen, Vögel, Hunde, Inseln, Sport und so weiter.

Welcher Verlag welche Kalender herstellt, läßt sich am besten mit der Kalenderübersicht des Börsenvereins feststellen. Außerdem sind jedes Jahr im Oktober auf der Buchmesse in Frankfurt die allermeisten deutschen Kalenderhersteller mit einem Stand vertreten, außerdem viele aus-

A. Korsch Verlag GmbH & Co. Postfach 66 23 20 8000 München 66

Herrn

Bildkalender
Adventskalender
Glückwunschkarten

München, den
Ra/we

Sehr geehrter Herr

zur Gestaltung unserer neuen Korsch- und Michel-Kalender bitten wir Sie um die Zusendung einer Auswahl von schönen Motiven:

Für unsere Deutschland- und Regionalkalender
(Dias im Mindestformat 9 x 12 cm, keine KB)
Landschaften und Städte aus der gesamten Bundesrepublik.
Alle Jahreszeiten. Innenaufnahmen von Schlössern, Kirchen usw.
Es müssen nicht immer Postkartenmotive sein. Stimmungsbilder
sind besonders gefragt. Spezielle Aufnahmen aus Berlin, Hamburg
und München. Keine Aufnahmen außerhalb Deutschland.

Für die Alpen-Kalender (Dias im Mindestformat 9 x 12 cm, keine KB)
Schöne Bergaufnahmen aus dem Gesamtbereich der Alpen in allen
Jahreszeiten. Stimmungsbilder.

Für unsere Tierkalender (Dias im Mindestformat 6 x 6 cm, keine KB)
Aufnahmen in freier Natur, in natürlicher Pose, schöner Hintergrund.
Hunde: alle reinrassigen Hunde. Speziell auch Pudel und Dackel.
Katzen: Hauskatzen, Siamkatzen, Perserkatzen usw.
Pferde: Pferde auf der Weide (nicht fressend), in Bewegung, Köpfe
         Ponys und Kleinpferde alle Rassen.
Vögel: einheimische Singvögel und Exoten
Tiere: freilebende einheimische Tiere, junge Tiere (auch exotische)

Für unsere Blumen-Kalender (Dias im Mindestformat 6 x 6 cm, keine KB)
Orchideen und Kakteen in voller Blüte
Schön fotografierte Einzelblüten von Rosen, Gartenblumen, Zimmerpflanzen und auch Wiesenblumen. Keine angeschnittenen Blüten, kein schwarzer Hintergrund. Keine Sträuße.

Bitte besonders scharfe, lebendige Aufnahmen (beschriftet!).
Teilen Sie uns bei Ihren Diasendungen auch Ihre Honorar und
Rabattsätze mit. Von einer Bearbeitungsgebühr bitten wir abzusehen. Einsendetermin: Blumen im Januar, Tiere im Februar,
Schwarzwaldbilder im Januar, übrige Landschaften im März.

Mit freundlichen Grüßen
A. KORSCH VERLAG GmbH & Co.
i.A.

A. KORSCH VERLAG GmbH & Co.   Bodenseestraße 226–228   Deutsche Bank AG, München (700 700 10) 7 920 333
KG Sitz München, Reg. Ger. München, HRA 08822, 8000 München 66   Dresdner Bank AG, München (700 800 00) 4 482 700
pers. haft. Ges. Korsch Kunstkalender-Verlag GmbH, Telefon (089) 8 7105-1   Stadtsparkasse München (701 500 00) 25-111444
Sitz München, Reg. Ger. München, HRB 45257,   Telex 5 212 901   Volksbank München (701 900 00) 44 008
Geschäftsführer Dr. Jens Meyne   Postscheck München (700 100 80) 348 40-802

Rundschreiben eines Kalenderverlags

ländische. Dort können Sie alle Kalender im Original anschauen und an Ort und Stelle kritisch prüfen, ob Ihre Aufnahmen konkurrenzfähig sind. Alle Kalenderverlage suchen jedes Jahr wieder Fotos. Die einfachste Art und Weise, „Ihren" Verlag zu finden, funktioniert in etwa so:

Sie nehmen einen Kalender zur Hand, stellen fest, welcher Verlag den Kalender herausgegeben hat. Sie stellen ferner fest, daß es sich bei dem Kalender nicht um das Meisterwerk eines bestimmten Fotografen handelt. Sie sehen sich die Fotos an und stellen zu Ihrer großen Genugtuung fest, daß Sie Farbdias haben, die Motive dieser Themen mindestens ebensogut darstellen. Sie nehmen zehn Dias 6 × 6 cm, ordentlich beschriftet, und senden sie mit einem freundlichen Anschreiben und ausreichendem Rückporto mit vorbereitetem Briefumschlag für die Rücksendung per Einschreiben an den Verlag.

Jedes eingesandte Dia sollten Sie einzeln nach dem folgenden Schema in zwei Zeilen beschriften:

1. Zeile

Autor: Hier wird der Name des Fotografen bzw. das Pseudonym eingetragen

Beispiel: Fotograf Hans Meier: H. Meier oder Hans Meier oder Pseudonym

2. Zeile

Genaue Bezeichnung: Achten Sie bei der Beschriftung immer darauf, daß die wichtigsten Fakten in kurzen Worten erfaßt werden.

a) Geographische Aufnahmen:

immer in dieser Reihenfolge: Land, Bundesland oder Kanton oder Gebiet ..., Stadt, Kurzbeschreibung

Beispiel: D (Deutschland) – Bayern – München – Marienplatz

oder: Thailand – Patthaya – Dschunke im Sonnenuntergang

oder: Thailand – Bangkok – Patpong Road bei Nacht

oder: USA – Texas – Dallas – Downtown

oder: Ägypten – Kairo – Touristen im Bazar

Für alle Länder reichen die internationalen Autokennzeichen als Abkürzung:

A   – Österreich
B   – Belgien
CH – Schweiz

D   – Deutschland
E   – Spanien
F   – Frankreich
GB – England
GR – Griechenland
I   – Italien
NL – Niederlande
USA – Vereinigte Staaten von Amerika

b) Blumenaufnahmen:
Immer zuerst den deutschen Namen, dann (vielleicht in Klammern) die lateinische Bezeichnung
Beispiel: gemeines Fettkraut: Pinguicula Vulgaris
Kurzinfo: Standort, Blütezeit, Gattung (falls bekannt), bei Pilzen eßbar/nicht eßbar

c) Tieraufnahmen:
Bei Haustieren reicht eine Kurzbeschreibung
Beispiel: Hauskatze liegt auf Treppe vor Haus und sonnt sich oder Schäferhund liegt in Blumenwiese
Handelt es sich um seltene bzw. nicht jedermann bekannte Tiere, so ist der lateinische Name in Klammern hinter die deutsche Bezeichnung zu setzen
Beispiel: Diamantbarsch (Enneacanthus gloriosus)

d) Architekturaufnahmen:
Hier kommt es auf genaue bzw. erklärende Aussagen über Baustil, eventuell Architekt, Innen- und Außenaufnahmen,... sonstige Besonderheiten an.
Falsch: D-München, modernes Hochhaus
Richtig: D-Obb.-München, das BMW-Bürogebäude mit BMW-Museum
Falsch: Bodensee – Insel Reichenau – St. Georg in Oberzell
Richtig: D – Baden-Württemberg – Bodensee – Insel Reichenau, Kirchenschiff (romanisch) von St. Georg in Oberzell
Falsch: Heiligenfigur in Kirche
Richtig: D-Obb.-München-Peterskirche
Heiliger Petrus v. Erasmus Grasser (1455-1518)

e) Wissenschaft/Industrie:
Wichtig: Die jeweiligen Fachbezeichnungen der Apparaturen beziehungsweise des Vorgangs mit angeben.

WIE MACHE ICH MICH MIT FOTOGRAFIEREN SELBSTÄNDIG

Falsch: in einem Stahlwerk
Richtig: Mexiko: Guadalajara – Demag-Werk
Arbeiter an einem Elektrolyt-Ofen
Falsch: Arzt mit Patient
Richtig: in einer Arztpraxis:
Arzt mißt Patient den Blutdruck
in einer Arztpraxis:
Arzt nimmt Patient EKG ab
in einer Arztpraxis:
Patientin beim Röntgen der Lunge
Falsch: in einem Versuchslabor
Richtig: Kompressor in einem Überschallwindkanal zur Erzeugung von großen Windgeschwindigkeiten
f) Personenaufnahmen:
Bei Personenaufnahmen ist darauf zu achten, daß mit kurzen Worten eine erschöpfende Aussage gemacht wird.
Dias müssen frei sein, das heißt, es muß eine schriftliche Einwilligung des Abgebildeten vorliegen, daß die Aufnahmen für Werbezwecke, redaktionelle Beiträge und so weiter verwendet werden dürfen.
Ausnahmen: Gruppen über fünf Personen (zum Beispiel Zuschauer), Personen der Zeitgeschichte
Falsch: Pärchen läuft aus dem Wasser
Richtig: Lindy u. Roland in T-Shirts laufen aus dem Wasser, Hintergrund Boot
Falsch: kleines Kind mit Dreirad
Richtig: Sebastian mit Sonnenhut steigt auf sein Dreirad, in Blumenwiese

Nach drei Wochen erhalten Sie eine Eingangsbestätigung mit der Mitteilung, daß die Vorauswahl für das übernächste Jahr im März stattfinden wird. Sie sind bis dahin frohen Mutes und hoffen. Ende März erhalten Sie dann acht Dias zurück mit der Bemerkung, daß die übrigen beiden Dias für die Endauswahl im August noch einbehalten wurden. Mitte September erhalten Sie die übrigen beiden Dias zurück. Bedauerlicherweise konnten sie keine Berücksichtigung finden. Der Verlag würde sich aber freuen, wenn Sie im nächsten Jahr erneut Ihre besten Aufnahmen übersenden. Meist wird er Sie dann noch einmal anschreiben.

THEMEN, TIPS UND ABNEHMER

Selbstverständlich konnten Sie die Motive nicht gleichzeitig einem zweiten oder dritten Kalenderverlag anbieten, da kein Verlag das gleiche Foto von Ihnen in einem zweiten Kalender sehen will. Dafür werden bei Kalendern im allgemeinen Honorare geboten, die bei 100 bis 150 DM für ein Foto im Innenteil und bei 150 bis 200 DM für das Titelblatt angesetzt werden können. Selbst wenn Sie jedes Jahr in drei Kalendern je zwei Dias veröffentlichen können, sind die Einnahmen nicht überwältigend. Für das eigene Image ist eine Veröffentlichung im Kalender sehr viel interessanter.

Bei Landschaftsfotos verlangen einige Kalenderhersteller inzwischen bereits Dias im Format 9 × 12 cm. Da können Amateure in den seltensten Fällen mithalten. Profis dagegen liefern keine Dias in diesem Format zu derart bescheidenen Honoraren. Somit beißen sich Angebot und Nachfrage, und so erklärt sich, daß die Fotoqualität von Kalendern doch nicht immer großen Ansprüchen genügen kann. Sie sollten sich über die Möglichkeiten zur Veröffentlichung Ihrer Dias ein eigenes Bild machen, und zwar kritisch gegen sich selbst.

Es nützt Ihnen wenig, wenn Sie sich selbst etwas vorzumachen versuchen. Sie sind noch kein David Hamilton oder Gunther Sachs und Sie werden vermutlich auch auf derartige Erfolge noch längere Zeit warten müssen. Immerhin sind Kalender für Sie, den Halbprofi, insofern nicht uninteressant, als Sie eine bestimmte Serie im Rundsendeverfahren anbieten können. Nach einiger Zeit haben Sie die unterschiedlichen Termine für die Bildauswahl herausbekommen. 20 Aufnahmen gehen zum Kalender A, 20 weitere derselben Motive zum Kalender B. Sollten beide gleichzeitig dieselben Motive in die engere Wahl nehmen, passiert auch noch nichts. Erst wenn ein Dia zur Veröffentlichung vorgesehen ist, müssen Sie dieses Motiv bei der Konkurrenz aus dem Rennen nehmen.

Oder Sie machen es so: 20 Aufnahmen wurden versandt, 5 gerieten in die engere Wahl. Die restlichen 15 Aufnahmen werden dem nächsten Produzenten angedient, der wiederum drei Dias in die Auswahl nimmt. Die dann verbleibenden 12 Dias wandern zum nächsten Kalenderverlag. Nach zwei bis drei Jahren werden Sie herausgefunden haben, wer nun tatsächlich an Ihren Dias Interesse hat und wer weniger. Spätestens beim dritten Anlauf sollten Verkäufe folgen, sonst sparen Sie besser die Portokosten, dann lohnt es sich nicht. Und Sie wollten ja eigentlich verdienen.

8. Was leisten Bildagenturen?

Ihre Farbdias sind hervorragend, und Sie wollen endlich über eine Bildagentur ins große Geschäft kommen. Wie in einer Fotozeitschrift nachzulesen war, gibt es etliche Fotografen mit monatlichen Honoraren von 5.000 bis 7.000 DM, und in der Spitze wurden 250.000 DM im Jahr genannt.

Diese Honorare stellen zudem nur 50 Prozent der insgesamt erzielten Honorare dar, denn die Bildagentur will ihre Verkaufsbemühungen nicht kostenlos machen und kassiert im allgemeinen die Hälfte der erzielten Honorare. Einige Bildagenturen sind mit 40 Prozent für die Agentur und 60 Prozent für den Fotografen eher die Ausnahme.

Wieso verlangen Bildagenturen derartig hohe Anteile am Erlös? Ist eine Zusammenarbeit für den Fotografen dann überhaupt noch lukrativ? Was tut die Bildagentur für das „viele Geld"? Wie arbeitet eine Bildagentur? Wie finde ich eine Bildagentur, die meine Dias optimal verwertet und verkauft? Wie gelingt mir mit meinen Dias der Einstieg in eine Bildagentur?

Es gibt aktuelle Bildagenturen, die überwiegend Schwarz-Weiß-Fotos aus dem Reportagebereich anbieten. Es gibt historische Bildarchive, die nur und ausschließlich historische Aufnahmen vermarkten. Es gibt Bilderdienste von Firmen, Behörden, Verbänden, die zwar ähnlich wie eine Bildagentur arbeiten, aber dennoch überhaupt nicht mit einer Bildagentur zu vergleichen sind. Es gibt Bildagenturen für Spezialgebiete, etwa für Tier- und Naturfotografie, für Luftaufnahmen, für Tourismus. Und es gibt allgemeine Bildagenturen, die zu fast allen Bereichen Dias und/oder Schwarz-Weiß-Fotos anbieten und natürlich auch suchen.

Wann wird eine Zusammenarbeit mit einer Bildagentur interessant für Sie? Wenn Sie einer Agentur 50 erstklassige Dias anbieten und nun mei-

BILDAGENTUREN

nen, damit müßte Geld zu verdienen sein, werden Sie schnell eines Besseren belehrt. Die Bildagentur wird Ihnen bald höflich und deutlich mitteilen, daß sie aus organisatorischen Gründen keine weiteren Fotografen zu vertreten gedenkt, sie sei ausreichend von den unter Vertrag stehenden Fotografen beliefert. Das ist in der Tat richtig, aber auch wieder nicht so ganz richtig. Eine Bildagentur hat einen hohen Verwaltungsaufwand. Jeder neu hinzukommende Fotograf vergrößert diesen Aufwand. Ohne Computer geht ohnehin bei großen Bildagenturen kaum etwas. Bestände von 400.000 bis zu einer Million Dias wollen ständig auf dem neuesten Stand gehalten werden. Der Versand von 20 bis 50 Sendungen pro Tag mit jeweils 5 bis 100 Dias (die Zahlen sind fiktiv, es können je nach Agentur mehr oder weniger sein) erfordert einen hohen Personal- und Sachaufwand. Verpackungs- und Portokosten, Eilboten, Expreß und zum Teil Funkboten kosten Geld, viel Geld.

Zurücklaufende Dias müssen erneut nach Sachgebieten oder Motivgruppen einsortiert werden. Honorare müssen je nach Verwendungszweck und Verbreitung von der Bildagentur ausgehandelt werden. Die Abrechnung mit 500 Fotografen im Monat oder im Vierteljahr, die Überprüfung der Belegexemplare, der Honorarzahlungen ist nur zu bewältigen, wenn qualifizierte Mitarbeiter kontinuierlich beschäftigt werden können. Daher wird eine größere Bildagentur ihren Verwaltungsaufwand, verursacht durch neue Fotografen, nur dann freiwillig erhöhen wollen, wenn eine beiderseitig sinnvolle Zusammenarbeit gewährleistet ist. Was Sie dazu beachten müssen, zeigt beispielhaft das Rundschreiben der Bavaria Bildagentur, das auf den Seiten 106/107 abgebildet ist.

Dazu müssen Sie zunächst einmal etwa 200 erstklassige Dias (möglichst in 6 × 6 cm oder größer) anbieten. Dann müssen Sie die Möglichkeit haben, mindestens 500 Dias im Jahr regelmäßig an die Agentur zu geben. Außerdem müssen Sie berücksichtigen, daß die Bildagentur von den 1.000 Dias, die Sie anbieten, eine Auswahl von 150 bis 200 Stück trifft. Dazu müssen Sie daran denken, daß erst ab 1.000 Dias Bestand in einer Bildagentur einigermaßen sicher mit Verkäufen zu rechnen ist. Bei größeren Bildformaten erhöhen sich die Marktchancen, bei Kleinbilddias sind viele Bildagenturen zurückhaltend, weil Kleinbilddias auch bei Bildagenturen nach wie vor schwieriger zu verkaufen sind als größere Formate.

Eine gute Bildagentur verkauft nicht nur Ihre Dias (fast immer zum ein-

WIE MACHE ICH MICH MIT FOTOGRAFIEREN SELBSTÄNDIG

Liebe Mitarbeiterin, lieber Mitarbeiter!

Unsere Aktivitäten und der damit von uns zu betreuende Kunden- und Fotografenstamm haben in den letzten beiden Jahren deutlich zugenommen. Wir hoffen, daß Sie dies auch an den für Sie erzielten Ergebnissen festgestellt haben.

Um Ihre neuen Bilder schnell auswählen und archivieren zu können, bitten wir Sie, uns die Auswahl aus Ihrem neuen Material zu erleichtern. Nur so können wir gut und effizient arbeiten. Wir halten für Neueinreichungen folgende Verfahrensweise für optimal:

> Bitte nehmen Sie vor Einreichung Ihrer Auswahl eine konsequente und harte Vorauswahl vor. Leider müssen wir uns zu oft mit unter- oder überbelichteten und unscharfen Dias beschäftigen. Bitte nehmen Sie immer eine Lupenprüfung vor.
>
> Nicht zu große Mengen zusammenkommen lassen, sondern regelmäßig überschaubare Mengen einsenden. Bitte ausschließlich Erstauswahl!
>
> Bitte die Dias einer Serie zusammenfassen. Dies erleichtert uns die Qualitätsbeurteilung erheblich.
>
> Bitte durchsichtige Klarsichthüllen, in denen gleichzeitig eine größere Anzahl von Dias untergebracht werden kann, verwenden (zum Beispiel hama negativ-ablage). Solche Hüllen erlauben die gleichzeitige Beurteilung mehrerer Dias am Leuchtpult.
>
> Kleinbilder nur in leicht zu öffnenden Klapprähmchen einsenden. Bitte keine KB in fest zugeklebten Papprähmchen (Beschädigungsgefahr). Sollten sich von uns ausgewählte Dias in Papprähmchen befinden, iese bitte aus den Papprähmchen herausnehmen. Keine Glasrähmchen verwenden.
>
> Die Dias bitte so schneiden, daß die Ränder gerade sind. Bitte beachten Sie die Seitenrichtigkeit.

Vertreten in: Amsterdam, Barcelona, London, Mailand, New York, Oslo, Paris, Philadelphia, Sydney, Tokyo, Wien, Zürich.

Mitglied der VG Bild/Kunst

Mitglied des Bundesverbandes der Pressebildagenturen e.V.

So wünschen sich Bildagenturen die Zusammenarbeit mit Fotografen und Foto-Designern

BILDAGENTUREN

Es genügt mit Ihrer Auswahl zunächst eine
thematische Kurzangabe. Die von uns ausgewählten
Dias werden mit   r o t e m   F e t t s t i f t
auf der Hülle markiert und sind dadurch für unser
Archiv bestimmt.

Wir geben dann in der Regel die komplette
Einsendung wieder zurück. Für die ausgewählten
Dias jetzt bitte aussagekräftige Kurztexte an-
fertigen. Die   V e r k ä u f l i c h k e i t
eines Dias steigt in der Regel mit der
Q u a l i t ä t   des Kurztextes.

Wenn Sie auf die EDV-Erfassung eigener Bild-
nummern verzichten, läßt sich Ihre Bildsendung
wesentlich schneller und mit großer Zeitersparnis
archivieren.

Bei den ausgewählten Bildern einzelne Themen mit
gleichem Text zusammenfassen, so daß wir gleiche
Bilder mit gleichem EDV-Text versehen können.

Ausgewählte Bilder und neue Auswahlsendungen
deutlich trennen und kennzeichnen mit
"Ausgewählte Dias" und "Neue Auswahl".

Liebe Mitarbeiterin, lieber Mitarbeiter,

ich wäre Ihnen sehr dankbar, wenn Sie sich die beschriebene
Verfahrensweise aneignen könnten. Sie werden sehr bald
feststellen, daß dies nicht nur für uns, sondern auch für
Sie erhebliche Vorteile bringt.

Ihr

Vertreten in: Amsterdam, Barcelona, Mitglied der VG Bild/Kunst
London, Mailand, New York,
Oslo, Paris, Philadelphia, Sydney,   Mitglied des Bundesverbandes
Tokyo, Wien, Zürich.   der Pressebildagenturen e.V.

maligen Abdruck), sie wird für Sie (und für sich natürlich auch) die bestmöglichen Honorare aushandeln. Das fällt einer Bildagentur wesentlich leichter, weil da der eine Profi (die Agentur) mit dem anderen Profi (Bildabnehmer) unter sich ist. Die Honorarstaffeln, die nach Größe, Auflage, Innenseite, Titel, Prospekt, Plakat, Katalog die Honorare festlegen, sind sozusagen Leitlinien, an denen sich die Honorare orientieren.

Eine gute Bildagentur bekommt viele Anfragen. Nach Dias. Nach neuen Dias. Nach Ihren Dias. Es sind immer die alltäglichen Motive, die nicht ausreichend zur Auswahl vorhanden sind. Der Superknüller, das Jahrhundertdia, sie sind allzu kurzlebig. Andererseits: Das Weizenfeld im Gegenlicht, die breite Straße ohne Fahrzeuge, der Kölner Dom, die Familie beim Kaffeetrinken sind Mangelware.

Nun ziehen Sie daraus bitte nicht die Schlußfolgerung, daß nur Motive verkäuflich sind, die bereits hunderttausendfach fotografiert worden sind. Neue Eindrücke, neue Ideen sind in Dias umsetzbar, und solche Dias sind in Geld umzusetzen.

Bei völlig neuen Ansichten, Perspektiven kann es etwas dauern, bis sich ein Trend durchsetzt. Bitte denken Sie an die vielen Fisheye-Fotos, die eine Zeitlang in fast jedem Bilderblatt erschienen. Die Masche war bald zu Tode geritten, und heute hat das Fisheye-Objektiv seine ursprüngliche Berechtigung wiedergefunden: Diese Spezialoptik wird nur dort erfolgreich eingesetzt, wo das Motiv es zuläßt.

Collagen oder Verfremdungen durch Farbauszüge, Doppelbelichtungen, Einkopierungen sind bei gezielter Anwendung geeignet, „alte" Motive „neu" zu zeigen. Und alle Welt ist auf der Suche nach Neuem.

Was verkaufen Agenturen besonders häufig?

Die besten Erfolge bei einer Bildagentur werden Sie erzielen, wenn Sie kontinuierlich Dias anzubieten haben, die thematisch über weite Bereiche gestreut sind. Also von Touristik über Sport über Menschen bis zur Landschaft. Irgend etwas „läuft" dann immer. Aufnahmen mit Personen sind ständig gesucht. Das betrifft alle Altersklassen: das süße Baby, das fröhliche Kleinkind, den kessen Teeny, die jungen Leute, die Familien, die älteren Leute. Alle Personen sollten auf Ihren Bildern etwas tun, also nicht nur so in der Gegend herumstehen wie bestellt und nicht abgeholt.

Illustrierte Zeitschriften und Illustrierte Wochenzeitungen, Supplements – Angefordertes Material

Schwarzweiß-Vorlage

Abbildungsformat bis	1/4 S.	1/2 S.	1/1 S.	2/1 S.	Titel ab
Auflage bis					
100 000	130	160	235	390	470
250 000	145	185	290	600	575
500 000	185	235	390	810	780
1 Million	235	290	600	1015	1200
Darüber	290	390	810	1430	1615

Farb-Vorlage

Abbildungsformat bis	1/4 S.	1/2 S.	1/1 S.	2/1 S.	Titel ab
Auflage bis					
100 000	200	240	360	600	720
250 000	220	280	440	920	880
500 000	280	360	600	1240	1200
1 Million	360	440	920	1560	1840
Darüber	440	600	1240	2200	2480

Zuschläge:
- Außergewöhnliche und/oder kostenintensive Aufnahmen: Aufpreis nach Vereinbarung.
- Exklusivrechte (Sperrfristen): Aufpreis nach Vereinbarung.
- Aufnahmen mit 1–2 Fotomodellen: plus 25 %, ab 3 plus 50 %, ab 6 plus 100 %.
- Luftaufnahmen: plus 100 %.
- Beihefter 4/1 S. wie Titelhonorar. Beiheftposter größer als 4/1 S. wie 2/1 S. plus 100 %.
- Unterlassener Bildquellennachweis: plus 100 %.

Nachlässe:
- Fotocollagen von vier und mehr Fotos eines Bildlieferanten: 20 % Rabatt auf das auflagen- und formatbezogene Honorar.
- Wiederholter Abdruck in derselben Ausgabe: 50 % Rabatt auf das Honorar des kleineren Abbildungsformates.

Sonstiges:
- Bearbeitungskosten werden gesondert berechnet.
- Die Honorare beziehen sich jeweils auf Einzelbilder.
- Erneute Verwendung bedingt vollen Honoraranspruch.
- Honorar für Serienverwendung nach Vereinbarung, mindestens jedoch das 8fache des Grundhonorars.
- Druckwiedergabe in Schwarzweiß von Farbvorlage: Farbhonorar.

Honorarempfehlungen für veröffentlichte Fotografien; Quelle: BVPA

Reiseprospekte und -kataloge

Farb- oder S/W-Vorlage Abbildungsformat bis	1/4 S.	1/2 S.	1/1 S.	2/1 S.	Titel*
Auflage bis					
20 000	180	220	280	360	750
50 000	200	250	310	460	950
100 000	230	280	400	600	1300
250 000	300	350	500	700	1600
500 000	350	450	600	800	1800
1 Mio	400	500	700	900	2100
Darüber	nach Vereinbarung				

* Für Titelmontagen, die aus mindestens 3 Bildern bestehen:
Preis je Einzelbild wie 2/1 Seite.

Nutzungsdauer:
- Laufzeit des Kataloges.

Zuschläge:
- Außergewöhnliche und/oder kostenintensive Aufnahmen: Aufpreis nach Vereinbarung.
- Exklusivrechte (Sperrfristen): Aufpreis nach Vereinbarung.
- Aufnahmen mit 1–2 Fotomodellen: plus 25 %, ab 3 plus 50 %, ab 6 plus 100 %.
- Rücktitel: Formathonorar innen plus 100 %.
- Luftaufnahmen: plus 100 %.
- Unterlassener Bildquellennachweis: plus 100 %.

Nachlässe:
- Fotocollagen von vier und mehr Fotos eines Bildlieferanten:
  20 % Rabatt auf das auflagen- und formatbezogene Honorar.
- Wiederholter Abdruck in späteren Ausgaben:
  jeweils 20 % Rabatt auf das auflagen- und formatbezogene Honorar.
- Wiederholter Abdruck in derselben Ausgabe:
  50 % Rabatt auf das Honorar des kleineren Abbildungsformates.

Honorarempfehlungen für veröffentlichte Fotografien; Quelle: BVPA

Prospekte, Firmenbroschüren, Kataloge, Versandkataloge

Farb- oder S/W-Vorlage Abbildung bis DIN A	7	6	5	4	3	Titel
Auflage bis						
2 000	230	290	350	420	500	mindestens
5 000	260	320	390	460	560	100% Aufpreis
10 000	290	360	430	500	600	auf den
25 000	340	410	480	550	650	Seitenpreis
50 000	390	460	530	600	700	
100 000	440	510	580	650	750	**Rücktitel**
250 000	490	560	640	750	900	80% Aufpreis
500 000	560	640	750	900	1100	auf den
1 Mio	640	750	900	1100	1300	Seitenpreis
2 Mio	750	850	1050	1250	1500	
3 Mio	850	950	1150	1400	1650	
4 Mio	950	1050	1300	1550	1800	
5 Mio	1100	1250	1500	1700	1950	
6 Mio	1200	1400	1600	1850	2100	
7 Mio	1300	1550	1800	2000	2250	
8 Mio	1450	1700	1950	2150	2400	
9 Mio	1600	1900	2100	2300	2550	
10 Mio	1750	2050	2250	2450	2700	
Darüber	nach Vereinbarung					

Frontseiten von Werbepostkarten (Mailings) werden wie Prospekttitel der jeweiligen Größe berechnet.

Nutzungsdauer:
- 1 Jahr, längere Nutzung: pro Jahr plus 50%.

Zuschläge:
- Außergewöhnliche und/oder kostenintensive Aufnahmen: Aufpreis nach Vereinbarung.
- Exklusivrechte (Sperrfristen): Aufpreis nach Vereinbarung.
- Aufnahmen mit 1–2 Fotomodellen: plus 25%, ab 3 plus 50%, ab 6 plus 100%.
- Luftaufnahmen: plus 100%.
- Mehrsprachige Prospekte: plus 25% pro zusätzliche Sprache.
- Unterlassener Bildquellennachweis: plus 100%.

Nachlässe:
- Fotocollagen von vier und mehr Fotos eines Bildlieferanten: 20% Rabatt auf das auflagen- und formatbezogene Honorar.
- Wiederholter Abdruck in derselben Ausgabe: 50% Rabatt auf das Honorar des kleineren Abbildungsformates.

Sonstiges:
- Nutzung von Personenaufnahmen in bestimmten Bereichen, z. B. in der Pharmaindustrie oder der politischen Werbung, bedürfen besonderer Vereinbarungen.
- Bearbeitungskosten werden gesondert berechnet.

Honorarempfehlungen für veröffentlichte Fotografien; Quelle: BVPA

Freizeit ist ein Thema, von dem Bildagenturen nicht genügend Dias bekommen können. Allein die Touristikindustrie benötigt jedes Jahr fröhliche Leute mit fröhlichen, aktiven Freizeitbeschäftigungen. Segeln, Surfen, Reiten, Tauchen, Schwimmen, Skilaufen, Curling, Radfahren, Schlittschuhlaufen, Joggen, Bergwandern, Überlebenstraining, Rudern: es gibt kaum eine Sportart, die nicht regelmäßig in allen Katalogen auftaucht. Spätestens in jedem zweiten Jahr will der zuständige Redakteur, der zuständige Artdirector der Werbeagentur ein neues Foto zu diesem Thema veröffentlichen: „Ach, wissen Sie, dieselben Gesichter, da gehört endlich mal ein neues Foto her, mit mehr Aktivität." Schon ist das eine Dia draußen, ein neues wird von der Bildagentur angefordert. Ihres?

Dieselbe Problematik hat zur Folge, daß gute Dias verschleißen, nicht technisch, sondern vom Motiv. Dieser „Nutzungsverschleiß" schlägt sich selbstverständlich in den Honoraren nieder. Wenn Ihr Dia als Anzeige, Plakat, Großflächenplakat und Colorama-Großdia bundesweit eingesetzt wird, kann die Agentur dasselbe Motiv in den nächsten zwei bis drei Jahren kaum anderweitig verkaufen, denn jeder kennt das Motiv. Sollte Ihnen ein solcher Glücksfall widerfahren, können Sie aber beruhigt sein, denn ein solches Dia hat dann gutes Geld verdient. Einige tausend Mark können dabei als Honoraranteil für Sie zu Buche schlagen.

Wichtig, wichtig, wichtig: Das Recht von fremden Personen am eigenen Bild sollte schriftlich abgesichert sein. Das ist Sache des Foto-Designers/Fotografen, nicht der Bildagentur. Und das Recht am eigenen Bild sollte umfassend auf Sie übertragen werden. Dazu später mehr.

Wann kommen die ersten Honorare?

Sie haben nun schon fast fünf Monate 200 Dias bei der Bildagentur und noch immer keine Honorarabrechnung erhalten. Wirtschaftet die Bildagentur die Honorare in die eigene Tasche? Wie können Sie die Bildagentur kontrollieren? Müssen Sie die Bildagentur überhaupt kontrollieren? Welche Möglichkeiten sind vorhanden, um mißbräuchliche Nutzung Ihrer Dias auszuschließen?

Haben Sie Geduld! Ihre Dias müssen zunächst von der Agentur archiviert werden. Das nimmt einige Tage in Anspruch. Dann beginnt das Ge-

Liefer- und Geschäftsbedingungen

A Allgemeines

Bestelltes Bildmaterial bleibt stets im Eigentum von Mauritius, es wird also ausschließlich zum Erwerb von Nutzungsrechten vorübergehend zur Verfügung gestellt und ist innerhalb bestimmter Fristen vollständig wieder zurückzugeben.

Das Bildmaterial darf an Dritte nur dann weitergegeben werden, wenn dies ausschließlich internen Zwecken der Sichtung und Auswahl dient.

Jede Art der Verwendung bedarf ausdrücklicher Zustimmung. Bis zu diesem Zeitpunkt besteht keine Zustimmungsverpflichtung für die Bildagentur Mauritius.

Wird die vereinbarte Vergütung nicht bezahlt, gelten die Nutzungsrechte als nicht übertragen.

Der Besteller haftet für das überlassene Bildmaterial bis zur unversehrten Rückgabe an Mauritius. Kosten und Risiko für die Rücksendung sind von ihm zu tragen.

B Fristen

Das Bildmaterial ist innerhalb der angegebenen Fristen zurückzugeben. Bei Überschreitung der Frist wird Miete berechnet.

Für Vorlagen, die zur Verwendung angenommen sind, wird die Rückgabefrist nach Vereinbarung verlängert.

Beanstandungen, den Inhalt oder die Beschaffenheit der Sendung betreffend, müssen unverzüglich nach Eingang geltend gemacht werden.

C Honorare

Jede Nutzung des Bildmaterials ist honorarpflichtig. Die Höhe des Honorars richtet sich nach Art und Umfang der Nutzung und ist vorher zu vereinbaren. Der Besteller ist verpflichtet, die erforderlichen Angaben zu machen.

Honorarvereinbarungen gelten nur für den genau bezeichneten Zweck und Umfang. Jede darüber hinausgehende Nutzung bedarf einer erneuten Honorarvereinbarung.

Hat ein Besteller Bildmaterial fest übernommen, so wird das Honorar spätestens nach 3 Monaten zur Zahlung fällig, auch wenn das Material bis dahin noch nicht verwendet wurde. Dies gilt auch für den Fall, daß die Verwendung unterbleibt.

D Kosten

Die Lieferung erfolgt auf Kosten des Bestellers.

Für die Zusammenstellung von Bildmaterial werden Bearbeitungskosten berechnet, die sich nach Art und Umfang des erforderlichen Arbeitsaufwandes bemessen.

Mit der Lieferung von bestelltem Bildmaterial wird ein Mietsverhältnis begründet; innerhalb der gemäß Buchstabe B eingeräumten Rückgabefrist wird eine Miete nicht erhoben. Danach bemißt sie sich nach den zum Zeitpunkt der Lieferung geltenden MFM-Bestimmungen.

Kann ein Bild wegen Beschädigung nicht mehr genutzt werden oder ist es im Risikobereich des Bestellers verlorengegangen, so ist dieser schadensersatzpflichtig. Schadensersatz wird gewöhnlich pauschaliert gefordert, doch bleiben darüber hinausgehende Forderungen vorbehalten. Mit der Bezahlung von Schadensersatz erwirbt der Besteller kein Eigentum und keine Rechte.

E Urheberrecht

Für jede Verwendung gelten neben den getroffenen Vereinbarungen im übrigen stets die Bestimmungen des Urheberrechtsgesetzes.

Urheber- bzw. Agenturvermerk im Sinne von § 13 UrhG wird stets verlangt und zwar in einer Weise, daß kein Zweifel an der Identität des Urhebers, der Bildagentur Mauritius und der Zuordnung zum jeweiligen Bild entstehen kann. Bei Unterlassung des Vermerks wird ein Zuschlag zum Honorar von 100% verlangt.

Der Verwender ist verpflichtet, zwei vollständige Belegexemplare gemäß § 25 Verlagsrecht mit Anstrich kostenlos zu liefern. Analoge Anwendung von § 26 des Gesetzes über das Verlagsrecht (Vorzugspreis) gilt als vereinbart.

Grundsätzlich wird das Nutzungsrecht am fotografischen Urheberbild übertragen.

Personenbildnisse dürfen nur redaktionell verwendet werden. Der Verwender trägt die Verantwortung für Veränderungen des mitgelieferten Textes. Er ist verpflichtet, die publizistischen Grundsätze des Deutschen Presserates (Pressekodex) zu beachten. Zustimmung zu tendenzfremder Verwendung oder zu textlichen Unterstellungen bedarf immer der Schriftform.

Bei Nichteinhaltung dieser Regelung durch den Besteller ist im Innenverhältnis allein dieser etwaigen Dritten gegenüber schadensersatzpflichtig.

F Verschiedenes

Sämtliche Nebenrechte bleiben vorbehalten. Auch für Lieferungen ins Ausland gilt deutsches Recht. Ist der Besteller Kaufmann, so ist Garmisch-Partenkirchen als Gerichtsstand vereinbart.

Für das Umschreiben einer Rechnung auf Wunsch des Rechnungsempfängers wird eine Pauschale von DM 10,- berechnet. Mit der Umschreibung wird stets dem Wunsch nach Verwaltungsvereinfachung entsprochen. Der ursprüngliche Rechnungsempfänger wird dadurch im rechtlichen Sinne nicht von seiner Zahlungsverpflichtung entbunden.

G Kosten und Honorare

Soweit nichts anderes vereinbart, gelten folgende Gebühren:

I Bearbeitungskosten für Auswahlsendungen	ab 30,- DM
II Layout und Präsentation:	
a) schwarz/weiß-Fotos	30,- DM
b) Farbdias	ab 130,- DM
c) pro geöffnetem Dia für Neuausstattung	10,- DM
III Miete bei Fristüberschreitung pro Stück und Tag Farbdias	1,- DM
IV Bei Verlust oder Beschädigung:	
a) schwarz/weiß-Fotos, wiederbeschaffbar	30,- DM
b) Farbdias:	
1. Beschädigung, die eine weitere Verwendung erlaubt	ab 300,- DM
2. Verlust	1000,- DM
Dias 9 x 12 cm und 13 x 18 cm	1500,- DM
Dias 18 x 24 cm	2000,- DM
Katalogdias	1800,- DM

Liefer- und Geschäftsbedingungen einer Bildagentur für die Bildverwender

Wie mache ich mich mit Fotografieren selbständig

```
VERKAUFSABRECHNUNG / SALES REPORT PER 2.04.           BLATT  1
-------------------------------------------------

DIA-NR      BESCHREIBUNG               NT   VZ   RE-NR    HONORAR

            BAHNHOFSUHR                 F   002  79949    200,00
            MALTA, ANGLER IN MSIDA      G   010  81519    160,00
            MALTA, MOSTA                G   010  81519    160,00
            BASELER FASTNACHT, MASKEN       024  81570     80,00
            SCHW.-ALEMANNISCHE FASNAC       024  81570     80,00
            BASELER FASTNACHT, TROMML       024  81570     80,00
            BASELER FASTN.,MASKEN M.D       024  81570     80,00
            JUNGE LEUTE FAHREN AUF SY   B   010  81668    198,00
            FRANKFURT, HAUPTWACHE           019  81894    600,00
            BASELER FASTNACHT,MASKEN        024  81945    200,00
            ROTE TONNE Z.BEGRENZUNG D       046  82141    150,00
            FLAGGEN (KIELER WOCHE)          051  82253    580,00
            BREMEN, LAGER DER FIRMA K       046  82336    150,00
            STEINADLER                      020  82562    250,00
            BERLIN,EUROPA-CENTER,CATE   DA  010  82602    121,00
            BERLIN, SCHLOSS CHARLOTTE       020  82781    250,00

                                             ENDSUMME   3.339,00




IHR ANTEIL 50% AUS DM  3.339,00    DM  1.669,50
                  +    7,0% MWST   DM    116,87
                                   -----------
                ** GUTSCHRIFT **   DM  1.786,37
                                   ************
```

Beispiel für die Honorar-Abrechnung einer Bildagentur

duldspiel. Wann kommt eine Anfrage zu Themen, zu denen Sie Dias geliefert haben? Wie viele andere Dias von anderen Fotografen werden von der Bildagentur zum selben Thema zur Auswahl mitgesandt? Wie viele andere Bildagenturen wurden zum selben Thema um Dias gebeten? Wann soll das Dia erscheinen? Es gibt Werbeagenturen, die mit einem ausgewählten Dia erst mehrere Entscheidungsgremien im eigenen Haus und beim Kunden überwinden müssen.

Angenommen, vier Monate, nachdem Sie Ihre Dias zur Bildagentur gegeben haben, ist das erste Dia erschienen, in einer Zeitschrift. Sie freuen sich bereits auf das gute Honorar. Das kommt damit aber leider noch nicht. Nehmen wir an, die Zeitschrift erscheint am 3. August. Der Verlag zahlt am Ende des Nachmonats, also Ende September. Der Eingang des Honorars bei der Bildagentur ist Anfang Oktober. Ihre Honorarabrechnung bei der Bildagentur erfolgt vierteljährlich. Dann haben Sie völlig korrekt mit der Abrechnung Oktober bis Dezember am Ende des Monats Dezember Ihren Honoraranteil von dem am 3. August veröffentlichten Dia auf Ihrem Konto. Rechnen Sie die erwähnten vier Monate bis zum Erscheinen dazu, vergingen mehr als acht Monate.

Und damit kamen Sie eigentlich schnell zu einem Verkauf. Eine Anlaufzeit von einem Jahr ist nicht ungewöhnlich und gibt keinen Anlaß zur Beunruhigung. In diesem Jahr haben Sie hoffentlich weitere 500 Dias in die Bildagentur geben können und mit 700 Dias steigen die Verkaufsaussichten verständlicherweise entsprechend. Bis Sie dann einige zehntausend Dias in einer Bildagentur zum Vertrieb haben, müssen Sie eine Weile fleißig produzieren. Aber dann sind Sie inzwischen Superprofi und benötigen kaum mehr die Anregungen dieses Buches.

Rechtshilfe von „Vater Staat"

Sie können als Foto-Designer oder Fotograf unmöglich alle Verwendungen Ihrer Bilder überwachen oder auch nur Kenntnis (und Honorare!) davon erhalten. Diese Aufgabe nimmt Ihnen eine quasi staatliche Stelle ab, die Verwertungsgesellschaft Bild-Kunst (Poppelsdorfer Allee 45, 5300 Bonn 1, Tel. 0228/220160). Fordern Sie detailliertes Informationsmaterial und Wahrnehmungsverträge dort an! An dieser Stelle nur eine kurze Selbstdarstellung dieser Organisation:

Die VG Bild-Kunst nimmt Rechte und Ansprüche von Grafik-Designern, Fotografen, Bildenden Künstlern und Bildautoren wahr, die der einzelne Urheber aus gesetzlichen, organisatorischen oder praktischen Gründen nicht individuell selbst verfolgen kann.
 Hierzu gehören, insbesondere für Grafik-Designer:
– Vergütung für das Fotokopieren
– Vergütung für das Fotokopieren in Schulen
– Bibliothekstantieme
– Vergütung für das private Aufzeichnen von Film- und Fernsehsendungen
 Die VG Bild-Kunst ist ein rechtsfähiger Verein kraft staatlicher Verleihung. Ihr Aufgabenbereich und ihr Aufbau sind durch die Satzung festgelegt; in den Verwaltungsgremien sind die Organisationen der Urheber – unter anderem der Deutsche Designer-Tag – vertreten. Bei ihrer Tätigkeit untersteht die VG Bild-Kunst der gesetzlich vorgeschriebenen Aufsicht durch das Deutsche Patentamt.

Mißtrauen Sie Bildagenturen, die Ihnen das große Geld versprechen

Jeder kann eine Bildagentur aufmachen. Weil einige wenig qualifizierte Amateure meinen, mit einer Bildagentur ließe sich eine goldene Nase verdienen, eröffnen sie eine Bildagentur. Diese Amateure suchen dann Fotografen, die ihnen Dias überlassen. Und damit endet dann häufig die Illusion vom schnellen, großen Geld. Ihre Dias werden statt bei Ihnen zu Hause bei der „Bildagentur" zu Hause gelagert – weiter nichts. Wenn Sie Glück haben, erhalten Sie nach dreimaliger Mahnung Ihre Originaldias zurück. Wenn Sie noch mehr Glück haben, sogar unversehrt. Mitunter sollen aber auch schon schnelle Umzüge einer „Bildagentur" in ein totales Verschwinden übergegangen sein…
 Wenn Sie Pech hatten, waren pro Einsendung 20 DM Bearbeitungsgebühr oder ein Mitgliedsbeitrag von 80 DM oder ein Presseausweis für 50 DM Voraussetzung für Ihre großen Erfolge. Erfolge, die sich für Sie nun in Erfahrung auszahlen, wie Sie sie auf keinen Fall machen dürfen, wenn Sie mit einer seriösen Bildagentur arbeiten wollen.

Bildagenturen und Bildermarkt

Wer mit Bildagenturen kontinuierlich zusammenarbeiten und dabei Erfolg haben will, muß in die Strukturen des Bildagenturgeschäfts intensiver einsteigen. Wie sieht es dort also aus?

Bildagenturen haben im allgemeinen einen Bestand an Dias von mindestens 100.000 Stück, die durchschnittlich kaum älter als fünf Jahre sind. Wonach wird eine Bildagentur ihre Auswahl an Dias treffen?

Zunächst wird sie einen Stamm an Fotografen beziehungsweise Foto-Designern (200 – 500) haben, die ihr ständig neues Material anbieten. Da gibt es dann Spezialisten für Mode, Landschaft, Tiere, People, Freizeit, Sport. Jede Agentur benötigt diese Spezialisten, die auf einem Teilgebiet außergewöhnlich attraktive Motive liefern. Diese Leute sind meist Profis, die mit zum Teil erheblichem Aufwand an Fotomodellen, Reisen, Filmmaterial arbeiten können. Alles Voraussetzungen, die dem noch so qualifizierten Amateur fehlen, zwangsläufig fehlen. Dafür hat der Amateur einige Möglichkeiten, die der Profi nicht hat. Die wichtigsten Vorteile des Amateurs sind die finanzielle Unabhängigkeit von der Vermarktung der Fotos und das Mehr an Zeit, das er in seine Aufnahmen investieren kann.

Der Amateur kann mit Einzelfotos qualitativ besser sein als der Profi, der dieses Motiv im Rahmen einer Reise nur vormittags um 10.30 Uhr machen konnte, weil in einer Woche täglich mindestens 20 Motive abgelichtet werden mußten. Wenn dann der Amateur um 16.30 Uhr das erheblich „bessere" Licht hatte, hat er meist auch das bessere Foto, jedenfalls für die Zwecke der Bildagentur. Also:

Ratschlag Nr. 1: Das Licht entscheidet oft über die Qualität eines Fotos. Drücken Sie bei allgemeinen Motiven nur auf den Auslöser, wenn die Lichtverhältnisse optimal (oder zumindest nahezu optimal) sind. Der Schiefe Turm von Pisa mag bei Nieselregen künstlerisch äußerst wertvoll aussehen, die Bildagentur benötigt ihn jedoch in 99 Prozent aller Fälle bei Sonnenschein und blauem Himmel, vielleicht mit ein paar Schäfchenwolken.

Ratschlag Nr. 2: Format wirkt! Sie haben Sonnenschein, blauen Himmel, ein paar Wölkchen. Fabelhaft! Sie haben Ihre Kleinbildkamera dabei und

fotografieren exakt und gekonnt. Ihr Dia wird dennoch von der Bildagentur nicht ins Archiv aufgenommen. Warum?
Der Landschafts- und Architekturspezialist X. hat dieses Motiv bei nahezu ebenso schönem Wetter in 4 × 5 inches abgelichtet, im Hochformat, im Querformat, mit viel Himmel, mit wenig Himmel, mit viel Vordergrund, mit Weitwinkel, mit Normaloptik, mit Tele. Jede dieser Aufnahmen hat er mindestens sechsfach gemacht, da die Bildagentur noch eine Filiale hier und eine weitere dort hat und weil er weiß, daß gefragte Motive oft gleichzeitig von mehreren Interessenten angefordert werden könnten.

Die Schlußfolgerung für Sie: Möglichst mindestens 6 × 6 cm – Dias anbieten. 4,5 × 6 cm tun es auch, 6 × 7 cm scheint mir ein Idealformat zu sein. Wenn der Bildverwender, der Ihr Dia ja „kaufen" – sprich: abdrucken – soll, ein Großformatdia in der linken Hand hat und ein Kleinbilddia in der rechten, wird seine Entscheidung in neun von zehn Fällen zugunsten des Großformats ausgehen.

Die Gründe sind einfach: Redakteure, Artdirectors und so weiter sind auch nur Menschen. Und das gilt erst recht für diejenigen, die sie überzeugen müssen, die Chefredakteure, Auftraggeber und so weiter. Auch wenn ein Großformatdia vielleicht nur guter Durchschnitt ist und ein Kleinbilddia Spitze, hat das Großformat den unschlagbaren Vorteil, daß man sofort und ohne Lupe sieht, was man sehen möchte. Da muß kein Leuchttisch her, da genügt ein Blick gegens Licht: „Ja, das ist doch genau das Dia, das wir benötigen."

Einen weiteren, nicht unwichtigen Grund für den Vorteil des Mittel- und Großformats nennt der Rundbrief des Frankfurter Bildarchivs Stief Pictures:

Immer wieder kommt die unvermeidliche Frage, warum Stief Pictures die Formate 4,5 × 6, 6 × 6 und 6 × 7 dem Kleinbild vorzieht.

Die Antwort liegt nicht im unwesentlichen Nachteil des 35 mm-Formates zur Erlangung einer guten Repro-Litho-Druck-Qualität, sondern ist auf einem anderen, banaleren Gebiet des Marktverhaltens zu suchen:

Da unsere Abnehmer zwecks einer endgültigen Auswahl immer nochmal einen Vorgesetzten (Creativ Director, Kontakter, Kunden, Chef, Besserwisser etc.) fragen müssen, um ihr Stühlchen nicht zu riskieren, der End-Ent-

BILDAGENTUREN

Wir brauchen viele, viele Dias!
Damit Ihnen die Gestaltung nicht zu schwer fällt, unterrichten wir Sie auf diese Weise von den Themen, die wir nicht vorzeigen konnten oder von denen wir nicht genügend Material hatten:

1. *Blick auf Paris vom Tour Eiffel*
2. *Einfamilienhaus, freistehend*
3. *Baum, freistehend, Serie Sommer, Herbst, Winter, Frühjahr*
4. *Indische Alltagsszenen*
5. *Reihenhäuser*
6. *Hauskatzen*
7. *Typische Ansichten Madrids*
8. *Bergsteiger: Gruppen, Paare, Seilschaften*
9. *Disco-Atmosphäre: tanzende Paare, Lichtspiele, Stimmung*
10. *Schiffstaufe, feierlich*
11. *Mädchen in Bikini/Badeanzug mit sehr guter Haut*
12. *Symphonie-Orchester*
13. *Kleines Orchester, Barock-Orchester*
14. *Arbeiter kommen aus einem Werkstor, Feierabend*
15. *Kinder-Portraits, evtl. Milch trinkend*
16. *Menge Jugendliche: Open air, Kundgebung (nicht politisch, keine Plakate)*
17. *Container-Verladung im Seehafen*
18. *Gewitter über einer Ortschaft oder Landschaft oder über Häusern*
19. *Bohrtürme in der Wüste, im Wasser (seicht und tief)*
20. *Wetterstation an exponierter Stelle (Berg)*
21. *Szenen am Fließband*
22. *Maschinenteile, wuchtig, Antriebswellen etc.*
23. *Typische Ansichten Amsterdams*
24. *Winterlandschaften, unberührt und mit Spuren*
25. *Hochgebirgslandschaften im Schnee*
26. *Brillanten, Edelsteine als reine Sachaufnahmen*

Beispiel für alltäglichen Bedarf einer Bildagentur
(Quelle: Stief Pictures, Frankfurt)

scheider aber vielleicht gerade seine Nah-Brille vergessen hat, wird sich eine Auswahl sehr oft zum größeren Format hinbewegen, auch wenn da ein wesentlich besseres KB mitangeboten wäre. Traurig, aber wahr.

Einsehbar, wenn der Grund die Wahl eines Ausschnittes ist. Den kann man eben auf 6 × 6 besser bestimmen und direkter, als wenn man vom KB erst ein rush print ziehen müßte, das Zeit und Geld kostet, und wer will schon zusätzliche Ausgaben, wo er sich doch aus Kostengründen schon fürs Archiv entschieden hat!

Ratschlag Nr. 3: Welche Dias sucht eine Bildagentur? Grundsätzlich alle, es sei denn, die Agentur ist spezialisiert (wie etwa Okapia auf Tiere). Nochmals zum Schiefen Turm von Pisa. In 6 × 6 cm oder 6 × 7 cm fotografiert, mit einer Gruppe Touristen, die Sightseeing machen, hat Ihr Dia wieder eine Chance. Warum? Weil die letzten archivierten Aufnahmen dieser Art vier Jahre alt sind, weil inzwischen die Mode gewechselt hat, weil der Kiosk im Vordergrund heute viel bunter gestrichen ist als damals. Da reicht im Vordergrund ein Pärchen, das einen Fremdenführer studiert, um aus einem chancenlosen Architekturfoto ein chancenreiches Aktionsfoto zu machen. Eigentlich ganz einfach, oder?

Ratschlag Nr. 4: Die Mischung macht's! Sie können den Spezialisten nicht das Wasser reichen, Sie fotografieren „nur" ordentlich, Sie haben keine besonders attraktiven Motive (schöne Mädchen, schnelle Autos, exotische Landschaften) anzubieten. Und welche Dias von Ihnen soll die Bildagentur verkaufen?

Schlicht und einfach: Alltagsfotos, gut gemachte Alltagsfotos. Den Sohn mit der Schultüte, das Einbahnstraßenschild im Abendlicht, den Weihnachtsmarkt im Schnee. Die Autobahn bei Nebel, bei Dämmerung, die Freundin beim Frühstück.

Mein erfolgreichstes Foto war ein Nebenprodukt, „nur so" fotografiert: Begrenzungstonne eines Fahrwassers, rot. Auf einer Fahrt nach Langeoog hatte ich die roten und grünen Tonnen jeweils mit verschiedenem Umfeld von Wasser und Wolken aufgenommen. Ein Dia aus der Serie erschien als Doppelseite im „Stern", im „Spiegel", in „DM" und als Werbung für Flachglas. Für mich waren das mehr als 2.000 DM durch ein Dia einer roten Begrenzungstonne. Hätten Sie daran gedacht, die Tonnen zu fotografieren? Hätten Sie geglaubt, daß solche simplen Aufnahmen gebraucht, manchmal sogar händeringend gesucht werden?

Ratschlag Nr. 5: Wie lange „lebt" ein Dia? Ein Dia bleibt nicht über Jahrzehnte aktuell. Das ist eine Binsenweisheit. Aber es gibt Unterschiede in der Lebensdauer von Dias oder besser von Motiven. Mode und Schönheit sind vergänglich. Personenaufnahmen sind daher nicht sehr langlebig.

Die Popper und Yuppies, Punker und Glorias von 1987 werden nach bisherigen Erfahrungen Modeerscheinungen bleiben. Wer heute Fotos von Brigitte Bardot aus Jugendzeiten betrachtet, kann die damalige Aufregung darüber kaum begreifen. Jede Familien-Illustrierte zeigt heute mehr Haut, Busen, Po. Allgemein gilt: Nach spätestens fünf Jahren gehören Personenaufnahmen in einer Bildagentur zum alten Eisen und stehen zur Aussortierung an.

Besser geht es den Landschaftsaufnahmen, sofern keine Personen integriert sind. 10 Jahre können solche Dias schon aktuell bleiben, wenn keine Gebäude sichtbar sind, auch 15 oder 20 Jahre. Danach sind sie aber auch historisch. Eine Ausnahme bilden die Landschaftsaufnahmen, die nur Wald, Wiesen, Bäche, Strände (Achtung: die Cola-Dose links unten im Bild vor der Aufnahme entfernen!), Wüsten, Berge, Seen, Flüsse, Gletscher zeigen.

Tiere zählen ebenfalls zu den unverwüstlichen Motiven. Es kann damit gerechnet werden, daß der Austernfischer seine Farbkombination schwarz-weiß mit rotem Schnabel beibehalten wird, falls er nicht vorzeitig der Zivilisation gänzlich zum Opfer fällt und ausstirbt.

Allerdings sollten Sie berücksichtigen, daß der fototechnische Fortschritt sich nicht aufhalten läßt, auch nicht für die Aufnahmen zeitloser Motive. Wer beispielsweise die Qualität der neuen Farbdiafilme in bezug auf Farbe und Schärfe konsequent nutzt, wird die früheren Grenzen der Fotografie wesentlich erweitern können. Das setzt sich in der Qualität der Optiken fort, wo die sogenannten ED-Gläser mit besonders niedriger Brechung im Bereich der Teleobjektive eine Revolution der Schärfe gebracht haben. Die Innenfokussierung der langen Brennweiten brachte zusätzlichen Bedienungskomfort, Schnelligkeit und Gewichtsersparnis. Fernobjektive und Spiegelobjektive waren früher für den Fotografen ausgesprochen teuer, und die ganz langen Tüten mit hoher Lichtstärke kosten heute noch ein kleines Vermögen. Wer 5.000 DM für ein 2,8/300 mm von Canon oder Nikon ausgibt, wird ein solches Objektiv entsprechend einsetzen können. Die Telekonverter 1,4fach oder 2fach bedingen zwar einen Verlust an Lichtstärke, aber 4/420 mm oder 5,6/600 mm sind ja durchaus zur Spitzenklasse zu zählen. Und die erstklassigen Konverter mit Originaloptiken sind ebenso wie erstklassige Zoomoptiken den Originalbrennweiten nahezu ebenbürtig.

Wer jedoch in einem solchen Bereich der langen Brennweiten anfangen möchte, kann zunächst für 198 DM das Fernobjektiv 80/500 mm von Beroflex einsetzen, das qualitativ ausgezeichnet ist. Ein höherempfindlicher Film (oder empfindlichkeitssteigernde Umkehrung) kann eine Blende Verlust leicht ausgleichen.

Ratschlag Nr. 6: Der persönliche Kontakt zur Bildagentur ist durch nichts zu ersetzen. Bildagenturen sind immer so gut wie diejenigen, die sie leiten. Viele Agenturen werden vom Inhaber selbst geleitet. Das können Fotografen/Foto-Designer sein. Oder ehemalige Werbeleute, Betriebswirte, Juristen oder oder oder ... Jeder wird aufgrund seiner Erfahrungen, seiner Kunden, seiner Fotografen eine andere Struktur seiner Agentur haben. Da spielen auch Zufälle eine Rolle, etwa, wer mehr Art-Direktor oder mehr Kaufmann ist.

Unter den bekannteren Agenturen kennt man potentielle Agenturfotografen selbstverständlich, man weiß, wer schon was für welche Agentur fotografiert hat.

Eine qualifizierte Agentur wird Ihnen zum Beispiel sagen, daß im Moment neue Dias von Ibiza reichlich vorhanden sind, weil gerade vor vier Wochen einer der ständigen Agenturfotografen dort war. Dagegen seien Gran Canaria oder Korfu oder Zypern gesucht, da die neuesten Aufnahmen davon in der Agentur doch schon vier Jahre alt seien.

Schauen Sie sich, wenn irgend möglich, die Bildagentur Ihrer Wahl vor Ort an! Da kann der erste Eindruck oft bereits viel über deren Professionalität aussagen.

Der erste Kontakt sollte vorab telefonisch erfolgen, denn viele Bildagenturen werden Ihnen bereits im Vorfeld mitteilen, daß sie kein Interesse an Ihren Fotos haben. Klar – eine gute Bildagentur „pflegt" lieber 200 Fotografen, die je 1.000 Dias pro Jahr liefern, als 2.000 Fotografen, die je 100 Dias bringen. Die 200 Fotografen erhalten dann auch korrekte Abrechnungen über nennenswerte Honorare, sind zufrieden. 2.000 Fotografen bedeuten den zehnfachen Verwaltungsaufwand – und 80 Prozent unzufriedene Honorarempfänger. Denn mit wenigen hundert Dias ist auch bei der besten Bildagentur kaum regelmäßig Geld zu verdienen. Selbst in Bildagenturen mit 500 aktiven Fotografen werden einige wenige Spitzenleute die meisten Dias liefern, mehrere tausend im Jahr. Das sind vielleicht 10 Prozent der Fotografen, die dann 60 Prozent des Agenturumsatzes ausmachen. So kann es sein, es muß nicht.

Ratschlag Nr. 7: Geduld, Geduld, Geduld! Diese wichtigste Voraussetzung für langfristige Erfolge darf Sie aber keineswegs zum Durchhalten von Fehlern verführen. Wenn eine Bildagentur 1.000 Dias in ihr Archiv aufgenommen hat und nach einem Jahr immer noch keines verkauft hat, dann haben Sie für Ihre Aufnahmen die falsche Agentur erwischt.

Meine Empfehlung lautet dann ganz klar: Agenturwechsel. Ich habe selbst jahrelang mit meinen Aufnahmen bei einer Bildagentur im Durchschnitt gerade die Portokosten „verdient". Eine andere sehr bedeutende Bildagentur teilte mir schlicht und ergreifend mit, daß die Qualität meiner Dias absolut nicht ausreichend sei. Durch die Empfehlung eines Freundes kam ich zu meiner jetzigen Bildagentur, die mit wachsendem Erfolg meine Dias verkauft.

Mit Zweitbelichtungen und Duplikaten versuchte ich dann kürzlich, über eine Schweizer Bildagentur einen weiteren Vertriebsweg zu erschließen. Und dort war wieder einmal die Qualität absolut unzureichend, selbst bei Dias im Format 4 × 5 inches.

Soviel zu den „objektiven" Maßstäben der Bildauswahl. Ihre eigenen Erfahrungen werden vielleicht anders sein, aber ähnlich. Probieren Sie, „Ihre" Agentur zu finden.

Wie finden Sie eine Bildagentur?

Der Bundesverband der Pressebild-Agenturen (BVPA) und Bildagenturen in Berlin gibt ein Verzeichnis heraus, in dem die zum Verband gehörgen Agenturen mit Spezialgebieten aufgeführt sind. Das heißt nicht, daß andere Bildagenturen nicht ebenfalls seriös und erfolgreich arbeiten. Aber das Verzeichnis gibt zumindest Anhaltspunkte. Die sicherste Auswahl treffen Sie selbst, indem Sie eine Bildagentur mit Ihren Dias aufsuchen und mit den zuständigen Mitarbeitern sprechen. Sie werden danach ein wenig besser entscheiden können, mit wem Sie zusammenarbeiten wollen und wer dasselbe mit Ihnen will. Denn in die Zusammenarbeit mit einer Bildagentur müssen Sie letzten Endes Vertrauen investieren, Vertrauen, das sich im besten Fall zu einer langjährigen „Ehe" entwickelt.

Drei Bildagenturen – besser als eine?

Selbstverständlich haben Bildagenturen unterschiedliche Kundenkreise. Eine Zeitschrift mit Redaktionssitz in Frankfurt wird im allgemeinen mit Frankfurter Bildagenturen arbeiten und die Konkurrenz in München, Hamburg und Düsseldorf erst befragen, wenn ein Dia in Frankfurt nicht zu erhalten war. Folglich müssen bei unterschiedlichen Kundenkreisen mehrere Bildagenturen mehr verkaufen. Die Rechnung geht nur selten auf. Keine Bildagentur sieht es mit Freude, wenn Sie auch für die Konkurrenz tätig sind. Das könnte Ihnen gleichgültig sein. Es ist jedoch anders.

Ihre Bildagentur verkauft ein Dia mit Personen für Werbung exklusiv. Das bedeutet, daß diese Personen nicht anderweitig in der Werbung erscheinen dürfen. Ihre zweite Bildagentur hat Dias aus derselben Serie und verkauft eines davon als Titel für den Prospekt eines Konkurrenz-Unternehmens, da sie im guten Glauben ist, daß die Dias nicht anderweitig im Vertrieb sind. Und so erscheinen dann, wie geschehen, ein Großflächenplakat mit Wahlwerbung und eines mit Zigarettenwerbung mit ebenderselben jungen Dame. Wenn in einem solchen Fall die Ursache bei einer doppelten Vermarktung Ihrer Dias über zwei Bildagenturen, die nichts voneinander wußten, gelegen haben sollte, werden Schadenersatzklagen von ungeahnten Höhen Sie überrollen. Ihr Gedanke des Mehrfachverdienstes wird Ihnen über Jahre hinaus als Alptraum erscheinen.

Die Schlußfolgerung daraus sollte sein, daß Sie möglichst nur mit einer Bildagentur zusammenarbeiten. Wenn die jedoch nur spezielle Themen in ihrem Archiv hat, zum Beispiel Tierfotos, ist es unproblematisch für Sie,

Ihre Landschaftsaufnahmen an eine andere Bildagentur zu geben. Aber Sie sollten niemals dasselbe Motiv zwei oder gar drei Bildagenturen zur Vermarktung überlassen. Keine Regel ohne Ausnahme: Wenn Sie hinreichend gut fotografieren, können Sie die Vermarktung Ihrer Aufnahmen regional abgrenzen. Das sollten dann aber beide Agenturen wissen, weil dann Sperrvermerke untereinander ausgetauscht werden.

Sperrvermerke

Eine Bildagentur wird des öfteren Dias verkaufen, die beispielsweise für einen Kalender, für eine bestimmte Werbung dienen. Damit nun nicht die Konkurrenz des Verwenders Ihr Dia „Schloß Mespelbrunn im Herbst im Gegenlicht" im selben Jahr veröffentlicht (bei der Konkurrenz ist es das Kalenderblatt Oktober statt September), wird dieses Dia für Kalender gesperrt, das heißt, es darf für das betreffende Jahr nicht anderweitig für Kalender verkauft werden. Eigentlich verständlich, oder?

Bei Dias für die Werbung ist eine Sperrung noch viel wichtiger. Wenn die fröhliche Familie heute für Ritter Sport und morgen für Frühstücks-Rama und übermorgen für Persil Werbung macht, stimmt das die beteiligten Werbeagenturen und Firmen überhaupt nicht fröhlich. Jeder hat schließlich die einmalige Idee gehabt, und jeder hat das Recht auf seine einmalige Idee. Also haben Sperrvermerke schon ihren Sinn; für Sie erhöht sich dadurch auch das Honorar, und zwar nicht unbeträchtlich. Immerhin ist Ihr Dia ein Jahr lang nicht anderweitig zu verkaufen.

Der internationale Bildermarkt

Heute ist es mehr denn je Alltag, daß die Landesgrenzen an Bedeutung verlieren. Im Geschäftsleben ist Internationalität gefragt, bei Fotos auch. Wie es in der Bundesrepublik etliche Bildagenturen gibt, so findet man sie auch im Ausland in vielen Ländern. Jedoch: Kritisch wird es, wenn Sie Kontakt zu ausländischen Bildagenturen aufnehmen wollen, und noch problematischer ist eine eventuelle Kontrolle.

Bei uns haben Sie immerhin die Wahrscheinlichkeit, daß die bekannten

Bildagenturen Ihre Honorare korrekt abrechnen. Wird wirklich im seltenen Einzelfall einmal ein Foto, das erschienen ist, nicht korrekt abgerechnet, kann man das zum Beispiel darauf zurückführen, daß der Bildverwender keine vollständigen Angaben über den Verwendungszweck gemacht hatte.

Im Ausland besteht aber kaum eine Kontrollmöglichkeit, selbst nicht durch Zufall. Wer vermag schon festzustellen, ob ein Dia in den USA nur zu Layout-Zwecken genutzt wurde oder ob damit nicht später eine doppelseitige Anzeige gestaltet wurde? Wovon die Bildagentur nicht verständigt wurde und weshalb das Dia nicht entsprechend honoriert wurde, der Fotograf selbst schon gar nicht. Daher ist die Zusammenarbeit mit ausländischen Bildagenturen erst recht Vertrauenssache. Wer nicht mit einem bekannten Namen entsprechend massiv im Markt mitmischen kann und als Einstieg sofort einige tausend Dias liefert, hat kaum eine Chance.

Es gibt aber einige interessante Varianten im internationalen Geschäft, die Sie nutzen können. So tauschen deutsche Bildagenturen teilweise mit befreundeten Agenturen im Ausland Bildmaterial aus. Beispiel: Eine Bildagentur aus den USA liefert Duplikate von Bildern amerikanischer Fotografen, die deutsche Partner-Agentur ebenso von deutschen Fotografen.

Die normale Gepflogenheit bei der Honorarsplittung sieht dann so aus: Der Fotograf erhält 50 Prozent seines üblichen Honorars. Die deutsche Agentur erhält aber ebenfalls nur 50 Prozent ihres normalen Honorars, da sie ja mit der amerikanischen Agentur teilt, die das Dia verkauft hat. Daher bleiben dem deutschen Fotografen im Endeffekt nur 25 Prozent des in den USA erzielten Honorars. Sollte die US-Agentur wiederum das Dia durch eine japanische Partner-Agentur verkauft haben, bleiben dem Fotografen sogar nur 12,5 Prozent. Etwas wenig, meinen Sie nicht auch? Dann gibt es auch Bilder-Agenten, die mit einem Koffer voller Dias weltweit hausieren gehen. Wer von diesen „Firmen" dann welche Dias oder Duplikate und wozu erhält, wissen die Götter. Der Copyright-Klau ist dabei vorprogrammiert. Zum Schluß haben alle gut verdient – außer dem Fotografen.

Dennoch möchte ich die Lage nicht zu schwarz malen. Die Möglichkeiten der Bildervermarktung im Ausland sollten Sie nicht außer acht lassen, auch wenn Vorsicht angeraten ist. Wenn Sie seriöse ausländische Bildgenturen mit Ihren Mehrfachbelichtungen versorgen, werden Sie auf Dauer auch damit erfolgreich sein können.

Verkaufen – so wichtig wie Fotografieren

Machen Sie sich von dem Gedanken frei, daß die „großen Namen" ihre Fotos „von alleine" verkaufen. Auch bekannte Fotografen haben klein angefangen, auch bekannte Fotografen müssen ständig am Ball bleiben, im Markt sein, um ihre Aufnahmen zu verkaufen. Bekannte Fotografen haben dennoch einige Pluspunkte in die Waagschale zu werfen. Zunächst ist es doch so, daß Sie nach Feierabend und im Urlaub fotografieren, und mehr Zeit steht Ihnen für Ihr gesamtes Privatleben inklusive Fotografie nicht zur Verfügung.

Der Profi aber lebt von der Fotografie und mit der Fotografie. Beruf und Freizeit sind nicht zwei verschiedene Bereiche, Beruf und Freizeit sind meist eine Einheit und lediglich durch die eigene Zeiteinteilung zwischen Aufträgen (entweder Fremdaufträge oder selbst gestellte Aufgaben) abgegrenzt. Daher ist es für den Semi-Profi, für Sie, sehr schwierig, die beim Profi selbstverständlichen Voraussetzungen einigermaßen gleichwertig zu erreichen.

Der Profi fotografiert täglich. Wie oft fotografieren Sie? Der Profi hat die Ausrüstung, die er benötigt. Welche Ausrüstung haben Sie? Der Profi kann im Einzelfall auch Geld zusetzen, wenn ihn eine Aufgabe reizt. Können Sie in eine Fotoproduktion Hunderte von Mark oder gar Tausende investieren?

Der Profi kann auch die nötige Zeit einsetzen, die häufig Voraussetzung für optimale Qualität ist. Und trotz dieser vielen Vorteile für den Profi haben Sie einige Vorzüge, um die Sie der Profi beneidet. Sie müssen nicht von der Fotografie leben. Sie müssen sich nicht um Alters- und Krankenversorgung kümmern. Sie müssen sich im Vergleich zum hauptberuflichen Fotografen oder Foto-Designer nur sehr begrenzt mit dem Finanzamt beschäftigen. Sie müssen nur das fotografieren, was Ihnen Spaß macht. Sie wissen, welches Gehalt, welchen Lohn Sie am 1. oder 15. eines jeden Monats erhalten werden. Sie können daher unbeschwert fotografieren. Vielfach ebensogut wie ein Spitzenprofi. Nutzen Sie diese Möglichkeiten, trauern Sie nicht dem „Wenn und Aber" nach, fotografieren Sie, bieten Sie Ihre Fotos an.

Informationen über Bildbedarf

Allgemein kann ein Informationsdienst billig sein, und er ist dennoch zu teuer. Zu teuer, weil die Informationen Allgemeinplätze sind, zu alt, wenig sorgfältig zusammengetragen und recherchiert.

Ein teurer Informationsdienst kann dennoch preiswert sein, wenn die oben genannten Fehler von der Redaktion vermieden werden. Eine einzige aktuelle Information reicht aus, Bildverkäufe zu ermöglichen, die den Bezugspreis für etliche Jahre ausmachen. Privat erfahren Sie selten oder nie, daß die Zeitschrift „Die grüne Reise" für eine mehrseitige Reportage eben die Farbdias sucht, die seit zwei Jahren still in Ihrem Archiv verstauben. Solche Informationen kann der einzelne Fotograf nicht zusammentragen, der Zeit- und Geldaufwand wäre erheblich zu hoch. Insofern können Sie von Informationsdiensten profitieren, wenn Sie zu einigen Themen eine größere Anzahl von qualitativ ordentlichen und aktuellen Dias vorrätig haben.

Haben Sie dagegen nur einige hundert Dias, die zum Verkauf geeignet sind, ist es mehr dem Zufall zuzuschreiben, ob gerade die wenigen Dias thematisch bei einer Redaktion unterzubringen sind und über einen Informationsdienst gesucht werden.

So gibt es den Informationsdienst „Sonderveröffentlichungen deutscher Medien", der nur die Themenvorschau von Zeitschriften bringt, und zwar mit Redaktionsschluß für Schwarz-Weiß-Fotos und für Farbdias. Da wird nicht von Bildgesuchen gesprochen, dennoch sind die Aussichten zum Verkauf gut, wenn Sie ein bis zwei Monate vor Redaktionsschluß zu den Themen Dias anbieten können. Wenn nicht eigene Fotografen eingesetzt werden, ist es dem Redakteur gleichgültig, von wem er seine Dias bekommt. Die allgemein übliche Quelle bilden dann Bildagenturen, von denen es etliche gibt. Und damit kommen Sie zu weiteren Absatzmöglichkeiten, die Ihnen als Einzelperson verschlossen bleiben. Die Möglichkeiten, Dias über Bildagenturen zu verkaufen, sind also nach wie vor sehr gut, wenn Sie die erwähnten Spielregeln beachten.

9. Fotomodelle

Wenn Sie die Kleinanzeigen verschiedener Großstadtzeitungen lesen, werden Sie reichlich Angebote von Fotomodellen oder Modellen finden. Diese Damen haben im allgemeinen jedoch mit Fotografie nichts im Sinn. Dafür bieten sie andere Leistungen, die wohl mehr im zwischenmenschlichen Bereich anzusiedeln sind. Fotomodelle finden Sie zunächst im Verwandten- und Bekanntenkreis.

Wann haben Sie zuletzt Ihre Frau, Ihren Sohn, Ihre Tochter fotografiert? Die Chance, ohne Kosten für Fotomodelle zu guten Aufnahmen zu kommen, ist in dieser Umgebung recht groß. Es sind diese Alltagsfotos, die immer wieder benötigt werden. Angeblich so einfach zu fotografieren und doch so selten als gutes Foto zu erhalten sind Familienaufnahmen. Natürlich sollten solche Aufnahmen in professioneller Qualität gemacht werden, aber das setzen wir voraus.

Kinder sind ein unerschöpfliches Fotothema. Davon gibt es nie genügend Fotos. Und es sind nicht nur die eigenen Kinder, die ihnen als „Fotomodelle" zur Verfügung stehen. Die Spielkameraden, der Kindergarten, die Schule stellen viele „Fotomodelle" für Ihre Aktivitäten. Als „Modellhonorare" fallen dann ein paar Vergrößerungen an, und im allgemeinen werden die Eltern gern die Erlaubnis zur Veröffentlichung der Fotos geben. Welche Eltern sind nicht stolz, wenn ihr Kind in einer Zeitung oder Zeitschrift abgebildet erscheint? Der Markt für derartige Aufnahmen mit Personen ist sehr groß, und er wächst. Insbesondere ist hierbei für Sie von Vorteil, daß das Risiko sich auf ein paar Filme begrenzt, wenn Ihre fotografischen Leistungen vielleicht doch noch nicht so perfekt sind, wie Sie sie sehen.

Irgendwann jedoch kommt bei Fotos die Notwendigkeit, daß Sie „Modelle" benötigen. Die Kleinanzeigen der Tageszeitungen sind in dieser Beziehung nicht sehr ergiebig. Also woher dann die Fotomodelle nehmen?

Fragen Sie einfach Personen, die Sie als Fotomodell für geeignet halten! Sie laufen am Strand entlang, Sie machen Shopping in der Stadt. Eine bildhübsche junge Dame, ein fröhliches Kind mit Eltern, ein reizendes älteres Ehepaar begegnen Ihnen. Die wären genau für eine Fotoserie geeignet, die Ihnen schon lange vorschwebt, die Sie bereits seit langer Zeit realisieren wollten. Wer hindert Sie daran, diese „Fotomodelle" anzusprechen und zu fragen? Dazu sind Sie zu schüchtern? Das kann man doch nicht machen? Was die Leute dazu sagen? Die Vorbehalte sind sicherlich alle berechtigt. Und es wird auch nicht ungewöhnlich sein, wenn Sie zu Anfang eine abweisende Haltung verspüren. Das ist sicherlich verständlich und nicht verwunderlich.

Wie kommen Sie dennoch zum Erfolg? Eine Visitenkarte schafft Vertrauen. Wenn Sie zu Gesprächsbeginn sich selbst vorstellen und Ihre Visitenkarte überreichen, wird ein Teil der „Schwellenangst" abgebaut. Niemand vertraut sich wildfremden Menschen an, und Fotografen genießen seit dem Film „Blow up" (darin vernaschte der Fotograf zwei willige Modelle und war dann zu müde zum Fotografieren – das war aber nicht das Hauptthema des Films!) einen nicht immer seriösen Ruf. Und es gibt leider wirklich Fotografen oder solche, die sich so nennen, denen es um schnelles Geld mit eindeutig zweideutigen (oder zweideutig eindeutigen) Fotos geht.

Sie wollen jedoch die freundlichen Fotos des Alltags mit freundlichen Leuten in freundlicher Umgebung. Diese Zielsetzung mit Ihren Vorstellungen (zum Beispiel eine Story mit einem jungen Paar, das reist, das Auto fährt, das eine Stadtbesichtigung macht) sollten Sie Ihren künftigen Fotomodellen kundtun.

Versprechen Sie nichts, was Sie nicht halten können

Sie haben Beziehungen zu Zeitungen und Zeitschriften aufgebaut, Sie wissen, daß Ihre Fotos veröffentlicht werden. Vermeiden Sie den Anschein, daß mit diesen Fotos, die Sie mit Ihren Modellen machen wollen, das große Geld zu machen sei, der Erfolg als Fotomodell sozusagen zwangsläufig gesichert sei. Die Karriere als Fotomodell erträumen viele. In der Tat sind viele Fotomodelle, die heute gut davon leben können, ir-

Fotomodelle

gendwann einmal von einem Fotografen oder Foto-Designer entdeckt worden, angesprochen worden, fotografiert worden. Sie können diese Karriere niemandem guten Gewissens versprechen oder in Aussicht stellen. Sie können jedoch Fotos für das Familienalbum, für den Rahmen an der Wand versprechen.

Sie können auch Wege aufzeigen, wie man sich als Fotomodell vermarkten kann. Sie können auch eine Honorierung anbieten, wenn Sie annehmen, daß die Aufnahmen die entsprechende Qualität aufweisen werden. Als „Standardhonorar" für Amateure können 50 oder 100 DM pro Tag zuzüglich Verpflegung ausgehandelt werden. Wenn Sie dann mit zwei Personen à 100 DM Honorar einen Tag lang „arbeiten", kommen bereits beachtliche Kosten auf Sie zu:

Modellhonorare:	200 DM
Verpflegung:	150 DM
Filme:	300 DM
Nebenkosten:	150 DM
	800 DM

Und was ist das Ergebnis von derartigem Einsatz? Bei 300 DM Materialkosten können Sie im Format 6 × 6 cm etwa 300 Farbdias machen. Von diesen 300 Dias müssen Sie 2 Stück à 400 DM oder 4 Stück à 200 DM verkaufen, um nur Ihre Selbstkosten zurückzubekommen. Haben Sie diese Absatzmöglichkeiten? Ehrlich? Wenn nicht, sind auch Amateurmodelle, die honoriert werden müssen, für Sie zu teuer.

Profi-Fotomodelle

Erfahrene Fotomodelle können Sie über Arbeitsämter buchen. In der Tat gibt es bei den Arbeitsämtern verschiedener Großstädte Künstlerdienste, die Fotomodelle vermitteln. Dort können auch Sie nach sogenannten „Setkarten" Modelle auswählen, die für Ihre Fotos speziell geeignet sind. Es ist nicht immer ganz einfach, den geeigneten Typ zu finden, der die speziellen Anforderungen erfüllt, die Sie an das Foto stellen.

Profi-Fotomodelle haben viele Vorteile. Es ist im allgemeinen eine beachtliche Auswahl an Kleidung vorhanden. Es ist Erfahrung im Spielen von Szenen vorhanden. Es ist eine konzentrierte Mitarbeit und zum Teil auch kreative Mitarbeit an der Aufgabe des Fotografen zu erwarten. Die Arbeit geht schnell voran, weil das „Fotografiertwerden" Routine ist; es ist der Beruf (oder auch Nebenberuf). In kurzer Zeit können (viel) mehr Fotos gemacht werden als mit Amateurmodellen. Die Nachteile sind ebenfalls klar: Profimodelle kosten richtiges Geld. 600 DM pro Tag sind als untere Grenze zu betrachten. Bei Spitzenmodellen sind 1.000 DM am Tag nicht unüblich. Bekannte Fotomodelle sind „bekannt". Heute für Waschmittel, morgen für Zigaretten und übermorgen für Dienstleistungen, Mode. Nur für Werbung und für Festaufträge lohnen professionelle Fotomodelle.

Eine nicht ganz billige, aber sinnvolle Quelle für Modelle ist der Infodienst „Modellphotographie", der 40 bis 60 Mädchen anbietet, die in Text und Bild vorgestellt werden und dann vom Fotografen selbst kontaktet werden können. Wenn die Druckqualität der Fotos oder auch die Fotos selbst nicht mit „Vogue" oder „Playboy" konkurrieren können, so sind die Angaben recht umfangreich und lassen zweideutigen Aussagen keinen Spielraum. Wer diese Hilfe zur Kontaktaufnahme mit fotografierbaren Mädchen schätzt, wird das „Katalog-System" gern einsetzen und den Preis dafür als angemessen betrachten.

Profis nutzen schließlich ebenfalls Modell-Agenturen beziehungsweise Künstlerdienste. Für den gezielt fotografierenden Semi-Profi sind die Kosten vertretbar, für den Amateur jedoch oft reiner Luxus.

Ach ja, das beliebte Thema „Akt", das immer wieder in den Kleinanzeigen der Fotozeitschriften („Hübsches Aktmodell, 3 Fotos 20 DM") mitspielt. Einige Anmerkungen dazu:

1. Das „billigste" Aktmodell ist im eigenen Verwandten-/Bekanntenkreis zu finden.
2. Die Aufnahmen sollten Sie in Ihr Familien-Album kleben oder für den privaten Dia-Abend einsetzen.
3. Aktfotos haben eine minimale Verkaufschance, wenn sie nicht hochprofessionell fotografiert sind.
4. Professionelle Voraussetzungen dafür fehlen dem Amateur fast immer, dem Semi-Profi oft, und sogar der Profi hat damit zu kämpfen.
5. Bei Fotowettbewerben und überall dort, wo es nicht allzuviel Geld zu

verdienen gibt, sind mit sehr guten Aktfotos vielleicht Ehren zu erreichen, ansonsten kaum.
6. Wer als Fotomodell drei Aktfotos für 20 DM anbietet, will vielleicht nur drei Aktfotos zweifelhafter Qualität verkaufen. Die einschlägigen Männer-Zeitschriften haben bessere Fotos für weniger Geld anzubieten.
7. Selbst „Oben ohne"-Fotos verkaufen sich nicht sehr oft, da viele Zeitschriften ein schönes Mädchen mit knappem Bikini vorziehen. Ausnahmen bei den Illustrierten bestätigen die Regel, da die wenigen Zeitschriften, die für Aktfotos Interesse haben, einen außerordentlich qualifizierten Mitarbeiterstab an Fotografen haben und freie Ankäufe die Ausnahme sind.
8. Sie werden Ihre Freundin/Frau/Tochter kaum im „Playboy" veröffentlicht sehen, selbst wenn sie einverstanden sind. Und wenn wider Erwarten Interesse an der Dame besteht, wird sie von einem hauseigenen oder dem Hause nahestehenden Spezialisten abgelichtet.
9. Es fehlen dagegen überall Alltagsfotos – mit netten Mädchen, mit Familien, mit alten Leuten, mit Sport- und Spielaktivitäten. Da kommt es nicht auf den optimalen Braunton des knackigen Busens an, sondern mehr auf die Stimmung, auf das Umfeld, auf die natürliche Glaubwürdigkeit einer Szene. Ein Beispiel: Ich fotografierte ein Pärchen am Strand, jung, braun, sie war „oben ohne". Die Aufnahmen waren richtig gelungen. Die erste Frage des Inhabers der Bildagentur an mich: „Warum haben Sie das Mädchen nicht zusätzlich mit Bikini-Oberteil fotografiert?" In diesem Fall konnte ich dazu ganz einfach antworten: „Sie hatte leider kein Bikini-Oberteil dabei, und ich konnte das Pärchen aus Zeitgründen auch nicht später nochmals treffen." Die zusätzlichen Aufnahmen hätten mich bloß 50 DM Filmmaterial gekostet, meine Verkaufsaussichten aber merklich verbessert.

Das Recht am eigenen Bild

Dieser Punkt ist in den letzten Jahren zunehmend sensibler beobachtet worden. Lassen Sie sich daher von allen Personen, die Sie fotografieren, das Recht am eigenen Bild schriftlich übertragen. Nur dann können Sie sicher sein, daß man Ihnen anschließend nicht mit Honorarforderungen oder gar Schadenersatz kommen kann. Das Recht am eigenen Bild hat überall dort Bedeutung, wo Personen erkennbar abgebildet sind. Es gibt Vordrucke, die das Recht am eigenen Bild gegen Honorar absichern und übertragen, und es gibt vereinfachte Vordrucke, die dieses ohne Honorierung vorsehen. Die professionellen Vordrucke mit Honorar können Sie beziehen beim Arbeitskreis Werbe-, Mode- und Industriefotografie (AWI). Die anderen können Sie selbst bei einer Schnelldruckerei nach dem hier abgebildeten Muster drucken lassen.

Wann ist das Recht am eigenen Bild besonders wichtig? Wenn es um Werbung geht. Nicht jedem ist es recht, wenn er für Zigaretten sein Gesicht zur Verfügung stellt, und nicht jede junge Dame möchte für Verhütungsmittel Werbung machen. Solche Verwendungen Ihrer Fotos können – zumindest theoretisch – vorkommen, zum Beispiel wenn Sie mit Bildagenturen zusammenarbeiten. Bei Aktaufnahmen ist eine künstlerische Aufnahme in einer Fotozeitschrift sicher erheblich unproblematischer als in einem noch so seriösen Männermagazin. Welche ungewollten Zusammenhänge entstehen können, lassen sich leicht ausmalen. Wenn Ihr Minirockgirl – sexy fotografiert – in einer Zeitschrift als Illustration dient zu einer Story, wie „leicht" und aufreizend junge Mädchen Sexualverbrechen herausfordern, war diese Kombination nicht in Ihrem Sinn und erst recht nicht im Sinne Ihres Modells. Wenn Ihr bester Freund als Portrait anschließend mit der Aussage wirbt, daß er seine Manneskraft mit dem Präparat XY steigert, wird er die längste Zeit Ihr Freund gewesen sein. Und Sie können überhaupt nicht so merkwürdig denken, wie die Praxis ist.

Gute Bildagenturen sind bei Fotos mit Personen äußerst vorsichtig. Seien Sie es auch! Oder wissen Sie, wie Ihre ehemalige Freundin auf die Veröffentlichung von Aktfotos reagiert, wenn Sie sich nicht so sehr in Freundschaft getrennt haben? Die Grenzen sind sicher fließend, aber es gibt sie. Sie sollten es nicht riskieren, Streitfälle vor Gericht austragen zu müssen.

Unproblematisch sind redaktionelle Veröffentlichungen mit mehr als fünf Personen auf einem Bild oder auch in der aktuellen Berichterstattung: Jeder Politiker will fotografiert werden, jeder Show-Star, jeder Sportler lebt auch von Publicity.

FOTOMODELLE

Verzichtleistungserklärung und Rechnung

Hiermit bestätige ich, im Auftrage und für Rechnung der Firma _____

für Aufnahme am _____ durch Atelier _____

für Aktion _____

ein Honorar von DM _____ (in Worten) _____

+ % A.-Provis. _____

+ Fahrtauslagen _____

+ % MwSt. _____

Gesamt _____ vereinbart zu haben.

Gleichzeitig gebe ich hiermit meine Einwilligung dazu, daß meine obigen Bilder bzw. Porträts oder Reproduktionen dieser Bilder in geänderter oder unveränderter Form durch die vorstehend genannte Firma oder durch Beschränkung auf bestimmte Geschäftsbereiche handeln, zu Werbezwecken verbreitet und veröffentlicht werden, ohne ich bestätige hiermit ferner, daß mit der Honorarzahlung alle mir zustehenden Ansprüche an die obige Firma und an Dritte, die bei Anfertigung, Verbreitung und Veröffentlichung des obigen Bildes mit Ihrem Einverständnis handeln, abgegolten sind.
Ich verzichte auf Namensnennung, bin aber auch damit einverstanden, daß mein Name in Verbindung mit meinem Bild genannt wird. Das empfangene Honorar unterliegt der Selbstversteuerung.

_____, den _____

_____
(Vor- und Zuname, vollständige Anschrift)

_____
(Für Überweisungen, evtl. Bankverbindung)

Quittung für Barempfang: Obiges Honorar bestätige ich bar erhalten zu haben

_____
Unterschrift

Service-Drucksache des AWi-Arbeitskreis Werbe-Mode-Industriephotographie.

Auftrag

Nr. _____

Sachlich richtig

_____   _____
Datum   Unterschrift/Sachbearb.

Anweisung zur Zahlung durch
Etatdirektion bzw. Kontakter

_____   _____
Datum   Unterschrift

Bei Zahlung durch Überweisung

am _____

Bank/PS _____

Überwiesen

Vermerk Honorarkartei

Buchung

*Muster einer Einverständniserklärung
mit Honorarvereinbarung*

Einverständniserklärung

Ihr Name

Adresse

Name _____

Straße _____

Wohnort _____

Telefon _____

Aufnahmeort
_____

Unterschrift   Datum

Mit meiner Unterschrift erkläre ich mich einverstanden, die Veröffentlichungs- und Verbreitungsrechte der von mir aufgenommenen Lichtbilder uneingeschränkt Herrn/ Frau (Name) zu übertragen. Ich bin volljährig, also mindestens 18 Jahre alt, oder aber meine Erziehungsberechtigten bzw. meine verantwortliche Begleitperson haben durch ihre Unterschrift auf diesem Vordruck in die Fotoaufnahmen von mir und deren Verwertung eingewilligt.

Muster einer Einverständniserklärung ohne Honorarvereinbarung

Fotos von Personen im Ausland

Ein Indio in Peru wird kaum von einer Veröffentlichung in Deutschland erfahren und sein Recht am eigenen Bild geltend machen. Es spricht aber für Ihre Achtung vor dem Mitmenschen, wenn Sie auch in diesen Fällen nicht den „Großwildjäger" spielen und aus der Distanz „schießen". Wenn Sie sich vor Reisen in fremde Länder ein wenig mit den Sitten und Gebräuchen der Menschen vertraut machen, können Sie Mißverständnisse vermeiden und zudem mehr von den Menschen erfahren als dieses aus der Distanz möglich ist. Trinkgelder sind oft eine Möglichkeit, das Fotografieren ohne Probleme zu handhaben. Dennoch sollten Sie Trinkgelder nur dort geben, wo sie eine positive Einstimmung ermöglichen.

Oft kann ein Polaroidfoto als „Honorar" Wunder bewirken. Es ist sofort da, es zeigt, was man fotografiert, es bringt sofort Kontakt. Probieren Sie es! Das gilt im übrigen weltweit. Ausgenommen natürlich sind einige Länder, wo die Abbildung des Gesichtes gegen religiöse Tabus verstößt. Dort ist die verdeckte Fotografie die einzige Chance. Mit Risiko. Also denken Sie daran, daß es nicht jedem gefällt, fotografiert zu werden.

Akzeptieren Sie Absagen! Es kostet Sie nichts, zu fragen. Es kostet Sie nichts, freundlich zu bleiben, wenn Ihre Frage negativ beantwortet wird. Eine negative Antwort kann viele Ursachen haben, die Sie überhaupt nicht beurteilen können, die Sie nicht kennen. Akzeptieren Sie ein „Nein". Fragen Sie Ihr nächstes „Modell". Vielleicht sagt er oder sie begeistert zu. Es handelt sich bei Absagen ja nicht um persönliche Niederlagen für Sie. Wissen Sie, ob das zauberhafte Paar im Privatleben wirklich ein Paar ist, oder ob nicht beide verheiratet sind, nur nicht miteinander? Würden Sie sich dann als Fotomodell zur Verfügung stellen? Oder Ihr Portrait in der Zeitung sehen wollen?

Fotomodell – ein Traumjob?

Viele junge Damen erstreben einen Ausbruch aus dem tristen Alltag. Eine Karriere als Fotomodell mit schönen Reisen in wärmere Länder ist immer noch ein erstrebenswertes Ziel. Die Stories über den Erfolg einzelner, attraktiver junger Damen in den Zeitschriften der Regenbogenpresse vermitteln den Eindruck, daß so etwas eigentlich fast jedem gutaussehenden Mädchen möglich ist. Diese Wünsche und Wunschvorstellungen sind im Alltag leider nicht so einfach zu realisieren. Selbst die „Superchance" eines Ausklapp-Mädchens in einem Männermagazin bleibt oft genug nur Hoffnung.

Wenn Sie erfolgreich Mädchen fotografieren wollen, sollten Sie an diese Probleme denken. Denn wenn es den Profis schon schwerfällt, entsprechend gutaussehende Mädchen mit Ausstrahlung zu finden, werden Sie es kaum einfacher haben. Sie können selbstverständlich eine Menge Zeit in Ihre Fotos investieren, Sie können damit auch Geld verdienen. Sie können aber auch hierbei nicht erwarten, daß die Erfolge von allein kommen.

Um auf dem Gebiet der Mädchenfotografie wirklich erstklassig zu werden, müssen Sie Zeit und Geld investieren. Versprechen Sie Ihrem Amateurmodell Aufnahmen für Ihre Setkarte („Karteikarte" mit persönlichen Daten und besonders vorteilhaften Fotos zur Bewerbung bei Agenturen und Auftraggebern). Versprechen Sie aber lieber nicht die große Karriere, die durch Ihre Fotos möglich wird. Vielleicht sind Ihre Fotos tatsächlich der Anfang zu einer Karriere Ihres Fotomodells, dann freuen Sie sich darüber. Sie können mit Aufnahmen für Setkarten auch Geld verdienen, wenn Sie die Aufnahmen berechnen. Sind Ihre Aufnahmen geeignet, die betreffende Person zu verkaufen? Können Sie die Qualität anbieten, die wir alle aus der Vielfalt des Werbe- und Zeitschriftenmarktes gewohnt sind? Sie sollten sich selbst und dem Modell gegenüber ehrlich sein und im Zweifelsfalle auf eine schnelle Mark verzichten. Sie helfen damit sich und auch Ihrem „Fotomodell".

Und Geld verdienen mit Fotos können Sie anderweitig genügend. Nicht nur mit den Ideen, die hier in diesem Buch aufgeführt sind. Sondern auch mit den vielen hundert Ideen, die Sie Tag für Tag vielen Publikationen entnehmen können.

10. Büroorganisation

Wer seine Fotos oder Dias verkaufen will, kommt um einige Bürotätigkeiten nicht herum. Das beginnt bei Briefen und damit, daß jedes Foto, jedes Dia beschriftet werden muß. Natürlich läßt sich das per Hand erledigen, dann sollte Druckschrift selbstverständlich sein, denn nicht jede Handschrift ist gut leserlich. Wenn ein Zeitschriften-Redakteur jedoch erst ein Apothekerstudium (die haben von den Hieroglyphen der Ärzte beste Erfahrungen) zum Entziffern benötigt, wird er schnell zum Foto Ihrer Konkurrenz greifen. Saubere Beschriftung mit Schreibmaschine sollte daher oberstes Gebot sein.

Eine preiswerte Kofferschreibmaschine (ab 300 DM) oder eine Reiseschreibmaschine (ab etwa 150 DM) kostet weniger als ein Objektiv. Wer die Kleinanzeigen der Tageszeitungen aufmerksam liest, kann solche Maschinen gebraucht und gut erhalten schon ab 60 DM erwerben. Ein Brief mit der Schreibmaschine geschrieben ist vom ersten Eindruck wesentlich gefälliger als ein handgeschriebenes Schreiben mit Kugelschreiber.

Elektrische Schreibmaschinen bieten mehr Komfort, erst recht solche mit Speicher. Ich bevorzuge die Schreibmaschinen mit Speicher, da ich bei Bildbeschriftungen den Text auf Aufkleber schreibe und oft für ein Motiv zehn und mehr Beschriftungen gleichen Textes benötige. Beispiel: „D – Deutschland – Bayern, Königsee, St. Bartholomä, Sabine kauft Ansichtskarten". Das Foto habe ich mindestens in drei verschiedenen Variationen je sechsmal fotografiert. Die Bildagentur wollte jede Variante dreifach, das heißt, der Text wurde neunfach benötigt. Mit Speicher ist so ein Text in wenigen Minuten geschrieben und ausgedruckt.

Ein Computer mit Textverarbeitungssystem ist eine weitere Steigerung für einfaches Arbeiten. Welches System zu welchem Preis was leistet, ist eher eine Frage an Computer-Spezialisten. Seit die Preise für Personal Computer (PCs) rapide abwärts tendieren und die Heimcomputer mehr und mehr die Kapazität von PCs erreichen, sind die Grenzen fließend geworden. Commodore, Apple, Atari, Schneider, IBM sind bekannte Namen mit unterschiedlichen Modellen, Preis- und Leistungsverhältnissen. Aber Sie müssen keinen IBM-PC kaufen, wenn Sie drei Briefe im Monat schreiben wollen und 200 Dias beschriften müssen.

Ein Computer für 500 DM wird vom Finanzamt allerdings nur mit Schwierigkeiten als Arbeitsgerät anerkannt werden. Wer dann auf die Rechnung noch die Computerspiele für den hoffnungsvollen Nachwuchs schreiben läßt, kann sicher sein, daß auch der Computer als private Liebhaberei angesehen wird. Also: Rund 2.000 DM sollte ein Computer schon mit Software kosten, wenn er als ernsthafter Büro-PC gelten soll.

Ihr Briefpapier muß zu Anfang nicht unbedingt mit Eindruck von Adresse, Telefonnummer und Konto versehen sein. Dennoch sollten Sie berücksichtigen, daß 1.000 Bögen Briefpapier nicht viel mehr kosten als ein Polfilter. Und 1.000 Briefe schreiben Sie nicht im Jahr. Daher zahlt sich eine Investition in gedruckte Briefbögen schon aus.

Versandtaschen, Klebeband, Tesafilm, Kartons, Schere, Briefmarken, Adressenaufkleber, Klebstoff, Briefwaage, Lineal, Taschenrechner, Büroklammern, eine Heftmaschine, Bleistifte, Radiergummis, Bleistiftspitzer, Locher, Aktenordner, Trennblätter, Blaupapier, Schreibmaschinenpapier, Ersatzfarbbänder, farbiges Klebeband zum Markieren, Permanentschreiber in verschiedenen Stärken und Farben – das alles sollte in Ihrem Büro (oder am Arbeitsplatz in Ihrer Wohnung) vorrätig sein.

Für größere Sendungen sind Versandkartons (die Bundespost liefert fertig vorgefaltete Kartons in mehreren Größen) besonders geeignet. Dann sollten Sie auch Paketkarten und Einschreiben-Vordrucke (für Päckchen) zu Hause haben. Wellpappe oder Styropor sind beim Packen oft hilfreich. Bindfaden gehört ebenfalls dazu. Gefütterte Versandtaschen oder solche aus Pappe kosten oft 1 DM und mehr. Da lohnt dann die Wiederverwendung. Ein neuer Adressenaufkleber macht die Versandtasche zum neuen Einsatz bereit, fast umsonst. Die Umwelt freut sich außerdem, Recycling ist angesagt.

Einschreiben oder nicht Einschreiben?

Die Post erstattet beim Verlust von Einschreiben bis zu 40 DM. Dieser Betrag ist sicher kein Ersatz für wertvolle Dias, von denen eines allein ein Vielfaches an Honorar bringen kann, soll, muß. Bei verlorenen Paketen liegt die Erstattungsgrenze bei 500 DM. Auch damit lassen sich keine 100 oder 200 Dias ersetzen. Betrachten Sie Einschreiben oder Paket als Versandform daher lediglich als Einlieferungsnachweis, mit dem Absender und Empfänger nachgewiesen werden können.

Wer Dias bei Verlust durch die Post wertmäßig ersetzt haben möchte, muß Wertbriefe oder Wertpakete versenden. Auch das ist aber letztlich Theorie, denn mit welchem Betrag läßt sich der Verlust eines Dias, von zehn Dias, von 100 Dias beziffern? Müssen Sie für ein Originaldia 100 oder 1.000 oder 2.000 DM als realistisch ansetzen? Und: Wieviel Porto wollen Sie ausgeben, wenn ein Wertbrief mit 2.000 DM Wertangabe bereits 15 DM Porto kostet?

Der beste Schutz vor Verlust von wertvollen Original-Dias sind Duplikate. Die kosten im Format 6 × 6 cm rund 10 DM pro Stück (es können auch 5 bis 20 DM pro Stück sein, je nach Labor, Menge und Qualitätsansprüchen) und lassen sich, abgesehen von Ärger und Kosten, problemlos ersetzen.

Das Risiko lauert nicht nur auf diesem Postweg, denn schon beim Versand der Filme zur Umkehranstalt können die Filme verlorengehen und auch beim Versand an die Verwender. Wer da auf die Idee verfällt, in Glas gerahmte Dias zwischen zwei Stücken Pappe zu versenden, handelt schon grob fahrlässig. Kein Redakteur hat Lust, Glasscherben zu sortieren und zu prüfen, welche Dias welche Schrammen und Kratzer in bildwichtigen Teilen abbekommen haben. Da sind die sauber in Passepartouts gerahmten und professionell beschrifteten Dias der Bildagenturen immer erste Wahl, und Sie haben das Nachsehen.

Anrufbeantworter

Wer Fotos verkaufen will, muß ständig erreichbar sein, benötigt ein Telefon. Wer oft nicht zu Hause ist, sollte einige hundert Mark ausgeben und sich einen Anrufbeantworter anschaffen. Diese früher teuren Geräte sind seit einiger Zeit dank japanischer Großserien für unter 500 DM (ohne Fernabfrage) zu haben. Mit Fernabfrage kosten sie um die 1.000 DM. So manche Anfrage können Sie dann am Abend abhören und am nächsten Tag schon die Möglichkeit zum Erfolg nutzen. Fernabfrage ist nicht unbedingt notwendig, denn wer kann schon aus der Entfernung die entsprechenden Dinge veranlassen, wenn nicht eine entsprechende Organisation (sprich: Ehepartner, Assistent, Sekretärin, freie Mitarbeiterin) vorhanden ist. Wenn Sie in Spanien fotografieren, nützt Ihnen die Kenntnis einer Anfrage nach Dias von Sonnenblumen nichts, wenn die Aufnahmen am nächsten Tag benötigt werden. Und so gefragt werden Ihre Dias zu Beginn Ihrer Tätigkeit wohl noch nicht sein, daß Sie einen größeren Aufwand (Geld) für Mitarbeiter investieren können.

11. Ihr eigenes Studio

Irgendwann wird Ihnen sicher einmal der Wunsch nahegebracht, daß Sie Stillife-Fotos (dieses Architektur-Modell, jene Reproduktion, die Makroaufnahme im Großformat) machen sollten oder gar müßten. Die Schreibtischecke reicht mit einem Mal nicht mehr, der Blitz mit Zweitlampe ist nicht hell genug, das Stativ zu schwach und die 6 × 6 cm-Kamera nicht ausreichend.

Fangen Sie einfach an

Ein Studio können Sie sich schon in sehr einfacher Form einrichten, die Sie auch nicht mit allzu hohen Unterhaltskosten belastet. Wenn Sie einen freien Raum zur Verfügung haben, können Sie diesen zum Studio ausbauen. Ein Raum von 12 Quadratmetern bei 3 Metern Höhe (für Lichtschienen) kann schon ein hervorragendes Studio für Stillife-Aufnahmen abgeben und auch für Portraits. Autos können Sie darin natürlich nicht fotografieren, aber Autos werden Sie ohnehin kaum ohne spezielle Kenntnisse und ohne Beziehungen als Auftrag für Studiofotos bekommen. Aber einige Studio-Teile sollten Sie sich auf alle Fälle bei einem Ausbau Ihrer fotografischen Tätigkeit zulegen.

Eine Kamera im Großformat 9 × 12 cm wäre ideal. Aber wenn Sie sich zu einer solchen Anschaffung durchringen, beginnt es teuer zu werden. Relativ teuer jedenfalls. Für den Beginn tut es eine 4 × 5 inch – Kamera in der Bauweise einer optischen Bank. Für 1.500 DM mit Normalobjektiv sind Sie dabei. Gebraucht können Sie solche Kameras noch preiswerter erstehen. Vielleicht sind Sie auch mit dem Format 6 × 9 cm zufrieden. Dann werden vor allem die Materialkosten sehr viel erträglicher. Ein 4 ×

5 inch-Planfilm in Farbe mit Umkehrung kostet 7 bis 8 DM (Ektachrome 64),ein Rollfilm mit 8 Aufnahmen 6 × 9 cm kostet dagegen etwa 12 DM, das sind 1,50 DM pro Aufnahme, also ein Viertel der Kosten für 4 × 5 inches. Für die meisten Zwecke kommt es zudem bei einer Studiokamera mehr auf die Verstellbarkeiten als auf das Format an. Als Kompromiß bietet sich eine optische Bank im Format 4 × 5 inch mit einer Rollfilmkassette an.

Mit den nötigen Objektiven sieht es dann so aus, daß Sie entweder auf das Format 6 × 9 cm (Normaloptik 100 mm, Weitwinkel 75 mm, Tele 180 – 250 mm) oder auf das Format 4 × 5 inches (Normaloptik 135 – 250 mm, 90 mm, 75 mm, Tele 240 – 300 mm) Ihren Schwerpunkt legen müssen. Allerdings kann zum Beispiel ein 135 mm-Normalobjektiv für 4 × 5 inches auch für 6 × 9 cm sehr gut eingesetzt werden, das 75 mm-Weitwinkel ist für beide Formate brauchbar, und ein 300 mm ist als „Normalobjektiv" (mit 1 : 9) ohnehin mehr zu empfehlen als eine Telekonstruktion, wenn Sie auf schnelle Motive verzichten. Aber für schnelle Aufnahmen ist eine optische Bank nicht gedacht. Sie haben damit die Möglichkeit, für 30 bis 40 DM mit einer Planfilm-Doppelkassette in das Format 4 × 5 inches einzusteigen, ohne neue Objektive zu benötigen.

Die Studio-Ausstattung

Ein Studio braucht Licht, viel Licht. Viel Licht kostet viel Geld. Die Zeiten der Scheinwerfer sind weitestgehend vorbei. Nitraphot-Lampen sind für Amateurzwecke noch zu haben, auch solche mit Tageslicht-Farbtemperatur. Moderne Quarzlampen, die in reichlicher Auswahl für Film und Video auf dem Markt sind, kosten nicht allzuviel und können als vorläufige Lösung eingesetzt werden.

Schließlich und endlich gibt es die beste Lösung, die sich als Studioblitz darstellt. Die Studioblitze gibt es heute bereits als schöne kleine Sets, die in einem kleinen handlichen Koffer drei Geräte enthalten, mit denen fast alle Lichtprobleme des Alltags zu bewältigen sind. Nachdem der Markt für Studio-Großanlagen wohl nicht mehr die Zuwachsraten der Vergangenheit gewährleistet, haben fast alle Studioblitz-Hersteller ihr Herz für Kompaktblitze und Kleinanlagen entdeckt. Es ist Ihr Nutzen, daß auch

STUDIO

durch Einsatz von Mikroelektronik die Studioblitze in Kompaktausführung heute Leistungen anbieten, die vor wenigen Jahren nur von erheblich größeren und teureren Anlagen erreicht wurden. Die Hersteller Bron, Hensel, Bowens, Balcar, Elinchrom, Multiblitz und einige andere bieten solche Blitzausrüstungen in allen Größen und Ausführungen an.

Vergleichen Sie aber sorgfältig, welches Kompaktgerät für Ihre Zwecke von Preis und Qualität her am besten geeignet ist. Dabei gilt vor allem: Lassen Sie sich von günstigen Grundpreisen nicht täuschen; die Gesamtrechnung entscheidet, denn manche Hersteller schlagen bei den Zubehörpreisen gewaltig zu. Da kann ein sehr preiswertes Grundgerät durch die Kosten für Zubehör (das Sie unbedingt benötigen) mit einem Mal in astronomische Preisbereiche klettern.

Die Preise für Kompaktgeräte beginnen bei 800 DM, und sie sind bis zu 2.400 DM (zuzüglich Mehrwertsteuer) zu haben, für Generatoren mit 1.500 Wattsekunden müssen Sie schon mit 2.000 bis 3.500 DM rechnen.

Bei den Kompaktgeräten sind in den letzten Jahren beachtliche Fortschritte erzielt worden, so daß heute ein Blitz mit 4,5 kg Gewicht und 1.200 Wattsekunden von der Leistung her so hoch einzustufen ist wie früher ein großer 2.000 Wattsekunden-Generator mit Blitzlampe. Der Preis für Studio-Blitzgeräte ist heute sehr viel erträglicher, und immer mehr Amateure mit intensiver Blitzbenutzung können sich zumindest eine kleine Kompakt-Blitzanlage leisten. Ist Ihnen die Ausgabe dennoch zu hoch, so können Sie für den Anfang auch ein größeres tragbares Blitzgerät wie zum Beispiel den Metz 60 CT mit mehreren Lampenstäben und Netzgerät in Ihrem Kleinstudio verwenden (dann fehlt Ihnen allerdings das Einstellicht).

Neben guter Beleuchtung sind in Ihrem Studio vor allem kräftige Stative wichtig, denn es wird ein Stativ benötigt, das auch eine Großformatkamera sicher und verwacklungsfrei aushält. Neben den großen Studio-Stativen, die nur im Studio einsetzbar sind, gibt es von etlichen Herstellern mittelschwere Stative, die sich sowohl für den Gebrauch im Freien als auch für die Verwendung im Studio eignen. Dort werden diese Stative dann oft mit einem Stativwagen, der als Zubehör lieferbar ist, eingesetzt. Linhof, Plaubel, Cambo, Gitzo, Foba, Riess (Lumpp), Bilora oder Manfrotto (Multiblitz) etwa sind Hersteller von massiveren Stativen. Und da das beste Stativ nicht stabiler sein kann als der Neiger oder der Kugelkopf, sollten Sie dabei nicht sparen. Neben den Kugelköpfen der genannten Stativ-Hersteller sind die Monoball-Stativköpfe empfehlenswert.

Wundern Sie sich nicht, wenn ein ordentliches Stativ mit Kugelkopf so viel wie eine gute Amateur-Kleinbildkamera kostet. Zwischen 200 und 500 DM sollten Sie für ein Stativ anlegen, der Neiger oder der Kugelkopf (was Sie benutzen, ist Ihre Entscheidung) muß zusätzlich mit 80 bis 300 DM angesetzt werden.

Hintergründe, Spezialtische für Stillife-Aufnahmen, Lichtwannen für besonders weiche Ausleuchtung, Ringblitze für schattenfreie Ausleuchtung, kabellose Infrarot-Auslösung, es gibt tausend nützliche Zubehörteile, die alle sinnvoll sein können, für den Anfang jedoch nicht unbedingt erforderlich sind. Ob Sie für Ihre Aufnahmen derartige, zum Teil recht aufwendige Utensilien benötigen, entscheiden die Motive, die Sie fotografieren wollen, und Ihre fotografischen Möglichkeiten und Ansprüche. Und letztlich auch Ihre Kleingelder, die Sie für Fotografie ausgeben wollen, ausgeben können.

Unbedingt sollten Sie jedoch bei allen aufwendigen Aufbauten Ihre Aufnahmen schon zu Anfang mit Polaroid testen. Sie können dann nicht nur prüfen, ob die Belichtung stimmt. Sie können auch feststellen, ob Sie das Licht richtig gesetzt haben. Ein „falscher" Reflex läßt sich schnell korrigieren, ein „falscher" Schatten ebenfalls. Ein Polaroidfoto kostet etwa 2 DM, ein geringer Preis für die gewonnene Sicherheit, für gute Ergebnisse.

Wenn Sie ein eigenes Studio nicht auslasten können, wenn Ihnen die Anschaffungs- und Unterhaltungskosten zu hoch sind, gibt es Leihstudios. Oder die Möglichkeit, zu zweit, dritt, viert ein Studio zu nutzen. Leihstudios haben meist komplette Licht- und Kamera-Ausrüstungen zur Verfügung. Die Kosten liegen aber bei 300 bis 800 DM pro Tag und sind für Amateurarbeiten damit zu teuer.

Die Entscheidung für oder gegen ein eigenes Studio kann nur Ihre Entscheidung sein. Ein Studio bedeutet, ständig wachsenden Kapitalaufwand zu akzeptieren, denn mit steigenden fotografischen Ansprüchen werden die Anforderungen an die technische Ausstattung steigen und mit der technischen Ausstattung steigen die Investitionen. Ich kenne etliche Studios, die mit Geräten für 100.000 DM und mehr (einige mit 200.000 und 300.000 DM) keineswegs übermäßig ausgerüstet sind für die Aufgaben, die dort zum Alltag zählen.

Wenn Sie allerdings in solche Dimensionen vorgestoßen sind, benötigen Sie kaum Ratschläge aus der Theorie, weil dann nur noch die Praxis des Alltags entscheidet, was an technischer Ausstattung notwendig ist.

Mietservice

In vielen größeren Städten gibt es Fotogroßhändler oder Niederlassungen von bekannten Herstellern des professionellen Gerätemarktes, die einen Service für Reparaturen und Verleih von Geräten anbieten. Insbesondere Studioblitzanlagen werden oft gemietet, aber auch Kameras und seltener benötigte Optiken sind mietbar.

Mieten kostet verständlicherweise Geld. Um Ihnen einen Eindruck der Preise zu vermitteln, hier einige Mietpreis-Beispiele pro Tag aus dem Katalog einer Frankfurter Firma (alle Preise sind Nettopreise, zu denen 14 Prozent Mehrwertsteuer hinzuzurechnen sind): Kamera Nikon F3 Body Photomic: 25 DM pro Tag. Polaroid-Adapter für Nikon F3: 40 DM. Nikon-Objektiv 105 mm: 20 DM. Kamera Technorama 6 × 7 Rollfilm: 100 DM. Kompakt-Blitzanlage 200 W/S: 15 DM. Spotblitz mit Maskenbändern: 75 DM. Bei wochenweiser Miete werden allgemein Nachlässe gewährt, Sondervereinbarungen sind Verhandlungssache.

12. Ihre Konkurrenz und Vater Staat

Handwerk oder freier Beruf – Fotograf oder Foto-Designer

Wenn Sie sich fotografisch ein wenig profiliert haben und die eine oder andere Mark damit verdienen, dürfen Sie sich nicht wundern, wenn Sie die etablierten Fotohändler oder Fotostudios dadurch erzürnen. Niemand schätzt die Konkurrenz, die mit erheblich günstigeren Preisen arbeiten kann. Und mit erheblich günstigeren Preisen können Sie arbeiten, weil Sie die Fotografie (noch) nicht hauptberuflich ausüben. Damit entfallen für Sie Sozialversicherung, Arbeitslosenversicherung, Krankenkasse, Miete für Labor oder Verkaufsräume, und, und, und.

Wenn Sie nun ohne anzuecken fotografieren und dafür auch Geld nehmen wollen, gibt es eine Reihe von Möglichkeiten: Zunächst ist eine nebenberufliche fotografische Tätigkeit Hobby oder Liebhaberei und somit weder Gewerbe noch selbständige freiberufliche Tätigkeit, solange 800 DM Gewinn im Jahr nicht überschritten werden.

Wenn Sie sich allerdings einen prächtigen Briefbogen drucken lassen und sich als Fotograf bezeichnen, werden Sie schnell auf Hindernisse stoßen. Der Fotograf nämlich muß eine Ausbildung nachweisen: Er muß Fotograf gelernt haben und einen Meisterbrief besitzen (mehr dazu in Kapitel 13). Wenn er selbständig arbeiten will, muß er übrigens ein Gewerbe anmelden.

Wenn Sie nun Ihre Dienste für besonders schöne Paßbilder anbieten wollen, dann treten Sie in Konkurrenz zu diesen gelernten Fotografen – und diese werden Sie über die Handwerkskammer oder über die Industrie- und Handelskammer schnell auf den Boden der Tatsachen zurückholen. Ihre fotografische Tätigkeit und Ihre Höhenflüge sind somit in bezug aufs Geldverdienen beendet.

Wie können Sie derartige Flops vermeiden? Ganz einfach: Sie dürfen sich nicht in Konkurrenz zu den „Fotografen" begeben. Die Begriffe Foto-Designer und Bildjournalist sind dagegen nicht geschützt, Sie können diese ohne weiteres für sich nutzen. Damit beschränken Sie allerdings auch die Verkaufsmöglichkeiten für Ihre Bilder beziehungsweise bei Pressefotos für die Veröffentlichungsrechte an Ihren Bildern.

Diese Formen der Fotografie können Sie ohne Gewerbeschein als freiberufliche Tätigkeit neben Ihrem Hauptberuf ausüben. Im Zweifelsfall berufen Sie sich immer darauf, daß diese Tätigkeiten künstlerischer oder journalistischer Natur sind und somit nicht unter die Handwerksordnung fallen. Lassen Sie sich nur nicht auf ein Gewerbe festlegen, damit wäre für Sie der Spaß zu Ende.

Wenn Sie Ihre Tätigkeit als Foto-Designer auf größere Dimensionen ausgebaut haben und häufiger Rechnungen schreiben müssen, dann sollten Sie mit der Industrie- und Handelskammer Ihres Ortes oder Ihres Bezirkes sprechen. Dort kann man im allgemeinen Auskunft geben, welche Formalitäten regional notwendig sind, damit Sie nicht mit den Vorschriften in Konflikt geraten. Jedenfalls ist es immer sinnvoller, sich vorher zu erkundigen, als hinterher den Ärger und vielleicht sogar noch Kosten zu haben.

Wenn Sie von der Fotografie leben wollen, wird früher oder später die „liebe Konkurrenz" auf Sie zukommen und Ihnen meist weniger freundlich durch die Handwerkskammer mitteilen lassen, daß Sie Ihre Tätigkeit einzustellen haben, und zwar ab sofort. Da Sie keinen Beruf mit Namen Fotograf gelernt haben, besteht oft die gute Chance, daß der Bluff gelingt. Ihre „Karriere" ist beendet, bevor sie begonnen hat.

Das muß aber nicht sein, wenn Sie einige „Spielregeln" beachten.

Ein Fotograf muß diesen Beruf erlernt haben; drei Jahre Ausbildung sind die Regel, dann folgen einige Berufsjahre und die Meisterprüfung. Damit ist dann auch die Befähigung verbunden, Lehrlinge ausbilden zu dürfen. Die Meisterprüfung kann auch durch ein Studium der Fachrichtung Fotoingenieur oder Grafik-Design mit Schwerpunkt Fotografie ersetzt werden.

Alle diese Ausbildungsabschlüsse und Titel sind dennoch weder notwendig noch ein Kriterium für erfolgreiche Fotos, für Erfolg mit Fotos.

Die konsequente Trennung von Handwerk und Foto-Design wurde erstmals vom Bund Freischaffender Foto-Designer vollzogen, der seit 1986 in seinen Reihen keine handwerklich ausgebildeten Fotografen mehr zuläßt. Dafür sind in diesem Verband die Spitzenverdiener und Spitzen des Foto-Design vertreten, also genau diejenigen, die heute bei uns in der Fotografie führend sind. Womit nur bewiesen wäre, daß Sehen nichts mit Handwerk zu tun hat. Das gilt in der Pressefotografie ebenso wie in der Werbefotografie. Allgemeinbildung, Kreativität und die Sensibilität für den Alltag sind viel intensiver gefordert als Technik.

Die Technik des Fotografierens kann heute fast jeder in kürzester Zeit erlernen, selbst das Mittelformat ist davon nicht ausgenommen, seit die Elektronik auch Einzug in die Kameras gehalten hat. Die unterschiedlichsten Belichtungssysteme und der Autofocus lassen es zunehmend schwieriger werden, technisch unzureichende Fotos zu machen.,

Warum fehlen aber dennoch gute Fotos, gute Fotografen, gute Foto-Designer? Weil es am Sehen fehlt, nicht an der Technik. Und dies sollten Sie dann in den Vordergrund stellen, wenn es Probleme mit dem Handwerk gibt. Sie können diese Probleme mit zwei entscheidenden Argumenten abblocken:

1. Sie veräußern lediglich *Veröffentlichungsrechte*. Damit verkaufen Sie keine Fotos (Abzüge) wie der Handwerksbetrieb, Sie leben nicht vom Verkauf von Filmen, Kameras, Bilderrahmen.

   Sie veräußern auch keine Bilder 9 × 13 cm für 1,50 DM pro Stück, sondern Sie machen Foto-Design bei einer Veranstaltung und geben anschließend die Copyright-Rechte ab. Das ist bei Pressefotos zweifelsfrei nachzuweisen, bei Hochzeitsfotos kann es zum Grenzfall werden.

   Da mit Hochzeiten, Portraits oder ähnlichen Dingen ohnehin selten gut zu verdienen ist, sollten Sie sich von den problematischen Bereichen fernhalten. Wenn der Sportverein dann von den veröffentlichten Fotos drei Abzüge benötigt, wird dieses als unerhebliches Folgegeschäft einzuordnen sein. Solche Einordnungen sollten ziemlich exakt beweisbar sein, denn das Finanzamt ist noch kritischer als es vielleicht die Handwerkskammer ist.

2. Sie betreiben *künstlerische Fotografie*, das heißt, Sie benutzen das Medium Fotografie, um sich künstlerisch auszudrücken. Wenn Ihre Fotos total aus dem Üblichen fallen, wenn alle Mitbürger Sie für verrückt oder für einen Spinner halten, wenn das Fachlabor den entwickelten Filmen kleine Merkzettel mit Fehlerhinweisen beifügt („Offensichtlich haben Sie Ihren Belichtungsmesser nicht richtig eingestellt, da alle Aufnahmen über-/unterbelichtet sind"; „Ein Kameradefekt, da der Transport nicht funktioniert hat"), dann haben Sie gute Chancen der künstlerischen Anerkennung durch eine Prüfungskommission aus Experten, die die Handwerkskammer beraten. Ihre Fotos können Sie dann zwar nicht gleich teuer verkaufen, vielleicht reicht es aber zur Documenta in Kassel oder zur Kunstausstellung in der Sparkasse. Das gibt dann den befreundeten Redakteuren noch Gelegenheit für einige kluge Zeilen im Regionalteil ihres Blattes und Ihrem künstlerischen Aufstieg steht nichts mehr im Wege.

An derartig wichtigen Voraussetzungen sollten Sie mit Fleiß arbeiten und sie keinesweg leichtfertig abtun. Nur die bildjournalistische oder künstlerische Betätigung des Auslösers einer Kamera schützen vor der Handwerkskammer und vor der Gewerbesteuer, da diese Tätigkeiten als freiberufliche Bereiche akzeptiert werden.

Die Abgrenzungen sind schwierig, zweifelsohne. Ein Buchtip: H.G. Mirbach: Das Recht auf selbständige Arbeit – Unternehmensgründung und Handwerksrecht – Ein Leitfaden für Existenzgründer und ihre Rechtsberater anhand der Rechtsprechung von Bundesverfassungsgericht und Bundesverwaltungsgericht, erschienen im Verlag Norman Rentrop, Bonn.

Wenn das Finanzamt Sie bereits als Künstler anerkannt hat, dürften Ihnen auch gegenüber der Handwerkskammer keine weiteren Schwierigkeiten entstehen. Sie wird von Ihnen eine Reihe von Arbeitsproben anfordern. Auch die Mitgliedschaft in entsprechenden Verbänden kann hilfreich sein. So sind Zugehörigkeiten zu BFF, AWI oder DJV eventuell in dieser Hinsicht ein positives Kriterium für eine Entscheidung über Gewerbe oder freischaffendes Foto-Design.

Bei einer selbständigen Tätigkeit kommt noch eine Besonderheit hinzu: Die Künstler-Sozialversicherung, verwaltet von der Künstlersozialkasse.

Diese hat ihren Sitz in Wilhelmshaven und soll für eine Solzialversicherung all derer sorgen, die selbständig und freiberuflich als Schriftsteller, Musiker, Maler, bildende Künstler und so weiter tätig sind.

Zu diesem Zweck müßten Sie sich bei der KSV anmelden. Dann zahlen Sie als Künstler einen Beitrag, und ein weiterer Beitragsanteil wird von den Verlagen bezahlt, die Ihre Werke veröffentlichen. Bei der hier empfohlenen nebenberuflichen Tätigkeit ist die KSV für Sie nicht nowendig, da Sie ja durch Ihren Hauptberuf sozialversichert sind. In Ihren Rechnungen sollten Sie dann auch angeben, daß Sie nicht der Künstler-Sozialversicherung unterliegen.

Nähere Auskünfte erhalten Sie bei der Künstlersozialkasse, Postfach 669, 2940 Wilhelmshaven, Tel. 04421/3080.

Das Finanzamt und Sie

Wer kennt nicht die alljährlich wiederkehrende Freude, vor einem Stapel von Belegen zu sitzen. Belegen von einem Jahr. Eine mehr oder weniger erläuternde Anleitung und eine Reihe von Formularen gab es vom Finanzamt, und das Ganze soll eine Lohnsteuererklärung oder eine Einkommensteuererklärung werden.

Fotoeinnahmen sind grundsätzlich Einnahmen. Einnahmen sieht das Finanzamt gern, denn von Einnahmen erhält das Finanzamt seinen Anteil, die Steuern. Da diese Tatsache allgemein bekannt ist, sollten wir sie akzeptieren. Schließlich will das Finanzamt ja nur den Anteil an Ihren Fotoeinnahmen, der ihm zusteht, und den soll es haben. Aber Fotografie bringt ja nicht nur Einnahmen, sondern ebenso natürlich Ausgaben. Da nur Gewinne steuerpflichtig sind, sieht das alles nicht so schlimm aus, wie es scheint.

Wenn Sie einen gewöhnlichen Hauptberuf ausüben, zahlen Sie auf Ihr Gehalt *Lohnsteuer*. Die behält der Arbeitgeber automatisch ein und führt sie an das Finanzamt ab. Jeder Lohnsteuerpflichtige hat die Möglichkeit, Nebeneinnahmen bis 800 DM jährlich steuerfrei zu verdienen. Nun gibt es unterschiedliche Möglichkeiten, die zum Teil von den Finanzämtern eigenständig ausgelegt werden und unterschiedliche Auswirkungen haben:

1. Sie erhalten Lohn/Gehalt, zahlen Lohnsteuer, stellen keinen Antrag auf Lohnsteuerjahresausgleich. Folglich werden Ihre eventuellen Nebeneinnahmen nicht vom Finanzamt registriert. Dieser Fall dürfte selten sein, da fast jeder Lohnsteuerzahler irgendwelche absetzbaren Werbungskosten oder Sonderausgaben hat. Außerdem sollten die jährlichen Nebeneinnahmen dabei wirklich nur minimal sein, das heißt unter 800 DM brutto.

2. Sie erhalten Lohn/Gehalt, zahlen Lohnsteuer, stellen Antrag auf Lohnsteuerjahresausgleich. Folglich werden Sie Ihre Nebeneinnahmen beim Finanzamt angeben. Ihre Ausgaben im Zusammenhang damit auch. Das Ganze nennt sich dann Einnahmeüberschußrechnung, selbst wenn diese rote Zahlen aufweist. Ein Beispiel:
Honorareinnahmen 1.700 DM, Material- und Reisekosten 2.700 DM – das ergibt im Endeffekt ein Minus von 1.000 DM. Diesen Betrag können Sie von Ihren Einkünften aus nichtselbständiger Arbeit absetzen. Das bedeutet je nach Höhe dieser Einkünfte eine Steuerrückzahlung von 200 bis 400 DM. Diese Rechnung geht allerdings nur auf, wenn Ihr Finanzamt davon zu überzeugen ist, daß die Ausgaben in gewinnerzielender Absicht getätigt wurden. Sie werden daher Schwierigkeiten haben, Ihre Urlaubsreise auf die Malediven zu 5.000 DM dem Finanzamt als „Betriebskosten" zu verkaufen, wenn Sie nicht gerade einen Fotoauftrag hatten, der Ihnen einige tausend Mark Einnahmen brachte.
Noch eine wichtige Voraussetzung: Das Finanzamt akzeptiert nur, was belegbar ist. Eine ordnungsgemäße Rechnung ist Voraussetzung, daß Ausgaben anerkannt werden. Sonst läuft nichts, gar nichts. Die Grundvoraussetzung heißt also: Sammeln Sie Belege. Für Fotomaterial, für Fahrtkosten, für Porto, für Benzin, für Bewirtungen, für Büromaterial. Alles kostet Geld, für alle Ausgaben benötigen Sie Quittungen. Ob Sie den neuen Bikini für die Freundin (Ihr Modell) absetzen können, hängt sicher auch von der Weitherzigkeit des Finanzbeamten ab, der Ihren Antrag zu prüfen hat. Wenn Sie solche Positionen als Ausgaben abzusetzen versuchen, hat der Finanzbeamte stets die Möglichkeit des Streichens. Bei 1.000 DM Jahresumsatz wird der Bikini als Privatausgabe angesehen, bei 10.000 DM als „Betriebsausgabe" anerkannt. Hier wie überall ist die Relation entscheidend.

3. Sie erhalten Lohn/Gehalt, zahlen Lohnsteuer und haben Grundbesitz oder sonstige Einnahmen (zum Beispiel aus Kapitalvermögen) oder verdienen als Lediger mehr als 24.000 DM beziehungsweise als Verheirateter mehr als 48.000 DM. Dann werden Sie vom Finanzamt automatisch zur Einkommensteuer veranlagt. Das funktioniert im Prinzip wie der Lohnsteuerjahresausgleich, ist bloß etwas umfangreicher, und es gelten andere Freibeträge.

Hier können Sie nun wieder Einnahmen und Ausgaben aus Foto-Design gegeneinander aufrechnen. Aber an die Einnahmeüberschußrechnung gibt es einige Ansprüche: Sie wird nur dann anerkannt, wenn die Fotografie nicht als Hobby oder Liebhaberei eingestuft wird. Ihre Einnahmen werden zu Anfang oft niedriger sein als die Ausgaben. Dann wird das Finanzamt versuchen, die Fotografie als Hobby darzustellen, das heißt, die Negativ-Einkünfte nicht zu akzeptieren.

Bei hohen Ausgaben kann das Finanzamt damit oft eine Steuerminderung vermeiden. Wenn Sie auf einer Anerkennung bestehen (und das sollten Sie), müssen Sie den Nachweis der Gewinnerzielung führen. Es reicht also nicht, wenn Sie erklären, daß Sie sich spätberufen zum Star-Foto-Designer entwickeln möchten, dafür eine Kamera-Ausrüstung zu 20.000 DM, einen Porsche zu 70.000 DM und eine Segelyacht zu 150.000 DM benötigen und diese 240.000 DM als Kosten auf drei Jahre verteilt von der Steuer absetzen wollen. So ein Versuch wird bei jedem Finanzbeamten höhnisches Lachen hervorrufen. Zu Recht!

Mehr als drei bis fünf Jahre lang wird das geduldigste Finanzamt Verluste nicht akzeptieren, zumindest dann nicht, wenn Einnahmen und Ausgaben nicht eine realistische Entwicklung zum Gewinn hin nehmen. Außerdem sollten Sie den Bogen nicht überspannen, Finanzbeamte kennen oft mindestens ebenso viele Tricks (oder Möglichkeiten der Steuergestaltung) wie Sie oder Ihr Steuerberater.

Gehen wir einmal davon aus, daß Ihre Einnahmen aus Foto-Design inzwischen doch schon einige tausend DM betragen. Dann stellt sich irgendwann, spätestens bei 20.000 DM Jahresumsatz (ab 1990: 25.000 DM), die Frage der Mehrwertsteuer.

Außerdem bestehen einige Ihrer Auftraggeber absolut auf einer Rechnung, weil sie ihre Kosten ebenfalls beim Finanzamt geltend machen wollen. Als „Kleinunternehmer" müssen Sie nicht unbedingt Mehrwertsteuer (MwSt) in Ansatz bringen. Ab einigen tausend Mark Einnahmen sollten Sie es dennoch tun.

Sie werden mehrwertsteuerpflichtig

Spätestens zu diesem Zeitpunkt sollten Sie Ihren Steuerberater bemühen oder sich einen solchen zulegen. Denn nun wird es unübersichtlich. 14 oder 7 Prozent Mehrwertsteuer – was gilt für Sie?
Wenn Sie ein Gewerbe betreiben, sind es 14 Prozent Mehrwertsteuer. Wenn Sie als Foto-Designer eine freiberufliche künstlerische Tätigkeit ausüben oder journalistisch tätig sind, kommen für Sie 7 Prozent in Frage. Vom Gewerbe müssen Sie eigentlich Abstand nehmen, denn als Fotograf dürfen Sie nur dann tätig sein, wenn Sie den Beruf erlernt haben. Haben Sie? Prima. Haben Sie nicht? Auch gut. Denn Sie verkaufen ja gerade keine handwerklichen Produkte, sprich Fotos, sondern die *Veröffentlichungsrechte* von Fotos! Die fallen dann wiederum unter den Begriff der freien, journalistischen Tätigkeit, und dafür sind 7 Prozent Mehrwertsteuer zu berechnen. So stellen Sie dann in Rechnung:

1 Foto mit Veröffentlichungsrecht	100 DM
+ 7 % MwSt.	7 DM
	107 DM

Die 107 DM sind auf Ihrem Konto. Die Filme, die Sie kaufen, werden Ihnen mit 14 Prozent MwSt. berechnet, zum Beispiel zahlen Sie für einen Warenwert von netto 100 DM einen Betrag von 14 DM an MwSt. Sollten Sie also 5.000 DM Ausgaben nachweisen können, dürfen Sie dafür 700 DM MwSt. bezahlen.
Folglich erhalten Sie vom Finanzamt 350 DM zuviel entrichteter MwSt. zurück. Diesen Betrag müssen Sie dann allerdings in der Einkommensteuererklärung als Einnahme versteuern. Etwas verwirrend ist das in der Tat. Ihr Steuerberater erläutert Ihnen das Verfahren in allen Einzelheiten und sagt Ihnen auch, ab wann Sie mehrwertsteuerpflichtig werden oder werden sollten.

Gewerbesteuer

Ein an Einnahmen immer interessiertes Finanzamt wird bald auf die Idee verfallen, Sie mit der Gewerbesteuer zu belasten. Diese Idee sollten Sie meiden wie der Teufel das Weihwasser. Denn: Sie üben kein Gewerbe aus, sondern eine freiberufliche Tätigkeit. Sie verkaufen keine Fotos, sondern Veröffentlichungsrechte. Sie sind kein Fotograf (Meister), sondern Foto-Designer. Sie sind journalistisch tätig und machen keine Studio-Portrait-Fotografie. Wenn Sie so eingestuft werden wollen, dürfen Sie allerdings auch keine Werbung machen wie zum Beispiel Anzeigen oder Handzettel mit Texten wie „Foto-Studio entwickelt Ihre Fotos" oder ähnlich. Diese Art des Geldverdienens beanspruchen gelernte Fotografen für sich, und zwar exklusiv und ziemlich humorlos.

Vermeiden Sie unnötige Risiken! Mit Paßbildfotografie tauschen Sie ohnehin den einen Frust (den des bisherigen Jobs) gegen den anderen. So kreativ ist das Ablichten von Tante Frieda mit Dackel nicht, als daß es eine Lebensaufgabe sein könnte.

Aus dem „Verdacht", ein Gewerbe auszuüben, kommen Sie schnell heraus, wenn Sie als Künstler anerkannt werden. Darauf sollten Sie hinarbeiten. Ausstellungen, Urkunden (möglichst von internationalen Ausstellungen oder Wettbewerben) und eigenständige kreative Leistungen sollten schon Ihre künstlerischen Leistungen manifestieren. Die Finanzämter bedienen sich bei der Prüfung teilweise fachkundiger Gremien aus dem Bereich der Kunsthochschulen, um die künstlerische Leistung zu beurteilen. Die Mitgliedschaft im BFF, dem Bund Freischaffender Foto-Designer, ist übrigens als Nachweis einer künstlerischen Leistung anerkannt!

13. Fotografieren als Handwerk

(Der Abdruck des folgendes Textes erfolgt mit freundlicher Genehmigung des Centralverbandes Deutscher Photographen. Quelle: CV-Jahrbuch 1986.)

Das Handwerk ist – als Ganzes gesehen – nach der Industrie der zweitgrößte Wirtschaftsbereich in der Bundesrepublik Deutschland. Auf Grund seiner spezifischen Voraussetzungen ist das Handwerk in besonderem Maße in der Lage, mit einem breiten Leistungsangebot auf den Bedarf jedes einzelnen einzugehen. Handwerkliche Unternehmen decken den Bedarf an individuellen Lieferungen und Leistungen sowohl für den privaten Verbraucher als auch für Industrie, Handel, öffentliche Hand usw. Im allgemeinen überwiegt in den Handwerksbetrieben das personale Element.

Die Zugehörigkeit zum Handwerk wird in der Bundesrepublik weder durch die Betriebsgröße noch durch die Zahl der Beschäftigten oder durch die Höhe des Umsatzes bestimmt. Nach dem Gesetz zur Ordnung des Handwerks (Handwerksordnung – HwO) zählt ein Gewerbebetrieb dann zum Handwerk, wenn er handwerksmäßig betrieben wird und zu einem der Gewerbe gehört, die in der Anlage A zur Handwerksordnung aufgeführt sind. Dann wird der Betrieb in die sogenannte Handwerksrolle, die bei der Handwerkskammer geführt wird, eingetragen. Die Anlage A zur Handwerksordnung nennt 125 Handwerksberufe; das Photographen-Handwerk ist dort unter der Nr. 106 aufgeführt.

Gemessen an anderen Handwerkszweigen ist die Photographie ein junger Beruf. Im Jahre 1839 hat der Franzose Daguerre der Akademie der Wissenschaften in Paris als erster seine Erfindung demonstrieren lassen, ein mit optischen Mitteln hergestelltes Bild endgültig, chemisch dauerhaft festzuhalten. Zunächst waren es die Portraitisten, die sich dieses neuen

Mediums bedienten, ihre Ateliers eröffneten und der Malerei ähnliche Bildnisse schufen. Doch begünstigt durch bessere Verfahren, durch die Entwicklung der Schwarz-Weiß-Photographie und der Farb-Photographie in all ihren unterschiedlichen Techniken, wurde eine Fülle von Aufgaben erkannt. Die heute hochentwickelte Technik ermöglicht hervorragende bildnerische Leistungen auf allen Gebieten der Photographie, insbesondere in Werbung, Industrie und Dokumentation. Hieraus ergeben sich im Bereich der professionellen Photographie viele Spezialgebiete, die sich in ihren Betriebsstrukturen und Anwendungsbereichen erheblich unterscheiden. Wir kennen heute den Portrait-Photographen, die Spezial-Ateliers für Werbe-, Mode- und Industrie-Photographie, den Spezialisten für Stillife, das Photofachlabor, um nur einige aus der breiten Palette zu nennen.

Wichtige Zahlen des Photographen-Handwerks 1986:

Betriebe:	4.169
Beschäftigte:	11.657
Gesamtumsatz:	1,0444 Milliarden DM
Auszubildende	2.952 Photographen
	434 Laboranten

Quelle: Statistisches Bundesamt, Wiesbaden

Berufsbeschreibung

Die Ausbildung zum Photographen soll in der größtmöglichen Breite erfolgen, die Spezialisierung erst danach.

Wer heute Photograph/Photographin werden will, muß den Hauptschulabschluß haben, besser noch die mittlere Reife.

Notwendig sind eine gute Allgemeinbildung, einwandfreies Farbsehen, technisches Verständnis für die Handhabung der vielfältigen Aufnahmegeräte, wie Kleinbild-, Mittelformat- und Großbildkameras, für den Einsatz der Beleuchtungsanlagen sowie die Handhabung von Laborgeräten, Entwicklungsanlagen und Maschinen.

FOTOGRAFIEREN ALS HANDWERK

Gleich wichtig und wesentlich ist der Sinn für Ästhetik und bildmäßiges Gestalten, vor allem Interesse und Aufgeschlossenheit gegenüber diesem Medium Photographie.

Es muß die Fähigkeit entwickelt werden zu ›sehen‹, photographisch zu sehen, die Menschen und unsere Umwelt zu erkennen und diese bildhaft darzustellen.

Wer heute Photograph werden will, braucht Phantasie und Kreativität, denn neben der exakten handwerklichen Beherrschung der photographischen Techniken sind Bildgestaltung und individuelle Sehweise wesentlichster Teil der photographischen Arbeit.

Der Beruf ist vielfältig und abwechslungsreich, setzt aber Aktivität, Eigeninitiative, psychologisches Einfühlungsvermögen sowie die Beschäftigung mit Kunst und Kultur in allen Bereichen voraus.

Zur Photographie gehört aber auch, zu lernen, im Team zu arbeiten und zu assistieren. Die Freude an der Photographie, die enge Verknüpfung zwischen künstlerischen und technischen Fertigkeiten sind wesentliche Aspekte dieses Berufes.

Die Bandbreite der Möglichkeiten, das für sich geeignete Feld herauszusuchen, ist außerordentlich groß. Folgende Möglichkeiten ergeben sich:

Portrait
Architektur und Landschaft
Sachaufnahme, Produktphotographie (stillife)
Speisenphotographie (food)
Werbe-, Mode-, Industrie-Photographie
Reproduktionsphotographie (der ganze Druckbereich)
Theater
Flugaufnahmen
Micro – Macro
Materialprüfung, Meßtechnik
Medizinische Photographie, Röntgen etc.
Wissenschaftliche Photographie
Weltraumphotographie
Kriminalistik
Bildjournalismus
Reisephotographie

Freie und Angewandte Illustration
Abstrakte Photographie

All das trifft fast ausnahmslos auf die 3 photographischen Teilbereiche zu, wie

1. Photographische Aufnahmen
2. Filmwesen
3. Video-Technik

Hinzu kommen die Durchführung aller Entwicklungsprozesse von photographischen Aufnahmen sowie die Ausführung photochemischer und phototechnischer Arbeiten im Fachlabor, die Herstellung und Auswertung der Bilder als Einzelbild, klein oder riesengroß bzw. als Massenbild in großen Serien, sowie die Anwendung von Spezialtechniken im Labor. Dies ergibt im Bereich der Photolabortechnik eine weitere Spezialisierung:

Photolabortechniker
Filmentwickler
Color- oder SW-Fachvergrößerer
Reproduktionsphotograph (SW oder Farbe, Strich oder Halbton)
Sachbearbeiter
Kontrolleur
Retuscheur
Printereinsteller
Filterbestimmer
Laborleiter, Abteilungsleiter in den genannten Sparten
Photomaschinenwartung
Bildveredelung
Photocomposing
Spezialvergrößern und Reproduzieren im AV-Bereich

Die Ausbildung zum Photographen kann erfolgen:
a) mit Schwerpunkt *Photographie* in Studios für Portrait-, Werbe-, Mode-, Industrie-Photographie

b) mit Schwerpunkt *Photolabortechnik* in Fachlabors für professionelle Photographie oder Ateliers, die eigene Fachlabors besitzen.

Die Gesellenprüfung wird in einem der beiden Schwerpunkte durchgeführt.

Nach 3 – 5 Jahren Gesellenzeit kann die Meisterprüfung abgelegt werden:

a) im Schwerpunkt *Photographie*

Dabei ist für den Photographen neben der technischen Beherrschung die kreative Leistung ausschlaggebend.

b) im Schwerpunkt *Photolabortechnik*

Für den Labortechniker überwiegt hier, neben dem Umgang mit der Kamera, die Leistung der labortechnischen Arbeit.

Wer nach der Gesellprüfung eine Weiterbildung im Bereich Photo-Design oder Photoingenieurwesen anstrebt, braucht den Abschluß eines Studiums an einer Fachoberschule.

Das Studium an einer Fachhochschule im Schwerpunkt Photo-Film-Design kann ohne vorherige Fachoberschule begonnen werden, wenn eine Prüfung zur besonderen künstlerischen Begabung und eine weitere zur Feststellung der Allgemeinbildung erfolgreich abgelegt werden. Auskünfte erteilen die Fachhochschulen.

Ausbildung

Die Ausbildung zum Photographen wurde neu geregelt durch die Verordnung über die Berufsausbildung zum Photographen/zur Photographin vom 16. Januar 1981, veröffentlicht im Bundesgesetzblatt Nr. 4 Teil I vom 21. Januar 1981.

Ausbildungsordnungen unterliegen einem bestimmten Raster und sind gegliedert in das Ausbildungsberufsbild, den Ausbildungsrahmenplan sowie die Prüfungsanforderungen. Im Ausbildungsplan sind die wichtigsten Lerninhalte zugeordnet worden, wobei viele der aufgeführten Inhalte miteinander verbunden gesehen werden müssen.

Diese Ausbildungsordnung eröffnet die Möglichkeit zur Ausbildung in den Schwerpunkten Photographie und Photolabortechnik.

In Übereinstimmung mit der Neuregelung der betrieblichen Ausbildung wurde auch der ›Rahmenlehrplan für die fachtheoretische Ausbildung zum Photographen‹ entwickelt, der am 6. Juli 1981 von der Ständigen Konferenz der Kultusminister der Länder der BRD beschlossen worden ist.

Im übrigen wird auf die Erläuterungen zur Ausbildungsordnung in einer Broschüre verwiesen, die beim Centralverband bezogen werden kann.

Die Broschüre enthält neben der Ausbildungsordnung und dem betrieblichen Rahmenlehrplan auch den schulischen Rahmenlehrplan sowie weitere Informationen, deren Kenntnis für alle an der Beratung, Ausbildung und Prüfung Beteiligten von Bedeutung ist.

Nach § 5 hat der Ausbildende unter Zugrundelegung des Ausbildungsrahmenplans einen Ausbildungsplan zu erstellen. Die Broschüre enthält im Anhang das Muster eines solchen Plans, der von den Betrieben inhaltlich voll übernommen werden kann, soweit nicht durch betriebspraktische Besonderheiten, Blockunterricht in der Berufsschule, Teilnahme an überbetrieblichen Ausbildungsmaßnahmen (Foto 1 und Foto 2), Verkürzung der Lehrzeit und dgl. inhaltliche und zeitliche Veränderungen notwendig werden.

Der betriebliche Ausbildungsplan wird gemäß §4 Abs. 1 Nr. 1 BBiG Bestandteil des Berufsausbildungsvertrages und ist dem Vertrag als Anlage beizufügen.

Auch Ausbildungsverträge im Schwerpunkt *Photolabortechnik* werden in die Lehrlingsrolle der jeweils zuständigen Handwerkskammer eingetragen und von dieser betreut und geprüft.

Meisterprüfung

Die Rechtsgrundlagen für ein geordnetes und bundeseinheitliches Meisterprüfungswesen sind in der Handwerksordnung (HwO) enthalten. Dieses Gesetz ermächtigt einerseits den zuständigen Bundesminister, die Prüfungsanforderungen in der Meisterprüfung durch Rechtsverordnungen zu bestimmen (§45 HwO), und andererseits die Handwerkskammern, das Zulassungs- und Prüfungsverfahren der Meisterprüfung durch eine Meisterprüfungsordnung zu regeln (§50 HwO). Die Kenntnis dieser Vorchriften und sonstiger berufsspezifischer Angaben ist für die Vorbereitung auf die Meisterprüfung und für ihre ordnungsgemäße Durchführung unerläßlich; sie wurden deshalb in einer Broschüre zusammengefaßt, die beim CV bezogen werden kann.

Die in der Meisterprüfung zu stellenden Anforderungen sind in zwei verschiedenen Verordnungen niedergelegt. Die für alle Meisterprüfungen im Handwerk gleichlautenden Anforderungen sind in der ›Verordnung über gemeinsame Anforderungen in der Meisterprüfung im Handwerk‹ (AMVO) vom 12.12.1972 geregelt. Sie enthält u. a. auch Vorschriften darüber, wann die Meisterprüfung bestanden ist und unter welchen Voraussetzungen sie wiederholt werden kann. Nach dieser Verordnung gliedert sich die Meisterprüfung in

die praktische Prüfung (Teil I)
die Prüfung der fachtheoretischen Kenntnisse (Teil II)
die Prüfung der wirtschaftlichen und rechtlichen Kenntnisse (Teil III)
und
die Prüfung der berufs- und arbeitspädagogischen Kenntnisse (Teil IV).

Die Prüfungsanforderungen in den Teilen I und II bestimmen sich nach den für die einzelnen Gewerbe der Anlagen A zur Handwerksordnung erlassenen Rechtsverordnungen, die für alle Handwerke gleichlautenden Prüfungsanforderungen für die Teile III und IV dagegen nach der AMVO.

Für das Photographen-Handwerk werden die Prüfungsanforderungen in den Teilen I und II der Meisterprüfung durch die ›Verordnung über das Berufsbild und über die Prüfungsanforderungen im praktischen Teil und für das Photographen-Handwerk‹ vom 17. November 1978 bestimmt (Bundesgesetzblatt 1978, I, S. 1806). Die Prüfungsbestimmungen für die Meisterprüfung haben sich damit sehr wesentlich geändert. Aus § 3 Abs. 1 der Verordnung ist z. B. zu ersehen, daß der Prüfling bei der Meisterprüfungsarbeit zwischen den Schwerpunkten Photographie und Labortechnik wählen kann. Mit dieser Wahlmöglichkeit wird die technische Entwicklung des Photographen-Handwerks berücksichtigt.

Die eingangs erwähnte Meisterprüfungsordnung nach § 50 HwO ist von der Vollversammlung der jeweiligen Handwerkskammer zu beschließen. Im Interesse einer bundeseinheitlichen Fassung aller Meisterprüfungsordnungen hat der DHKT eine sogenannte Beschlußvorlage zur Meisterprüfungsordnung erarbeitet. Der in dieser Broschüre enthaltene ›Überblick über die Meisterprüfungsordnung‹ ist eine zusammenfassende Darstellung dieser Beschlußvorlage.

Die Erläuterungen zu der Verordnung über das Berufsbild und über die Prüfungsanforderungen im praktischen Teil und im fachtheoretischen Teil der Meisterprüfung nach §45 HwO für das Photographen-Handwerk enthalten berufsspezifische Angaben. Diese sollen die bundeseinheitliche Vorbereitung und Durchführung der Meisterprüfung erleichtern und die Rechtsverordnungen nach §45 HwO und die Meisterprüfungsordnung sinnvoll ergänzen.

Gewerberechtliche Aspekte

Das Handwerk, nach Beschäftigungszahl und Wertschöpfungsquote nach der Industrie der stärkste Wirtschaftsbereich in der Bundesrepublik, hat durch die Handwerksordnung – HwO – eine umfassende gesetzliche Regelung erfahren. Zum Handwerk gehören insgesamt 126 Berufe, die in der Anlage A zur HwO abschließend aufgezählt sind – der Kreis der handwerksfähigen Gewerbe ist also ein ›geschlossener‹. Daneben existieren noch insgesamt 40 sogenannte handwerksähnliche Gewerbe – Anlage B zur HwO –, deren Ausübung rechtlich aber an keine besondere Qualifikation geknüpft ist. Eines der 126 ›Vollhandwerke‹ ist der Photograph – Nr. 106 der Anlage A –.

Die Aufnahme einer Tätigkeit bzw. die Ausführung von Arbeiten, die einem der 126 Handwerke zuzuordnen sind, hat jedoch nicht zwingend zur Folge, daß der Betroffene als Handwerker im Sinne der HwO anzusehen ist. Anders ausgedrückt: Nicht jeder, der photographiert, unterliegt damit automatisch den Bestimmungen der HwO. Vielmehr müssen hierzu weitere Voraussetzungen erfüllt sein.

Gewerbliche/künstlerische Tätigkeit

Die HwO erfaßt nur den selbständigen Betrieb eines Handwerks als stehendes Gewerbe, verlangt also zunächst einmal eine gewerbliche Betätigung. Als Gewerbe begreift man allgemein eine selbständige Tätigkeit, die auf Gewinnerzielung gerichtet und auf eine gewisse Dauer angelegt ist, mit Ausnahme der Urproduktion, der Wissenschaft, der Kunst und einiger sogenannter ›freier Berufe‹.

Hiernach ist der ›Hobby-Photograph‹, der seine Erzeugnisse verschenkt oder nur gegen Erstattung der Materialkosten abgibt, mangels Gewinnerzielungsabsicht kein Gewerbetreibender im Sinne der HwO. Auch der Bildberichterstatter, d. h. ein Journalist, der Bilder, die eine Nachricht über Tagesereignisse oder ein aktuelles Geschehen verkörpern, zur Veröffentlichung in Tageszeitungen – mit oder ohne erläuternden Text – aufnimmt, unterliegt nicht den Bestimmungen der Handwerksordnung, da er den freien Berufen im Sinne des Einkommensteuerrechts zugeordnet wird.

Schwierigkeiten bereiten immer wieder die Fälle, in denen ein Photograph für sich den Status eines Künstlers reklamiert. Häufig handelt es sich dabei um Personen, die nicht über die nach der HwO notwendige Qualifikation verfügen; aber auch steuerliche, sprich wirtschaftliche Aspekte spielen eine Rolle.

Bei der Abgrenzung zwischen handwerklicher und künstlerischer Photographie muß man mit der Rechtsprechung davon ausgehen, daß künstlerisches Schaffen neben der Beherrschung des Materials und der einschlägigen Fertigkeiten – also des Erlernbaren – eine auf persönlicher Begabung beruhende geistig-eigenschöpferische Gestaltung eigener Ideen voraussetzt.

Kennzeichnend für den Photographen als Künstler ist sein von der Abbildungswürdigkeit bestimmtes Interesse an einem speziellen Motiv, das er in freier eigenschöpferischer Gestaltungsweise bildlich ›umsetzt‹. Hieran fehlt es, wenn der Photograph – etwa bei Werbe- oder Portraitphotographie – hinsichtlich des Motivs oder der Gestaltung an Angaben und Weisungen seines Auftraggebers gebunden ist. Aber auch dann, wenn der Photograph in seiner Motivwahl etc. völlig frei ist, muß in der Gestaltung eine künstlerische Aussage zum Ausdruck kommen, sie darf sich also nicht in der Wiedergabe der Wirklichkeit erschöpfen.

Ob diese Voraussetzungen vorliegen, muß im Einzelfall geprüft werden. Die Rechtsprechung hat allerdings keinen Zweifel daran gelassen, daß die Photographie ihrem Wesen nach zu geistig-eigenschöpferischer Gestaltung nur ›sehr bedingt geeignet‹ sei und deshalb die Arbeit des Photographen nur ausnahmsweise als künstlerisches Schaffen angesehen werden könne.

Zum Nachweis der Künstlereigenschaft verlangen z. B. die Handwerkskammern in NRW ein Gutachten der Gutachterkommission bei der Fachhochschule Köln, Fachbereich Kunst und Design. Ein für den Betroffenen positives Gutachten ist jedoch kein ›Freibrief‹ zur Ausübung jedweder photographischer Arbeiten. Führt der Künstler neben seinem künstlerischen Schaffen handwerkliche Arbeiten – etwa Portrait- oder Werbeaufnahmen im oben geschilderten Sinne – aus, so gelten insoweit auch die Bestimmungen der HwO. Die Privilegierung als Künstler erstreckt sich also nur auf das eigentliche künstlerische Schaffen.

Stehendes Gewerbe/Reisegewerbe

Die HwO erfaßt jedoch nicht jede gewerbliche Ausübung des Photographenhandwerks, sondern nur das *stehende* Gewerbe. Allerdings hat der Gesetzgeber auf eine positive Definition des Begriffs ›stehendes Gewerbe‹ verzichtet. Da das Gewerberecht neben dem stehenden Gewerbe nur das Reisegewerbe und den Marktverkehr kennt und die beiden letztgenannten Begriffe gesetzlich definiert, läßt sich das stehende Gewerbe nur negativ beschreiben: Es umfaßt alle gewerblichen Aktivitäten, die nicht zum Reisegewerbe oder zum Marktverkehr gehören. Für das Photographenhandwerk ist vornehmlich die Abgrenzung stehendes Gewerbe/Reisegewerbe – etwa beim Photographieren in Schulen und Kindergärten – von Bedeutung.

Nach der gesetzlichen Definition betreibt derjenige ein Reisegewerbe, der außerhalb der Räume einer gewerblichen Niederlassung oder ohne eine solche zu haben, *ohne vorherige Bestellung* Waren feilbietet oder Bestellungen aufsucht (vertreibt) oder ankauft, Leistungen anbietet oder Bestellungen auf Leistungen aufsucht. An den Begriff ›gewerbliche Niederlassung‹ werden dabei qualitativ keine besonderen Anforderungen gestellt. Hierzu reicht ein Raum – der auch mit der Privatwohnung identisch sein kann –, von dem aus die geschäftlichen Aktivitäten – etwa per Telefon – entfaltet werden.

Der Photograph, der in Schulen und Kindergärten erscheint, um dort die Kinder zu photographieren, bietet gewerbliche Leistungen an – und zwar außerhalb seiner ggf. vorhandenen gewerblichen Niederlassung. Voraussetzung für die Annahme einer reisegewerblichen Tätigkeit ist aber, daß dieses Anbieten ohne vorherige Bestellung erfolgt. In der Regel dürfte dem Tätigwerden des Photographen eine (Termin-)Absprache mit dem Leiter der Schule bzw. des Kindergartens vorausgehen, allein schon um sicherzustellen, daß die Kinder in entsprechender Aufmachung zu dem vereinbarten Termin erscheinen. Ist der Schulleiter von den Eltern ermächtigt, den Photographen selbst zu bestellen, so wird dieser auf Grund einer vorangehenden Bestellung – der Eltern – tätig. Mithin scheidet eine Betätigung im Reisegewerbe in diesem Falle aus. Häufig wird es aber an einer Absprache zwischen Eltern und Schulleiter fehlen. Damit stellt sich die Frage, ob eine das Reisegewerbe ausschließende Bestellung auch dann vorliegt, wenn ›Besteller‹ (Schulleiter) und derjenige, dem gegenüber die Leistung zu erbringen ist (Kinder bzw. Eltern), nicht identisch sind. Dies dürfte grundsätzlich zu verneinen sein, so daß das Merkmal ›ohne vorhergehende Bestellung‹ in diesem Falle erfüllt wäre.

Anders können die Dinge liegen, wenn der ›Bestellende‹ ein eigenes – wirtschaftliches – Interesse an den Aufnahmen hat. So etwa, wenn eine Tanzschule einen Photographen gegen Honorar zu Veranstaltungen (Bällen, Turnieren) bestellt und die Teilnehmer die Möglichkeit haben, diese Bilder zu erwerben. Hier bestehen rechtliche Beziehungen zwischen der Tanzschule und dem Photographen – die Teilnehmer sind lediglich ›Begünstigte‹ – mit der Folge, daß der Photograph auf Grund einer vorangehenden Bestellung und mithin im stehenden Gewerbe tätig wird.

Wird der Photograph in Schulen bzw. Kindergärten ohne vorhergehende Bestellung tätig, ist damit aber noch nicht endgültig die Entscheidung für eine Betätigung im Reisegewerbe gefallen. Das Anbieten gewerblicher Leistungen im Reisegewerbe verlangt nämlich des weiteren die sofortige Leistungsbereitschaft des Anbietenden, d. h., dieser muß bereit und in der Lage sein, die angebotene Leistung an Ort und Stelle zu erbringen.

Hieran kann es fehlen, wenn der Photograph nach der eigentlichen ›Aufnahmetätigkeit‹ vor Ort die Filme in seiner Wohnung oder seinem Labor entwickelt, Vergrößerungen etc. herstellt und die Bilder den Eltern erst wesentlich später anbietet. Allerdings wird hierzu teilweise die Ansicht vertreten, für die Bereitschaft zur sofortigen Leistungserbringung reiche es, wenn eine ›Teilleistung‹ – hier das Photographieren – sofort erbracht werde. Dabei wird aber verkannt, daß den Kunden nicht eine Teilleistung, sondern das fertige Produkt, das Bild, interessiert und ihm diese Leistung auch angeboten wird. Im übrigen würde eine an Teilleistungen orientierte Betrachtungsweise dazu führen, die auf die Erbringung einer Leistung abzielende Tätigkeit des Photographen in zwei verschiedene und nach unterschiedlichen Gesetzmäßigkeiten zu beurteilende Betätigungsformen aufzugliedern: das eigentliche Photographieren im Reisegewerbe und die Entwicklung der Bilder in der gewerblichen Niederlassung, also im stehenden Gewerbe.

Mithin ist in den letztgenannten Fällen richtigerweise eine Betätigung im Reisegewerbe zu verneinen, wobei allerdings – wie die vorangehenden Ausführungen gezeigt haben – letztendlich die Umstände des Einzelfalles maßgebend sind.

Wesentliche Tätigkeiten, handwerksmäßiger Betrieb

Ein Gewerbebetrieb – so die Legaldefinition – ist aber nur dann Handwerksbetrieb im Sinne der HwO, wenn er handwerksmäßig betrieben wird und vollständig oder in wesentlichen Tätigkeiten ein zur Anlage A gehörendes Gewerbe umfaßt.

Was zunächst einmal den Begriff ›wesentliche Tätigkeiten‹ betrifft, so kann hierfür die Verordnung über das Berufsbild und über die Prüfungsanforderungen im praktischen und fachtheoretischen Teil der Meisterprüfung für das Photographenhandwerk vom 17.11.1978 herangezogen werden. Der Umstand, daß eine bestimmte Tätigkeit, etwa das Herstellen von Portraitaufnahmen, unter das Berufsbild des Photographen subsumiert werden kann (vgl. §1 Abs. 1 Ziff. 1a des Berufsbildes: ›Bildnisse des Menschen‹), rechtfertigt aber allein noch nicht die Bewertung als ›wesentliche Teiltätigkeit‹.

Hierunter sind vielmehr im Hinblick auf die durch Art. 12 GG geschützte Berufsfreiheit nur solche zu verstehen, die den Kernbereich des Photographenhandwerks ausmachen und ihm – wie die Rechtsprechung formuliert – ›sein essentielles Gepräge geben‹. Ausgenommen sind hingegen solche Arbeitsvorgänge, die aus der Sicht des vollhandwerklich arbeitenden Betriebes als untergeordnet erscheinen. Entscheidend ist daher immer die ›qualitative‹ Frage, ob eine fachlich einwandfreie Durchführung der zu beurteilenden Arbeiten die in handwerklicher Schulung erworbenen Kenntnisse und Fertigkeiten voraussetzt oder ob diese Arbeiten nach kurzer Einübung oder kurzer Anlernzeit von jedermann durchgeführt werden können. Letzteres wäre etwa zu bejahen bei einfachem, quasi mechanisiertem Photographieren von Personen mit nur einer Kamera, gleichbleibendem Hintergrund und gleichartiger Beleuchtung. Arbeitet hingegen dieser Photograph mit verschiedenen Kameras, unterschiedlicher Beleuchtung und variablen Hintergründen, so ist seine Tätigkeit als ›wesentlich‹ zu qualifizieren. Der Umstand, daß der Photograph sich dabei technisch hochentwickelter Kameras, die ihm die Arbeit erleichtern, bedient, steht dem, wie die Rechtsprechung betont hat, nicht entgegen.

Mit dem Begriff ›handwerksmäßig‹ will die HwO ihren Anwendungsbereich gegen andere Betriebsformen – die der Industrie – abgrenzen. Allerdings sind die Grenzen zwischen Handwerk und Industrie flüssig, weil dem deutschen Handwerksrecht kein ›statischer‹ Handwerksbegriff, der rein schematisch auf die Größenordnung des Betriebes abstellt, sondern ein ›dynamischer‹ Handwerksbegriff zugrunde liegt. Dieser besagt, daß sich das Handwerk der technischen Entwicklung anpassen und sich diese zunutze machen darf, ohne Gefahr zu laufen, dadurch die Handwerkseigenschaft zu verlieren. Vom Handwerksbetrieb unterscheidet sich der Industriebetrieb – vereinfacht ausgedrückt – durch den größeren Maschineneinsatz (Maschinen sind nicht nur Hilfsmittel), die größere Arbeitsteilung, den größeren Kapitaleinsatz, die Art der Fertigung (Serienproduktion statt individueller Fertigung); ferner können auch die Größe des Unternehmens und die Art des Absatzes der Erzeugnisse eine Rolle spielen. Beim Photographen wird die handwerksmäßige Betriebsweise z. B. dort verlassen, wo seine Tätigkeit gegenüber der (voll)-automatisierten Technik in den Hintergrund tritt, die Gerätschaften also arbeiten, ohne daß es hierzu der berufsspezifischen Kenntnisse und Fertigkeiten des Photographen bedarf, wie dies etwa bei den mit Kameraautomaten ausgerüsteten Schnellbetrieben zur Herstellung von Paßbildern der Fall ist. Allerdings sind für die Abgrenzung die Umstände des jeweiligen Einzelfalles maßgebend.

Voraussetzungen für die Eintragung in die Handwerksrolle

Zur Führung eines Handwerksbetriebes im zuvor beschriebenen Sinne sind natürliche Personen, Personengesellschaften und juristische Personen (darunter fallen etwa die GmbH und die AG) nur berechtigt, wenn sie mit dem entsprechenden Handwerk in die Handwerksrolle eingetragen sind. Die Eintragung hat also erlaubnisbegründende Wirkung.

In die Handwerksrolle wird eingetragen:
- Wer in dem von ihm zu betreibenden Handwerk oder einem diesem verwandten Handwerk die Meisterprüfung abgelegt hat. Unter verwandten Handwerken versteht der Gesetzgeber solche, die sich so nahe stehen, daß die Beherrschung des einen Handwerks die fachgerechte Ausübung des anderen gewährleistet. Welche Handwerke miteinander verwandt sind, wird durch eine Rechtsverordnung festgelegt. Das Photographenhandwerk wird in dieser Rechtsverordnung nicht erwähnt; es gibt also kein dem Photographenhandwerk verwandtes Handwerk.
- Wer im Besitze einer Ausnahmebewilligung nach §8 HwO ist. Auf diese Ausnahmebewilligung besteht ein Rechtsanspruch, wenn die Ablegung der Meisterprüfung für den Betroffenen eine unzumutbare Belastung darstellt (Ausnahmegrund) und der Antragsteller die zur Ausübung des von ihm zu betreibenden Handwerks notwendigen Kenntnisse und Fertigkeiten nachweist.

Die Ausnahmebewilligung kann auch für einen Teilbereich eines

Handwerks – etwa Portraitphotographie – erteilt werden. Nun stößt die Erteilung einer Ausnahmebewilligung bei Handwerksmeistern häufig auf Unverständnis und Unmut. Dabei wird aber nicht berücksichtigt, daß das Bundesverfassungsgericht den Großen Befähigungsnachweis als Kernstück der HwO seinerzeit nur deshalb für verfassungsmäßig erachtet hat, weil die HwO die Möglicheit der Ausnahmebewilligung vorsieht. Sinn der Ausnahmebewilligung ist es aber nicht, Minderqualifizierten eine selbständige handwerkliche Betätigung zu ermöglichen. Vielmehr hat das Bundesverfassungsgericht keinen Zweifel daran gelassen, daß zwar der Ausnahmegrund nicht engherzig beurteilt werden dürfe, der Bewerber aber meistergleiche Kenntnisse und Fertigkeiten nachzuweisen habe. Diese werden in einer Vergleichsprüfung überprüft.

Die Ausnahmebewilligung ermöglicht nur die selbständige Ausübung eines Handwerks; sie berechtigt aber nicht zur Lehrlingsausbildung.
- Wer eine der Meisterprüfung gleichwertige Prüfung abgelegt hat.

Der Bundeswirtschaftsminister hat in einer Rechtsverordnung bestimmte Diplom- bzw. Abschlußprüfungen an Hochschulen bzw. an Fachhochschulen als für die Eintragung in die Handwerksrolle der Meisterprüfung gleichwertig anerkannt. Für das Photographenhandwerk gilt dies für die Abschlußprüfung in den Fachrichtungen *Photo-Film-Design, Grafik-Design und Photoingenieurwesen*. Allerdings muß der Absolvent *zusätzlich* den Gesellenbrief im Photographenhandwerk oder eine Abschlußprüfung in einem dem Photographenhandwerk entsprechenden Ausbildungsberuf erworben haben oder eine dreijährige *praktische* Tätigkeit im Photographenhandwerk nachweisen.

Bezüglich der Erfüllung dieser Voraussetzungen geht die HwO vom Grundsatz der persönlichen Befähigung des Inhabers aus. Der Betriebsinhaber selbst muß handwerklich qualifiziert sein. Die Beschäftigung eines Meisters etc. reicht also grundsätzlich nicht aus. Erfüllt der Betriebsinhaber selbst nicht die handwerksrechtlichen Voraussetzungen, bleiben ihm nur zwei Möglichkeiten:
1. Entweder mit einer entsprechend qualifizierten Person eine Personengesellschaft – Gesellschaft bürgerlichen Rechts, OHG oder KG – zu gründen. In dieser Gesellschaft muß der Meister als persönlich haften-

der Gesellschafter für die fachlich-technische Leitung des Betriebes verantwortlich sein. Bei der KG genügt mithin die Stellung als Kommanditist nicht. Häufig wird in Verträgen über die Errichtung einer Gesellschaft bürgerlichen Rechts – BGB-Gesellschaft – die Haftung des fachlich-technischen Leiters beschränkt oder gar ausgeschlossen. Dabei muß man sich aber darüber im klaren sein, daß diese Abrede nur im Verhältnis der Gesellschafter zueinander gilt, nicht aber den Gläubigern der Gesellschaft entgegengehalten werden kann.
2. Oder aber die Gründung einer GmbH. Diese wird dann in die Handwerksrolle eingetragen, wenn sie eine einschlägig qualifizierte Person als Betriebsleiter beschäftigt. Der Betriebsleiter muß aber weder Gesellschafter noch Geschäftsführer sein.

Handwerklicher Nebenbetrieb/ Unerheblichkeitsgrenze

Von der bei Ausübung eines Handwerks grundsätzlich bestehenden Pflicht zur Eintragung in die Handwerksrolle macht die HwO eine Ausnahme beim sogenannten unerheblichen handwerklichen Nebenbetrieb. Damit – so die Intention des Gesetzgebers – sollten Betriebe des Handels und der Industrie quasi zur Abrundung ihrer Aktivitäten in die Lage versetzt werden, handwerkliche Leistungen geringen Umfanges auszuführen, ohne dem Zwang zur Eintragung in die Handwerksrolle und den damit verbundenen Anforderungen zu unterliegen. Nach der gesetzlichen Definition ist die Tätigkeit in einem handwerklichen Nebenbetrieb unerheblich und damit nicht eintragungspflichtig, wenn sie während eines Jahres den durchschnittlichen Umsatz und die durchschnittliche Arbeitszeit eines ohne Hilfskräfte arbeitenden Betriebes des betreffenden Handwerkszweiges nicht übersteigt.

Voraussetzung für die Anwendung der Unerheblichkeitsgrenze ist zunächst einmal, daß ein anders gearteter Hauptbetrieb vorliegt, der den wirtschaftlichen Schwerpunkt des Unternehmens ausmacht. Dem Hauptbetrieb kann dann ein handwerklicher Nebenbetrieb angegliedert werden, wenn beide Betriebe organisatorisch und wirtschaftlich-technisch miteinander verknüpft sind. Fehlt es hingegen an einem Hauptbetrieb, werden also auschließlich handwerkliche Tätigkeiten ausgeführt, ist für die Anwendung der Unerheblichkeitsgrenze kein Raum. Von entscheidender Bedeutung für die Annahme eines handwerklichen Nebenbetriebes ist der wirtschaftlich-technische Bezug zwischen Haupt- und Nebenbetrieb. Er ist nach der derzeitigen Rechtsprechung zu bejahen zwischen dem Handel mit Kameras, Photoartikeln und der Ausübung des Photographenhandwerks, aber zu verneinen, wenn mit Kosmetika und Drogerieartikeln gehandelt wird und daneben Arbeiten des Photographenhandwerks ausgeübt werden. Im letztgenannten Beispiel wäre daher eine Eintragung in die Handwerksrolle stets erforderlich.

Der für die Bemessung der Unerheblichkeitsgrenze maßgebende Umsatz wird jährlich vom Zentralverband des Deutschen Handwerks auf Grund der Daten des statistischen Bundesamtes ermittelt. Er unterliegt demgemäß – entsprechend den wirtschaftlichen Verhältnissen der Branche – Schwankungen nach oben wie nach unten.

Was die durchschnittliche Arbeitszeit eines Ein-Mann-Betriebes betrifft, wird dieser Wert schon dann überschritten, wenn ein Arbeitnehmer in einem angegliederten Photostudio voll mit photographischen Arbeiten ausgelastet ist und die übrigen Arbeiten – Büroarbeiten etc. – von anderen Personen ausgeführt werden. Das Überschreiten der Unerheblichkeitsgrenze verpflichtet den Betrieb zur Eintragung in die Handwerksrolle. Allerdings wird hier der Grundsatz der persönlichen Befähigung des Inhabers durchbrochen: Die Eintragung erfolgt, wenn ein angestellter Meister etc. den Nebenbetrieb fachlich-technisch leitet.

Musterbriefe

Bildangebot an Tageszeitungen

An die
.... Zeitung
Feuilleton-Redaktion (Sport/Reise/Lokal/Wirtschaft)
Straße
Ort

Sehr geehrte Damen und Herren,

in der Anlage übersende ich Ihnen einige Fotos, von denen ich annehme, daß sie für Ihre Zeitungen geeignet sind.

Bei Abdruck erbitte ich ein Belegexemplar sowie das übliche Honorar, ansonsten baldige Rücksendung.

Mit freundlichen Grüßen

Anlagen

.... Fotos
Rückporto

Bildangebot an Kalenderverlage

An den Verlag
....
Straße
Ort

Dias für Ihre Wandkalender/Postkartenkalender

Sehr geehrte Damen und Herren,

in der Anlage übersende ich Ihnen einige Dias, von denen ich annehme, daß sie für Ihre Bildkalender geeignet sind.

Bei Abdruck erbitte ich ein Belegexemplar sowie das übliche Honorar (jedoch mindestens 150 DM je Dia).

Sollten Sie keine Verwendung haben, erbitte ich baldige Rücksendung.

Mit freundlichen Grüßen

Anlagen
... Dias 6 × 6 cm/6 × 7 cm/4 × 5 inch
Rückporto

Einführungsschreiben an Bildagenturen

Einschreiben
An die
Bildagentur.....
Straße
Ort

Betr.: Mitarbeit in Ihrer Bildagentur als Foto-Designer

Sehr geehrte Damen und Herren,

da ich häufiger Farbdias von allgemeiner Aussage produziere, bin ich an einer Mitarbeit in Ihrer Agentur interessiert. Insbesondere fotografiere ich folgende Themen: Menschen, Touristik, Sport.

Aus diesen Bereichen kann ich Ihnen regelmäßig Dias in den Formaten 6 × 6 bzw. 6 × 7 cm zur Auswahl zukommen lassen.

Damit Sie einen Eindruck von meinen fotografischen Leistungen gewinnen können, füge ich ... Dias bei.

Ich würde mich freuen, für Sie als Bildautor tätig werden zu können, und verbleibe

mit freundlichen Grüßen

Anlagen
200 Dias 6 × 6 cm
Rückporto

Anfrage an Umkehranstalten

An die Umkehranstalt.....
Straße
Ort

Betr.: Facharbeiten

Sehr geehrte Damen und Herren,

da ich ab.... als Foto-Designer selbständig bin, bitte ich um Ihre Preisliste für Facharbeiten.

Insbesondere interessieren mich Ihre Color-Umkehrarbeiten.

Geben Sie auch Mengenrabatte bei bestimmten Umsätzen? Bei mir ist ein Jahresumsatz von ca. 1.000 Umkehrungen zu erwarten.

Ich danke Ihnen für Ihre Bemühungen und verbleibe

mit freundlichen Grüßen

Antrag an die Künstlersozialkasse auf Abgabebefreiung

An die
Künstlersozialkasse
Postfach 669

2940 Wilhelmshaven

Sehr geehrte Damen und Herren,

ich bin seit . . . . nebenberuflich als freier Foto-Designer tätig.

Da es sich bei dieser Tätigkeit nicht um meine Haupttätigkeit handelt, bitte ich um Abgabebefreiung.

Im Hauptberuf unterliege ich der Rentenversicherung der Angestellten/ Arbeiter/ bin Beamter.

Mit freundlichen Grüßen

BFF-Geschäftsbedingungen für Foto-Design

(Allgemeine Geschäftsbedingungen der Freischaffenden Foto-Designer (AGBFF): Neufassung vom 24. Juni 1983. Unverbindliche Empfehlung des BFF, Bund Freischaffender Foto-Designer e. V., zur Fassung der allgemeinen Geschäftsbedingungen, angemeldet beim Bundeskartellamt Berlin.)

I. Allgemeines

1. *Die AGBFF gelten für alle vom Foto-Designer übernommenen Aufträge in den Bereichen Gestaltungsberatung, Konzeption und Realisation, soweit nicht im Einzelfall Abweichendes schriftlich vereinbart wurde.*
2. *»Fotografien« im Sinne der AGBFF sind sämtliche Werke des Foto-Designers, gleich in welcher Schaffensstufe oder in welcher technischen Form sie vorliegen (z. B. Abzug, Diapositiv, Negativ, sonstige Bildträger).*
3. *Gestaltungsberatungen und Konzeptionen sind eigenständige Leistungen des Foto-Designers. Sie können von ihm gesondert in Rechnung gestellt werden, soweit sie in dem erteilten Fotoauftrag nicht enthalten sind und vom Auftraggeber zusätzlich gewünscht werden.*
4. *Durch den Auftrag anfallende Nebenkosten (z. B. Material- und Laborkosten, Modellhonorare, Requisiten und Spezialgeräteverleih, Reisekosten, Spesen usw.) gehen grundsätzlich zu Lasten des Auftraggebers.*
5. *Alle vom Foto-Designer berechneten Honorare und sonstigen Entgelte verstehen sich zuzüglich der jeweils bei Vertragsabschluß geltenden gesetzlichen Mehrwertsteuer.*

BFF-GESCHÄFTSBEDINGUNGEN

II. Rechte und Pflichten im Verhältnis zwischen Auftraggeber und Foto-Designer

1. Sinn und Zweck des Vertragsverhältnisses zwischen Auftraggeber und Foto-Designer ist die Abtretung urheberrechtlicher Nutzungsrechte an den Auftraggeber. Als Urheber ist der Foto-Designer alleiniger Inhaber aller Verwertungsrechte an seinem Werk.
2. Der Foto-Designer überträgt dem Auftraggeber urheberrechtliche Nutzungsrechte zu dem vertraglich vereinbarten Zweck. Die Übertragung darüber hinausgehender Nutzungsrechte (z. B. räumlich, sachlich oder zeitlich unbeschränkte Nutzungsrechte) bedarf einer besonderen Vereinbarung.
3. Die Weitergabe urheberrechtlicher Nutzungsrechte an Dritte bedarf der schriftlichen Zustimmung des Foto-Designers. Entgegenstehende Vereinbarungen bedürfen ebenfalls der Schriftform.
4. Bei Verwendung seines Werkes hat der Foto-Designer Anspruch, als Urheber benannt zu werden.
5. Jede Art von Vervielfältigung oder Reproduktion auf andere Bildträger bedarf – soweit sie über die vertraglich vereinbarte Nutzung hinausgeht – der Zustimmung des Foto-Designers.
6. Der Auftraggeber stellt dem Foto-Designer nach Veröffentlichung Belegstücke unaufgefordert zur Verfügung.

III. Gewährleistung, Haftung, Gefahrtragung

1. Mängelrügen müssen schriftlich erfolgen und spätestens innerhalb von 2 Wochen nach Übergabe des Werkes an den Auftraggeber beim Foto-Designer eingegangen sein. Danach gilt das Werk in bezug auf offene Mängel als vertragsgemäß und mängelfrei geschaffen. Für nicht erkennbare Mängel gilt die gesetzliche Verjährungsfrist von 6 Monaten gerechnet ab der Abnahme.
2. Der Foto-Designer verpflichtet sich, bei Durchführung eines Auftrages größtmögliche Sorgfalt walten zu lassen. Schadenersatzansprüche gegen den Foto-Designer sind nur bei grob fahrlässigem Handeln oder Vorsatz möglich; der Ersatz eines etwaigen mittelbaren Schadens ist ausgeschlossen.

3. *Fotografien sind per Einschreiben zu versenden. Die Gefahr des zufälligen Untergangs bei Hin- und Rücksendung trägt der jeweilige Absender.*

IV. Ergänzende Sonderbestimmungen

A. Für Aufträge, neue Fotografien zu schaffen:

1. *Wird ein Auftrag aus Gründen, die nicht vom Foto-Designer zu vertreten sind, nicht ausgeführt, so kann der Foto-Designer – ohne daß es eines Schadensnachweises bedürfte – ein Ausfallhonorar in Höhe von 50% des vereinbarten Honorars berechnen.*
Wird ein angefangener Auftrag aus von dem Foto-Designer nicht zu vertretenden Gründen nicht fertiggestellt, so steht dem Foto-Designer das volle Honorar zu. Als angefangen gilt ein Auftrag, wenn mit der vertraglich geschuldeten Leistung von dem Foto-Designer begonnen wurde. Dem Auftraggeber bleibt der Nachweis offen, ein Schaden sei überhaupt nicht entstanden oder wesentlich niedriger.
2. *Wird die für die Durchführung des Auftrags vorgesehene Zeit aus vom Foto-Designer nicht zu vertretenden Gründen wesentlich überschritten (z. B. wegen Fehlens der Aufnahmeobjekte, wegen fehlender oder mangelhafter Vorbereitung der Aufnahmeobjekte, durch Witterungsverhältnisse bei Außenaufnahmen usw.), so kann der Foto-Designer verlangen, daß sich das Honorar in einem angemessenen Verhältnis erhöht.*
3. *Der Foto-Designer ist verpflichtet, die zur Ausführung des Auftrags erforderlichen Erfüllungsgehilfen mit größtmöglicher Sorgfalt auszusuchen. Eine weitergehende Haftung für diese Erfüllungsgehilfen übernimmt der Foto-Designer nicht.*
4. *Gehen Fotografien trotz größter Sorgfalt des Foto-Designers unter, ohne daß er dies zu vertreten hat, so berührt dies seinen Honoraranspruch nicht; er ist in diesem Fall zur Ersatzbeschaffung zu einem vom Auftraggeber zu zahlenden Selbstkostenpreis verpflichtet, es sei denn, daß der Auftraggeber den Untergang zu vertreten hat.*

B. Für die Übertragung von Nutzungsrechten an Fotografien, die nicht für den Auftraggeber angefertigt wurden:

BFF-GESCHÄFTSBEDINGUNGEN

1. Der Foto-Designer überträgt nur Nutzungsrechte. Die Fotografien bleiben sein Eigentum.

2. Nach Verwendung der Fotografien sendet der Auftraggeber sie unverzüglich und auf eigene Kosten wieder an den Foto-Designer zurück. Nicht verwendete Fotografien sind innerhalb eines Monats nach Eingang dem Foto-Designer zurückzusenden.

3. Werden Fotografien trotz zweimaliger schriftlicher Mahnung nicht zurückgesandt oder gehen sie unter, ohne daß der Foto-Designer dies zu vertreten hat, so ist er berechtigt, eine Verlustgebühr zu berechnen. Diese beträgt für jedes fotografische Unikat (z. B. Negativ, Diapositiv, Sofortbildoriginal, Fotomontage) das fünffache des vereinbarten Honorars, mindestens aber DM 1.000,–.

V. Erfüllungsort, Gerichtsstand

1. Erfüllungsort für alle Verpflichtungen aus dem Vertragsverhältnis ist für beide Teile der Geschäftssitz des Foto-Designers.

2. Für alle Streitigkeiten aus dem Vertragsverhältnis ist der Gerichtsstand des Geschäftssitzes des Foto-Designers vereinbart, sofern der Foto-Designer und der Auftraggeber Vollkaufmann, eine juristische Person des öffentlichen Rechtes oder ein öffentlich rechtliches Sondervermögen sind. Sofern der Auftraggeber und/oder der Foto-Designer nicht Vollkaufmann, juristische Person des öffentlichen Rechts oder ein öffentlich rechtliches Sondervermögen sind, verbleibt es bei der gesetzlichen Regelung.

BFF-Buchungsreglement für Fotomodelle

(Die dritte Neufassung des BFF-Buchungsreglements wurde mit den Vertretern der von der Bundesanstalt für Arbeit beauftragten deutschen Modellagenturen nach längeren Verhandlungen beschlossen und wird von beiden Seiten als Buchungsreglement für Fotomodelle anerkannt.)

§ 1 Allgemeines
Die nachfolgenden Bestimmungen sollen die Rechtsbeziehungen zwischen den Fotomodellen und Fotomodellagenturen im Auftrag der Bundesanstalt für Arbeit einerseits und dem Auftraggeber (zum Beispiel Foto-Designer, Verlag, Versender, Werbeagentur) andererseits, sofern im Einzelfall nicht ausdrücklich abweichende Vereinbarungen getroffen werden, verbindlich regeln und beide Seiten vor branchenunüblichen Erwartungen und Forderungen schützen.

§ 2 Buchungsmodalitäten

1. Optionen
Optionsbuchungen sind terminverbindliche, jedoch provisorische Buchungen. Sie verfallen, wenn sie nicht spätestens drei Werktage (bis 18.00 Uhr) vor Arbeitsbeginn vom Auftraggeber in Festbuchungen umgewandelt werden. Eine Optionsbuchung verfällt dann vorzeitig, wenn der Auftraggeber nicht innerhalb von drei Werktagen nach Aufforderung durch die Modellagentur in eine Festbuchung umwandelt. Die Modellagenturen notieren Optionen in der Reihenfolge ihrer Anmeldungen und teilen dem Auftraggeber bereits bei Anmeldung mit, mit welchem Rang die Option notiert wird.

Erfolgt kein derartiger Hinweis, kann der Auftraggeber davon ausgehen, daß seine Option erstrangig ist. Bei Verfall einer Optionsbuchung wird die nächst erteilte Optionsbuchung bevorrechtigt. Als Werktage zählen nur Montag bis einschließlich Freitag.

2. Festbuchungen
Festbuchungen sind mit der Einschränkung in § 4 für beide Parteien bindend. Auf Verlangen des Auftraggebers haben die Modellagenturen Festbuchungen schriftlich oder per Telex unter Angabe aller für diese Buchung wesentlichen Einzelheiten unverzüglich zu bestätigen.

3. Wetterbuchungen
Wetterbedingte Buchungen sind nur am Aufenthaltsort des Fotomodells möglich und in jedem Fall vorher als solche zu deklarieren.
Der Auftraggeber kann eine wetterbedingte Buchung nur bis spätestens 9.30 Uhr am Aufnahmetag der Modellagentur gegenüber absagen. Das Fotomodell erhält bei rechtzeitiger Absage als Ausfallhonorar 50% des vereinbarten Tageshonorars.

§ 3 Arbeitszeit/Zuschläge/Überstunden
1. Fotomodelle können stundenweise, halbtägig oder ganztägig gebucht bzw. optiert werden.
2. Bei einer Ganztagsbuchung beträgt die reine Arbeitszeit 8 Stunden, bei einer Halbtagsbuchung 4 Stunden, jeweils einschließlich der Zeit für Make-up.
3. Wird an Sonn- und Feiertagen oder sonst außerhalb der normalen Arbeitszeit gearbeitet, so werden hierfür grundsätzlich keine Zuschläge bezahlt.
4. Überstunden werden mit einer Kulanzzeit von 30 Minuten mit 15% des Basishonorars pro angefangene Stunde vergütet. An- und Abreisen zu einer Lokation pro Tag sind keine Überstunden.

§ 4 Annullierung
1. Festbuchung kann grundsätzlich nur aus wichtigem Grund annulliert werden. Die gesetzliche Begriffsdefinition ist hierfür maßgebend.

2. Annulliert der Auftraggeber ohne Vorliegen eines wichtigen Grundes, haftet der Auftraggeber für das vereinbarte Modellhonorar und Spesen.
3. Annulliert das Fotomodell ohne Vorliegen eines wichtigen Grundes, haftet das Fotomodell beschränkt, maximal für den zwanzigfachen Betrag des vereinbarten Modellhonorars.
4. Ausnahmsweise kann jedoch auch dann eine Festbuchung sowohl vom Auftraggeber als auch vom Fotomodell annulliert werden, wenn auf seiten des Auftraggebers firmeninterne Gründe, die er nachzuweisen hat, vorliegen und wenn auf seiten des Fotomodells Gründe vorliegen, die es nachzuweisen hat, die eine Erfüllung der Festbuchung wirtschaftlich unzumutbar machen.

Der jeweils annullierende Teil hat die Annullierung unverzüglich dem Vertragspartner mitzuteilen.

Der Annullierende hat dem Betroffenen im Fall der Annullierung folgende Zahlungen zu leisten:
bei Annullierung 12 Werktage
vor Arbeitsbeginn 10 % des
Gesamthonorars,
bei Annullierung 11 Werktage
vor Arbeitsbeginn 20 % des
Gesamthonorars,
bei Annullierung 10 Werktage
vor Arbeitsbeginn 30 % des
Gesamthonorars,
bei Annullierung 9 Werktage
vor Arbeitsbeginn 40 % des
Gesamthonorars,
bei Annullierung 8 Werktage
vor Arbeitsbeginn 50 % des
Gesamthonorars,
bei Annullierung 7 Werktage
vor Arbeitsbeginn 60 % des
Gesamthonorars,
bei Annullierung 6 Werktage
vor Arbeitsbeginn 70 % des
Gesamthonorars,

BFF-BUCHUNGSREGLEMENT

*bei Annullierung 5 Werktage
vor Arbeitsbeginn 80 % des
Gesamthonorars,
bei Annullierung 4 Werktage
vor Arbeitsbeginn 90 % des
Gesamthonorars,
bei Annullierung 3 Werktage
vor Arbeitsbeginn 100 % des
Gesamthonorars,
alsdann ist eine Annullierung aus Gründen dieses Absatzes nicht mehr zulässig.*

Die Annullierung hat spätestens bis 12.00 Uhr zu erfolgen. Erfolgt sie bis 12.00 Uhr, zählt dieser Tag im Sinne der Bestimmung als ein Kalendertag. Die Parteien sind sich darüber einig, daß die Annullierung vom jeweiligen Vertragspartner empfangen und gleichzeitig bestätigt werden muß.

§ 5 Honorare

Das Modellhonorar setzt sich zusammen aus
– dem Arbeitshonorar inkl.
– dem Veröffentlichungs- bzw. Nutzungshonorar, womit zugleich das »Recht am eigenen Bild« abgegolten wird, jedoch nur für das vorher genannte Produkt und die vorher genannte Veröffentlichungsform.

1. Basishonorar (Modehonorar-Tarif)

Hierzu zählen sämtliche Aufnahmen von Bekleidung für jegliche Verwendung und zur Mode gehörige Accessoires (Tag- und Nachtwäsche, Schmuck, Strümpfe, Schuhe, Frisuren, Brillen etc.), die in Verbindung mit Mode gestaltet werden. Ausgenommen sind Miederwaren, Akt, Konsumgüterwerbung sowie Plakate (überregional) mit einem größeren Format als DIN A-0.
Veröffentlichungen und Nutzung als Plakate, Poster, Verpackungen und Displays usw. im In- und Ausland sind in diesem Honorar nicht enthalten. Das Basishonorar ist zugleich Berechnungsgrundlage für den Reisetageersatz.

2. Sondervereinbarungen

Abweichende Honorare, insbesondere für Werbung, sind jeweils mit der Fotomodellagentur gesondert zu vereinbaren.

3. Stunden- und Halbtagstarife

Das Basishonorar für Halbtagsbuchungen beträgt bei ortsansässigen Modellen 50%, bei anreisenden Modellen bedarf es der Absprache, ebenso bedarf es in jedem Fall bei Stundenbuchungen der Absprache. Zu- und Abschläge für Werbung bzw. Redaktionen sind jeweils gesondert zu vereinbaren.

4. Reisetageersatz

Die An- bzw. Abreise des Fotomodells zum bzw. vom Arbeitsort des Foto-Designers wird nicht als Arbeitszeit honoriert, es sei denn, die An- bzw. Abreise erfolgt ganz oder teilweise während der allgemein üblichen Arbeitszeit. Fällt die An- oder Abreise in die allgemein übliche Arbeitszeit, hat das Fotomodell Anspruch auf folgende Vergütung:
bei höchstens 2 Aufnahmetagen: 1 Tages-Arbeitshonorar;
bei höchstens 4 Aufnahmetagen: $^{1}/_{2}$ Tages-Arbeitshonorar;
bei 5 und mehr Aufnahmetagen: kein Reisetageersatz.

5. Reisespesen

Bei am Aufnahmeort ansässigen oder nicht speziell für den betreffenden Auftrag anreisenden Fotomodellen werden weder Übernachtungs- noch Verpflegungskosten erstattet. Taxikosten werden, außer bei Stunden- und Halbtagsbuchungen, nur ab Stadtgrenze (maßgebend ist die gleiche Postleitzahl) erstattet. Bei gemeinsamen Reisen werden, gerechnet ab Flughafen/Bahnhof des Abreiseortes des Fotomodells, die für die Anzahl der gebuchten Arbeitstage am Aufnahmeort entstandenen Reise-, Verpflegungs- und Übernachtungskosten vom Auftraggeber getragen. Die Verpflegungskosten richten sich nach den jeweiligen steuerlichen Richtsätzen. Eine Kostenerstattung erfolgt nur nach Belegen. Das Fotomodell verpflichtet sich zur Aufteilung der Anreisekosten, wenn es von mehreren Auftraggebern am selben Aufnahmeort gebucht wird bzw. sich Reisespesen durch Roundtrip-Tickets ermäßigen. Die Aufteilung erfolgt entsprechend den von mehreren Auftraggebern gebuchten Arbeitszeiten.

Nach Beendigung des Jobs legt das Fotomodell ein Voucher als Arbeitsbestätigung vor, auf dem der Foto-Designer/Kunde die Arbeitszeit des Modells bestätigt. Hiermit wird zusätzlich nach Zahlung des Honorars das Nutzungsrecht an den fotografischen Aufnahmen produktbezogen übertragen.

§ 6 Zahlungskonditionen
Die Bezahlung von Modell-Honorarrechnungen (einschließlich Spesen nach Belegen) erfolgt innerhalb von 30 Tagen netto. Honorare werden in Deutscher Mark fakturiert und bezahlt. Spesen werden in Landeswährung oder in Deutscher Mark zum Ankaufskurs bezahlt.

§ 7 Haftung
Bei schuldhafter Verspätung des Fotomodells (zum Beispiel Verschlafen, verpaßtes Flugzeug, nicht rechtzeitige Bestellung eines Taxis etc.) ist dieses verpflichtet, nachzuarbeiten. Ist dies aus irgendwelchen Gründen nicht möglich (zum Beispiel andere Terminverpflichtungen oder schlechte Lichtverhältnisse) oder nur zum Teil möglich, so kann die Fehlzeit vom vereinbarten Modellhonorar auf der Basis des Überstundenhonorars abgezogen werden. Weitergehende Regreßansprüche, insbesondere für außergewöhnliche Fototerminkosten, die durch Verschulden des Fotomodells entstanden sind, bleiben vorbehalten. § 4 Abs. 3 gilt entsprechend.

§ 8 Modellreklamation/Rücktritt
1. Bei berechtigter Reklamation durch den Auftraggeber entfallen jegliche Ansprüche des Fotomodells. Dies gilt auch für Reisekosten und Auslagen. Voraussetzung hierfür ist allerdings, daß die Modellagentur hiervon unverzüglich in Kenntnis gesetzt wird und die Gründe, die zur Modellreklamation geführt haben, vom Auftraggeber nachgewiesen werden. Bei einer berechtigten Reklamation werden, außer Beweiszwecken dienenden Polaroids, keine Aufnahmen gemacht. Das Fotomodell ist unverzüglich nach Hause zu schicken.
Die Geltendmachung weitergehender Ansprüche durch den Auftraggeber bleibt vorbehalten, es gilt § 4 Ziffer 3 entsprechend.
2. Bei Aufnahmen mit besonderem Risiko hat der Auftraggeber eine geeignete Versicherung abzuschließen. Sofern besonders risikoreiche Aufnah-

men beabsichtigt sind, kann das Fotomodell, dem dies bei Buchung bzw. Auftragserteilung nicht bekanntgegeben wurde, zurücktreten. Es hat in diesem Fall Anspruch auf 70% des vereinbarten Gesamthonorars.
3. *Die Modellagenturen werden ihren Einfluß dahingehend geltend machen, daß alle von ihnen vertretenen Fotomodelle eine Haftpflichtversicherung und eine ausreichende Unfallversicherung privat abschließen.*

§ 9 Die Rechtsbeziehungen zwischen den Parteien unterliegen dem Recht der Bundesrepublik Deutschland.

Ausbildung

Fachhochschule Aachen
Fachbereich Design
Studiengang Visuelle
Kommunikation
Studienabschluß: Diplom-Designer
Kalwerbenden 51
5100 Aachen
Tel. 0241/66075

Fachhochschule Augsburg
Fachbereich Gestaltung
Studiengang Kommunikations-
design
Studienabschluß:
Diplom-Designer (FH)
Henisiusstr. 1
8900 Augsburg
Tel. 0821/36106

Hochschule der Künste, Berlin
Fachbereich
Visuelle Kommunikation
Studiengang Visuelle
Kommunikation
Studienabschluß:
Diplom-Designer
Ernst-Reuter-Platz 10
1000 Berlin 10
Tel. 030/31852436

Lette-Verein, Berlin
Berufsfachschule für
Fotografie, Grafik und
Mode
Studienabschluß:
Gesellenprüfung
Viktoria-Luise-Platz 6
1000 Berlin 30
Tel. 030/219940

Staatliche Fach-
schule für Optik und
Fototechnik, Berlin
Fachbereich für Optik
und Fototechnik
Studienabschluß:
Staatlich geprüfter
Fototechniker
Einsteinufer 43
1000 Berlin 10
Tel. 030/31832680

Fachhochschule Bielefeld
Fachbereich Design
Studiengang Foto/Film-Design
Studienabschluß:
Diplom-Designer (FH)
Lampingstr. 3
4800 Bielefeld 1
Tel. 0521/1062487

WIE MACHE ICH MICH MIT FOTOGRAFIEREN SELBSTÄNDIG

Hochschule für
Bildende Künste,
Braunschweig
Fachbereich Design
Studiengang Grafik-Design
Studienabschluß:
Diplom-Designer
Johannes-Selenka-Platz 1
3300 Braunschweig
Tel. 0531/3910

Hochschule für gestaltende
Kunst und Musik, Bremen
Fachbereich Gestaltung
Studiengang Kommunikations-Design
Studienabschluß:
Grafik-Designer
Am Wandrahm 23
2800 Bremen 1
Tel. 0421/170051

Fachhochschule Darmstadt
Fachbereich Gestaltung
Studiengang Kommunikations-Design
mit den Schwerpunkten Grafik/Foto
Studienabschluß:
Diplom-Designer
Olbrichweg 10
6100 Darmstadt
Tel. 06151/125193

Fachhochschule Dortmund
Fachbereich Design
Studiengang Fotografie/Film-Design
Studienabschluß:
Diplom-Designer
Wittener Straße 120
4600 Dortmund-Dorstfeld
Tel. 0231/174903

Fachhochschule Düsseldorf
Fachbereich Design
Studiengang Visuelle Kommunikation
Studienabschluß:
Diplom-Designer
Georg-Glock-Str. 15
4000 Düsseldorf 30
Tel. 0211/434715

Staatliche Kunst-
akademie Düsseldorf
Bildende Künste, Fach-
bereich Freie Kunst
Studienabschluß:
bislang kein staatlich
anerkannter Abschluß
Eiskellerstr. 1
4000 Düsseldorf 1
Tel. 0211/329334

Universität Gesamt-
hochschule Essen
Fachbereich Gestaltung
und Kunsterziehung
Studiengang Kommunikationsdesign
Studienabschluß:
Diplom-Designer
Universitätsstr. 12
4300 Essen
Tel. 0201/1831

Bundesfachschule Hamburg
Heinz-Bindseil-Schule
Bundesfachschule für
Photographie
Studienabschluß:
Meisterprüfung des
Fotografen-Handwerks
Goetheallee 9
2000 Hamburg 50
Tel. 040/382117

Hochschule für
Bildende Künste,
Hamburg
Fachbereich
Visuelle Kommunikation
Studienabschluß:
Abschlußprüfung
(Diplom in Vorbereitung)
Lerchenfeld 2
2000 Hamburg 76
Tel. 040/291881

Fachhochschule Hamburg
Fachbereich Gestaltung
Studiengang Kommunikations-
design
Studienabschluß:
Diplom-Designer
Armgartstr. 24
2000 Hamburg 76
Tel. 040/291883824

Hamburger Fotoschule
Gerwald Schwoerer
Privatschule für
Fotografie
Studienabschluß:
Zeugnis bei Vorlage
der geforderten foto-
grafischen Arbeiten
Rothenbaumchaussee 43
2000 Hamburg
Tel. 040/448834

Fachhochschule Hannover
Fachbereich Kunst und Design
Studiengang
Grafik-Design
Studienabschluß:
Diplom-Designer
Herrenhäuser Str. 8
3000 Hannover 21
Tel. 0511/794067

Fachhochschule
Hildesheim/Holzminden
Fachbereich Kommunikations-
gestaltung
Studiengang Grafik-Design
Studienabschluß:
Diplom-Designer (FH)
Kaiserstr. 43
Hohnsen 3
3200 Hildesheim
Tel. 05121/8810

Gesamthochschule
Universität Kassel
Fachbereich Visuelle
Kommunikation
Studiengang Grafik-Design
Studienabschluß:
Kunsthochschulabschluß
(ohne staatlichen Abschluß)
Menzelstr. 13
3500 Kassel
Tel. 0561/8045331

Fachhochschule Kiel
Fachbereich Gestaltung
Studiengang
Kommunikationsdesign
Studienabschluß:
Diplom-Designer
Lorentzendamm 6
2300 Kiel 1
Tel. 0431/51417

Fachhochschule Köln
Fachbereich
Kunst und Design
Studienrichtung
Künstlerische Fotografie
Studienabschluß:
innerhalb der Fachrichtung ist
keine Graduierung vorgesehen
Ubierring 40
5000 Köln 1
Tel. 0221/3986204
Fachbereich
Photoingenieurwesen
Studienabschluß:
Diplom-Ingenieur
Reitweg 1
5000 Köln 21
Tel. 0221/82751

Fachhochschule Niederrhein
Abteilung Krefeld
Fachbereich Design
Studienabschluß:
Diplom-Designer
Petersstr. 123
4150 Krefeld 1
Tel. 02151/23756

Städt. Fachhochschule
für Gestaltung, Mannheim
Fachbereich
Grafik-Design
Studienabschluß:
Designer (grad.)
E 3.16
6800 Mannheim 1
Tel. 0621/2932774

Fachhochschule München
Fachbereich Gestaltung
Studiengang
Kommunikationsdesign
Studienabschluß:
Diplom-Designer
Lothstr. 34
8000 München 2
Tel. 089/120071

Bayerische Staatslehranstalt
für Photographie, München
Studiengang Photograph
Studienabschluß:
Gesellenprüfung Photograph
Clemensstr. 33
8000 München 40
Tel. 089/347673

Fachhochschule Münster
Fachbereich Design
Studiengänge
Produkt-Design (Objektdesign)
Visuelle Kommunikation
(Grafikdesign)
Studienabschluß:
Diplom-Designer (FH)
Sentmaringer Weg 53
4400 Münster
Tel. 0251/835697

AUSBILDUNG

Fachhochschule Nürnberg
Fachbereich Gestaltung
Studiengang Grafikdesign
Studienabschluß:
Grafik-Designer (FH)
Adam-Kraft-Str. 2
8500 Nürnberg
Tel. 0911/379700

Hochschule für
Gestaltung, Offenbach
Fachbereich
Visuelle Kommunikation
Studiengang Grafik,
Audiovisuelle Medien
Studienabschluß:
Diplom-Designer
Schloßstr. 31
6050 Offenbach
Tel. 069/812041

Fachhochschule für
Gestaltung, Pforzheim
Studiengang Grafik-Design
Studienabschluß:
Diplom-Designer (FH)
Holzgartenstr. 36
7530 Pforzheim
Tel. 07231/63258

Fachhochschule des Saarlandes
Fachbereich Design
Studiengang
Kommunikationsdesign
Studienabschluß:
Diplom-Designer
Keplerstr. 3
6600 Saarbrücken
Tel. 0681/54084

Fachhochschule für
Gestaltung, Schwäbisch Gmünd
Studiengang
Visuelle Gestaltung
Studienabschluß:
Diplom-Designer
Rektor-Klaus-Str. 100
7070 Schwäbisch Gmünd
Tel. 07171/602500

Staatliche Akademie
der Bildenden Künste,
Stuttgart
Lehrstuhl für Grafik-Design
und Fotografie
Studienabschluß:
Diplom-Designer
Weissenhof 1
7000 Stuttgart 1
Tel. 0711/251061

Fachhochschule
Rheinland-Pfalz,
Abteilung Trier
Fachbereich Design 1
Studiengang
Kommunikationsdesign
Studienabschluß:
Diplom-Designer (FH)
Irminenfreihof
5500 Trier
Tel. 0651/716300

WIE MACHE ICH MICH MIT FOTOGRAFIEREN SELBSTÄNDIG

Fachhochschule Wiesbaden
Fachbereich Gestaltung
Studiengang
Kommunikationsdesign
Studienabschluß:
Diplom-Designer (FH)
Kurt-Schumacher-Ring 18
6200 Wiesbaden
Tel. 06121/4940

Bergische Universität
Gesamthochschule Wuppertal
Fachbereich Design
Studiengang
Kommunikationsdesign
Studienabschluß:
Diplom-Designer
Haspeler Str. 27
5600 Wuppertal 2
Tel. 0202/4393161

Fachhochschule
Würzburg/Schweinfurt
Fachbereich Gestaltung
Studiengang
Kommunikationsdesign
Studienabschluß:
Diplom-Designer
Hans-Löffler-Str. 49
8700 Würzburg
Tel. 0931/73310

Fachzeitschriften und Informationsdienste

Color Foto
Leuschnerstr. 1
7000 Stuttgart 1
Tel. 0711/20430
Telex 722036 mopre d
Jahresbezugspreis: 84 DM für 12 Ausgaben
(für Amateure und Profis)

European Photography
Kurt-Schumacher-Weg 18 a
3400 Göttingen
Tel. 0551/24820
Jahresbezugspreis: 35 DM für 4 Ausgaben

Foto Creativ
Leuschnerstr. 1
7000 Stuttgart 1
Tel. 0711/20430
Telex 722036 mopre d
Jahresbezugspreis: 52,80 DM für 6 Ausgaben
(veranstaltet zahlreiche Fotowettbewerbe)

Foto Hobby Labor
Leuschnerstr. 1
7000 Stuttgart 1
Tel. 0711/20430
Telex 722036 mopre d
Jahresbezugspreis: 42 DM für 6 Ausgaben

WIE MACHE ICH MICH MIT FOTOGRAFIEREN SELBSTÄNDIG

foto Magazin
Ortlerstr. 8
8000 München 70
Tel. 089/769920
Telex 522720 hfoto d
Jahresbezugspreis: 82,20 DM für 12 Ausgaben
(für Amateure und Profis)

Foto populär
Redwitzstr. 4
8000 München 81
Tel. 089/984992
Telex 5216801 acv d
Jahresbezugspreis: 63,60 DM für 12 Ausgaben
(Amateur-Zeitschrift)

Foto-scene
Textorstr. 99
6000 Frankfurt 70
Tel. 069/625342
Jahresbezugspreis: 72 DM für 12 Ausgaben
(für Amateure)

Leica Fotografie
Stuttgarter Str. 18
6000 Frankfurt 1
Tel. 069/26001
Telex 411964 bduvf d
Jahresbezugspreis: 62,80 DM für 8 Ausgaben
(Spezialzeitschrift für Besitzer von Leica-Kameras)

FACHZEITSCHRIFTEN UND INFORMATIONSDIENSTE

Meiers Fotoheft
Bockenheimer Landstr. 33
6000 Frankfurt 1
Tel. 069/71400353
Jahresbezugspreis: 59,40 DM für 12 Ausgaben
(für Amateure)

Photoblätter
Stuttgarter Str. 18
6000 Frankfurt 1
Tel. 069/26001
Telex 411964 bduvf d
Jahresbezugspreis: 39,90 DM für 6 Ausgaben
(herausgegeben von Agfa, überwiegend für Amateure)

Photo Design & Technik
Schultheißstr. 27
8000 München 71
Tel. 089/7917045
Telefax 089/791883
Jahresbezugspreis: 64 DM für 4 Ausgaben

Photographie
Hansaallee 30
4000 Düsseldorf 11
Tel. 0211/575037
Jahresbezugspreis: 88 DM für 12 Ausgaben

PhotoPresse
Sichelnsteinerweg 2
3510 Hann. Münden 1
Tel. 05541/31033
Telex 965872 phopr d
Jahresbezugspreis: 111,60 DM für 52 Ausgaben
(wöchentlich erscheinendes Fachblatt für die gesamte Fotobranche; interessante Kleinanzeigen)

WIE MACHE ICH MICH MIT FOTOGRAFIEREN SELBSTÄNDIG

Photo Technik International
Rupert-Mayer-Str. 45
8000 München 70
Tel. 089/7231992
Telex 523312 linka d
Telefax 089/72492250

ProfiFoto
Volmerswerther Str. 20
4000 Düsseldorf 1
Tel. 0211/390090
Telex 8587223 gfw d
Jahresbezugspreis: 57 DM für 6 Ausgaben
(Organ des Centralverbands Deutscher Photographen)

Red Box
Abteistr. 49
2000 Hamburg 13
Tel. 040/451414
(dieses Standard-Informationsbuch über Werbung, Fotografie und so weiter kostet 140 DM, erscheint einmal im Jahr und bietet sehr viele allgemein nützliche Informationen, besonders Adressen, jedoch keine Zeitungs- und Zeitschriftenadressen)

Sonderveröffentlichungen deutscher Medien
Annauerstr. 36
8000 München 40
Tel. 089/2722356
Jahresbezugspreis: 180 DM für 2 Ausgaben
(viele Informationen über aktuelle Themen der Zeitschriften, Beilagen usw.; viele Adressen, sinnvoll nur, wenn zu vielen Themen Dias oder Fotos im eigenen Archiv vorhanden)

FACHZEITSCHRIFTEN UND INFORMATIONSDIENSTE

Tier- und Naturfotografie
Münsterstr. 71
4402 Greven
Tel. 02571/52115
Jahresbezugspreis: 55,20 DM für 6 Ausgaben

Visuell
Stefanienstr. 4
7570 Baden-Baden
Tel. 07221/25348
Telex 781217 piag d
Jahresbezugspreis: 26 DM für 4 Ausgaben
(Informationsblatt über Vertrieb und Verkauf von Fotografien, auch Bildgesuche)

Literatur

Das Angebot an fotografischer Literatur ist auf den ersten Blick kaum überschaubar: es reicht von Bildbänden über die Antarktis bis zu technischen Handbüchern für einzelne Kameramodelle, und die Preise rangieren zwischen 9,80 DM für ein Taschenbuch und dreistelligen Beträgen für prächtige Bildbände im Überformat. Ich habe mich bei den Buchtips für ambitionierte Fotoamateure bewußt auf einige wenige (Standard-)Werke beschränkt. Wenn Sie speziellere Literatur suchen, hilft Ihnen Ihr Buchhändler gern weiter; außerdem möchte ich Sie auf die Versandkataloge der Firma Lindemanns Galerie und Buchhandlung für Fotografie und Film (Nadlerstr. 10, 7000 Stuttgart 1, Tel. 0711/233499) hinweisen: hier finden Sie ein umfangreiches Angebot, das auch ausländische Titel sowie Sonderangebote enthält.

Viele Fotobücher erscheinen in jüngster Zeit auch als Taschenbücher; darauf wurde in diesem Literaturnachweis besonders Rücksicht genommen.

Ein ausgezeichnetes und preiswertes Lehrbuch ist der Titel
- Die hohe Schule der Fotografie

von Andreas Feininger, erschienen als Taschenbuch im Wilhelm Heyne Verlag, München.

Im Droemer Knaur Verlag, München, erschienen folgende Taschenbücher von Benno Wundshammer:
- Knaurs Fotobuch für Anfänger
- Knaurs Fotobuch für Könner

LITERATUR

Der bekannte Fotograf John Hedgecoe veröffentlichte folgende Titel im Hallwag Verlag, Ostfildern:
- Fotopraxis
- Die Kunst der Farbfotografie
- Meisterschule der Farbfotografie
- Hedgecoes Fotohandbuch

Hervorragende Bücher erscheinen in der Reihe „Die Kodak-Enzyklopädie der kreativen Fotografie" aus dem Verlag Time-Life International, Ottho Heldringstraat 5, NL–1066 Amsterdam, Niederlande, Tel. 0031-20/ 157557, Telex 44/14288 tlint nl. Die Reihe wendet sich an fortgeschrittene Amateure. Einige beispielhafte Bände seien genannt:
- Aufnahmeprobleme – perfekt gemeistert
- Das eigene Fotostudio
- Fotografieren im Familien- und Freundeskreis
- Grundlagen der Fotopraxis
- Die Kunst der Schwarzweiß-Fotografie
- Licht und Bildaufbau
- Natur- und Landschaftsfotografie
- Perfekte Farbfotografie
- Porträt- und Aktfotografie
- Schnappschuß und Bildreportage
- Selbst entwickeln und vergrößern
- Spezialgebiete und Experimente
- Trickfotos und Spezialeffekte

Im Wilhelm Knapp Verlag, Düsseldorf, erscheinen folgende Titel:
- Wim Noordhoek: Grundlehre der Farbfotografie
- Michael Gnade: Fotoschule
- Fotos von Menschen
- Akt
- Fotografisch sehen

Im Verlag Photographie, Schaffhausen/Schweiz, erscheinen die folgenden Titel:
- Eberhard Grames/Volker Wachs: Workshop Reisefotografie
- Harald Mante/Josef H. Neumann: Filme kreativ nutzen
- Harald Mante/Josef H. Neumann: Objektive kreativ nutzen

- Jost J. Marchesi: Professionelle Beleuchtungstechnik
- Jost J. Marchesi: Photokollegium – Selbstlehrgang über die technischen Grundlagen der Photographie, sechs Bände
- Jost J. Marchesi: Farbphotographie, Selbstlehrgang
- Josef Scheibel: Lichtmessung – Optimal belichten

Gute allgemeine Einführungen für den ambitionierten Fotoamateur bieten auch die folgenden zwei Taschenbücher:
- Otto Croy: Perfekte Foto-Technik, Wilhelm Goldmann Verlag, München
- Felix Freier: Fotografieren lernen – sehen lernen, DuMont Taschenbuch-Verlag, Köln

Honorarbeispiele, Antworten auf rechtliche Fragen, Musterverträge und Tips für den Fotoverkauf enthalten folgende Bücher:
- Publizistische Fotografie – Honorare und Handelsbräuche, Verlag Presse Informations Agentur GmbH, Baden-Baden
- Bildhonorare (erscheint jährlich neu), BVPA, Berlin
- Margarete May: Das neue Urheberrecht für Fotografen, Verlag Peter Walz, Frankfurt

Adressen von Bildagenturen sowie Tips zum Verkauf Ihrer Bilder enthalten die folgenden Bücher und Broschüren:
- Klaus Steinkamp: Fotos verkaufen – aber wie, K.D. Steinkamp-Verlag, Postfach 1149, 2940 Wilhelmshaven 1
- Bildagenturen, Bildquellen (erscheinen jährlich neu), BVPA, Berlin

Organisationen und Verbände

Arbeitskreis Werbe-Mode-Industriefotografie AWI
Deutschland e.V.
Fuchsbau 25
2080 Pinneberg
Tel. 04101/67603

Bundesverband des Deutschen Foto-Fachhandels e.V.
Vollmerswerther Str. 20
4000 Düsseldorf 1
Tel. 0211/3900910

Bundesverband der Photo-Großlaboratorien
Authariplatz 15
8000 München 90
Tel. 089/647284
Telex 5213822 drha d

Bundesverband der Pressebild-Agenturen (BVPA)
Bundesallee 32
1000 Berlin 31
Tel. 030/8619190
Telefax 030/8619290

Bund Freischaffender Fotodesigner e.V.(BFF)
Tuttlinger Str. 95
7000 Stuttgart 75
Tel. 0711/479621 oder 473422

WIE MACHE ICH MICH MIT FOTOGRAFIEREN SELBSTÄNDIG

Centralverband Deutscher Photographen
Breite Str. 7-11
4000 Düsseldorf 1
Tel. 0211/323403
Telex 8587125 voba d

Deutsche Gesellschaft für Photographie e.V. (DGPh)
Rheingasse 10
5000 Köln 1
Tel. 0221/2402037

Fotografische Akademie
Gesellschaft Deutscher Lichtbildner e.V. (GDL)
Obernstr. 21
4800 Bielefeld 1
Tel. 0521/63542

Verband der Photo-Handelsvertreter
Geleniusstr. 1
5000 Köln 41
Tel. 0221/514043
Telex 8881743 cdh d

Verband Deutscher Amateur-Fotografen-Vereine e.V. (vdav)
Tiroler Str. 12 A
6000 Frankfurt 70
Tel. 069/632483
(Mitglieder sind etwa 500 Vereine und Clubs mit rund 10.000 Foto-Amateuren)

Verwertungsgesellschaft Bild-Kunst
Poppelsdorfer Allee 43
5300 Bonn 1
Tel. 0228/219566
Telex 886412 bildk d
Telefax 0228/220489

Bildagenturen und -archive

action press
Geschw.-Scholl-Str. 33
2000 Hamburg 20
Tel. 040/4604064
Telex 214994 acpr d

Aero-Express
Karpatenstr. 13
8000 München 82
Tel. 089/422770

Leonore Ander
Bildarchiv für Touristik
Elisabethstr. 39
8000 München 40
Tel. 089/2780278

Anthony-Verlag
Dr. M. u. I. Moes
Waldstr. 2
8130 Starnberg
Tel. 08151/3279

Archiv für Kunst und Geschichte
Bilderdienst und Verlagsgesellschaft mbH
Teutonenstr. 22
1000 Berlin 38
Tel. 030/8034054
Telex 186058 akgb d

Artreference GmbH
Katalogbilderdienst
Brentanostr. 17
6000 Frankfurt 1
Tel. 069/721556
Telefax 069/727442

Eric Bach
Superbild Archiv
Schloßstr. 19
8022 Grünwald
Tel. 089/641010
Telefax 089/6414032

Bavaria
Bildagentur GmbH
Germeringer Str. 4
8035 Gauting
Tel. 089/8508044
Telex 5213074 baga d
Telefax 089/8508047

Bilderberg – Archiv der Fotografen
Hoheluftchaussee 139
2000 Hamburg 20
Tel. 040/4206655

WIE MACHE ICH MICH MIT FOTOGRAFIEREN SELBSTÄNDIG

Bild-Press International (bpi)
im Verlag Mobil + Freizeit GmbH
Parkstr. 9
5628 Heiligenhaus
Tel. 02056/5050

Colorvision H. R. Uthoff
Haynstr. 2
2000 Hamburg 20
Tel. 040/479542

deltapress GmbH
Laimer Str. 50
8000 München 19
Tel. 089/177091

Foto-Archiv Döhrn
Waldstr. 51
5484 Bad Breisig
Tel. 02633/95343

Fallschirm Werbung Klaus Heller
Dia- u. Filmarchiv
Ganghoferstr. 25
8000 München 2
Tel. 089/504070

Feature-Foto Service
St.-Anton-Str. 219
4150 Krefeld
Tel. 02151/779544

Flugbild GmbH
Grenzstr. 1
5309 Meckenheim
Tel. 02225/810

Hans Förster-Heintzel
Bildberichte für Presse, Industrie, Werbung
Hainerweg 277c
6000 Frankfurt 70
Tel. 069/684877

Fotex Medien Agentur GmbH
Glashüttenstr. 79
2000 Hamburg 36
Tel. 040/431563

Futura Press International
W. Schinski & Partner GmbH
Postfach 640134
5000 Köln 60
Tel. 0221/5902236

Hans Goersch Farbdia-Archiv
Sonnenbergstr. 101
7000 Stuttgart 1
Tel. 0711/242440

Anne Hamann Bildagentur
Triftstr. 10
8000 München 22
Tel. 089/222278

Hansa Luftbild GmbH
Elbestr. 5
4400 Münster
Tel. 0251/23300

Adelheid Heine-Stillmark
Farbdia-Archiv
Eisenlohrstr. 39
7500 Karlsruhe
Tel. 0721/557063
Telex 7826917 hei d
Telefax 0721/552976

BILDAGENTUREN UND -ARCHIVE

Historia-Photo
Kulturgeschichtliches Bildarchiv
Henseweg 11d
2000 Hamburg 67
Tel. 040/6040713

Keystone Pressedienst GmbH
Kl. Reichenstr. 1
2000 Hamburg 11
Tel. 040/336697
Telex 2162408 keyh d

Bildarchiv Huber
Drosselstr. 7
8100 Garmisch-Partenkirchen
Tel. 08821/2220
Telex 592433 huber d

Gerhard Klammet Europa-Farbbildarchiv
Schillerstr. 29
8034 Germering
Tel. 089/844523

IFA Bilderteam
Agentur für internationale Farbdias
Leopoldstr. 171
8000 München 40
Tel. 089/366071
Telex 5216659 ifa d

Kontar Pressebilderdienst
Auf der Reiswiese 10
6050 Offenbach
Tel. 069/880831

Doris Kreienkamp
Ritterstr. 8
4000 Düsseldorf 1
Tel. 0211/131621
Teletex 21114193 = Kreienk

Interfoto Pressebild Agentur + Bildarchiv
Stollbergstr. 1
8000 München 22
Tel. 089/224484
Telefax 089/2913258

Helga Lade Fotoagentur
Rückertstr. 47
6000 Frankfurt 1
Tel. 069/435060
Telefax 069/438010

Internationales Bildarchiv Horst von Irmer
Victor-Scheffel-Str. 20
8000 München 40
Tel. 089/390806

Laenderpress
Friedrich-Lau-Str. 26
4000 Düsseldorf 30
Tel. 0211/431557
Telefax 0211/4541631

Jürgens Ost + Europa-Photo
Gneisenaustr. 3a
5000 Köln 50
Tel. 0221/317676
Telex 8881416 biju d

Bildagentur Mauritius GmbH
Alpencorpsstr. 15
8102 Mittenwald
Tel. 08823/5074
Telefax 08823/8881

WIE MACHE ICH MICH MIT FOTOGRAFIEREN SELBSTÄNDIG

Naturbild-Agentur
Schnepfenweg 28 A
3000 Hannover 1
Tel. 0511/401454

**Photomorgana
Bildarchiv
Photoredaktion Siegfried Fenn**
Stiftsbogen 126
8000 München 70
Tel. 089/707389

**New Eyes Foto-, Film- und Text-
Agentur GmbH**
Hopfensack 19
2000 Hamburg 11
Tel. 040/322237
Telefax 040/327175

Photo Selection Hilaneh von Kories
Schlüterstr. 58
2000 Hamburg 13
Tel. 040/446081
Telefax 040/418473

Okapia-Bildarchiv
Röderbergweg 168
6000 Frankfurt 60
Tel. 069/449041
Telex 413418 bsi d

**PIAG Presse Informations Agentur
GmbH**
Stefanienstr. 25
7570 Baden-Baden
Tel. 07221/25348
Telex 781217 piag d

**Werner Otto
Reisefotografie**
Wilhelmstr. 127
4200 Oberhausen 11
Tel. 0208/643972

**Pictor International Bildagentur
GmbH**
Sendlinger Str. 64
8000 München 2
Tel. 089/264081
Telex 5214555 pict d

Bildarchiv Paysan
Bubenhaldenstr. 90
7000 Stuttgart 30
Tel. 0711/818377

**Pressebilderdienst Kindermann &
Co.**
Kurfürstendamm 182
1000 Berlin 15
Tel. 030/8822060

**Agentur Photo-Center
Farbdia-Archiv**
Kastanienallee 60a
3300 Braunschweig
Tel. 0531/74649

Bildagentur pro vobis GmbH
An der Würmleiten 11
8032 Gräfelfing
Tel. 089/8543616
Telex 5216747 pro d

BILDAGENTUREN UND -ARCHIVE

Fotoagentur Schapowalow
Sülldorfer Kirchenweg 76
2000 Hamburg 55
Tel. 040/862520
Telefax 040/869818

Pressebild-Agentur Schirner
Friedrichstr. 112
4000 Düsseldorf
Tel. 0211/333045

Bildagentur Schuster GmbH
Goethestr. 3
6370 Oberursel
Tel. 06171/53021
Telefax 06171/55248

Marion Schweitzer
Ainmillerstr. 26
8000 München 40
Tel. 089/393938

s. e. t. Photoproductions
Weißenburger Str. 19
8000 München 80
Tel. 089/4484885
Telefax 089/486448

Silvestris Fotoservice
Universal- und Naturbild-Archiv
Altöttinger Str. 7
8261 Kastl
Tel. 08671/5463
Teletex 8671801 = silka
Telefax 08671/13380

Sven Simon Fotoagentur GmbH
Pressefoto KG
Huyssenallee 40
4300 Essen 1
Tel. 0201/234556
Telex 8579942 simo d

Stief Pictures
Friedrich-Kahl-Str. 8
6000 Frankfurt 90
Tel. 069/788888
Telefax 069/787777

Story-Press Bildagentur
Bozener Str. 21
1000 Berlin 62
Tel. 030/8545202

The Image Bank Bildagentur GmbH
Prinzregentenstr. 89
8000 München 80
Tel. 089/4702068
Telex 5214832 tib d
Telefax 089/4706766

Transglobe Agency
Brahmsallee 9
2000 Hamburg 13
Tel. 040/445001
Telex 2174871 tghh d

Ullstein Bilderdienst
Kochstr. 50
1000 Berlin 61
Tel. 030/2591/3608
Telex 183508 ulsta d

Uselmann-Archiv
Ungererstr. 137
8000 München 40
Tel. 089/3232133
Telefax 089/366435

Wedopress GmbH
Im Portugall 9c
6370 Oberursel
Tel. 06171/27061
Telefax 06171/27063

Weltbild
Marienplatz 26
8000 München 2
Tel. 089/266193

Werek Pressebildagentur
Sandstr. 31/II
8000 München 2
Tel. 089/526410
Telex 529017 wer d

ZEFA Zentrale Farbbild Agentur GmbH
Schanzenstr. 20
4000 Düsseldorf 11
Tel. 0211/574037
Telex 8584095 zefa d

Modellsekretariate und Künstlerdienste

Berlin:
Künstlerdienst Berlin
Kurfürstendamm 210
1000 Berlin 15
Tel. 030/8843050
Telex 183529 laa d

Düsseldorf:
Model Pool
Rathausufer 23
4000 Düsseldorf 1
Tel. 0211/132171
Telex 8584293 deri d
Telefax 0211/132176

Erika Schöning
Bastionstr. 27
4000 Düsseldorf 1
Tel. 0211/132475
Telex 8582775 text d

Künstlerdienst Düsseldorf
Schwannstr. 3
4000 Düsseldorf 1
Tel. 0211/43061
Telex 8584633 laa d

Frankfurt:
Modellsekretariat SMS
Gitta Seeber
Am großen Berge 9
6000 Frankfurt 50
Tel. 069/531051

Künstlerdienst Frankfurt
Saonestr. 2
6000 Frankfurt 71
Tel. 069/66701
Telex 411601 laa d

Hamburg:
Cosmo
Jörg-Willy Brinkmann
Hallerstr. 8
2000 Hamburg 13
Tel. 040/4102044
Telex 2173593 gumo d

Model Team
Sonja Ekvall
Schlüterstr. 60
2000 Hamburg 13
Tel. 040/4141030
Telex 211101 mote d

Wie mache ich mich mit Fotografieren selbständig

Parker Sed
Dorothee Parker
Pöseldorfer Weg 3
2000 Hamburg 13
Tel. 040/412091
Telex 215057 psed d

International Talents Modelle
Christa Flath-Pfander
Mühlenkamp 31
2000 Hamburg 60
Tel. 040/271047
Telex 2214073 tals d

Eileen Green Model Agency
Eileen Moussoulides
Armgartstr. 8
2000 Hamburg 76
Tel. 040/2280065
Telex 213806 green d

Susanne Herber
Lockstedter Steindamm 31
2000 Hamburg 54
Tel. 040/5604121

Künstlerdienst Hamburg
Nagelsweg 9
2000 Hamburg 1
Tel. 040/24850
Telex 2163213 arba d

Hannover:
Künstlerdienst Hannover
Hildesheimer Str. 47
3000 Hannover
Tel. 0511/80040
Telex 922722 laa d

München:
Modellagentur
Brigitte Barbara Bauer
Wöhlerstr. 14
8000 München 60
Tel. 089/8112715

International Talents Modelle
Petra Niemann
Simmernstr. 1
8000 München 40
Tel. 089/368023
Telex 5216595 pn d

Edelgard M. Klages
Kaiserstr. 45
8000 München 40
Tel. 089/336363
Telex 5215669 pitk d

Nova Models
Ingrid Reiling
Antonienstr. 3
8000 München 40
Tel. 089/347027
Telex 5215510 nova d

Cornelia von Minckwitz
Ebersberger Str. 9
8000 München 80
Tel. 089/92109620
Telex 529038 loumo d

Fotomodellagentur
Tatjana Lobbes
Ansbacher Str. 4
8000 München 40
Tel. 089/2718451
Telex 522948 tanja d

MODELLSEKRETARIATE UND KÜNSTLERDIENSTE

International Talents Modelle
Heide Themlitz
Ohmstr. 5
8000 München 40
Tel. 089/397018
Telex 5215387 tals d

Stuttgart:
Rita Jäger Modells
Marienstr. 3a
7000 Stuttgart 1
Tel. 0711/223222
Telex 721519 rita d

Künstlerdienst München
Sonnenstr. 2
8000 München 2
Tel. 089/38771
Telex 5215695 laa d

Künstlerdienst Stuttgart
Lange Str. 51
7000 Stuttgart 1
Tel. 0711/225035
Telex 723404 laa d

Stichwortverzeichnis

Acetat-Schutzhüllen 49
Aktfotografie 132
Anrufbeantworter 142
Archivierung 49
Ausbildung 158, 161, 191
Auslandsmärkte 125
Ausnahmebewilligung 170
Ausrüstung 12, 56, 62

Bahnpost 34
Batterien 14
Belege 153
Berufe 41
Beschriftung 51, 100, 139
Bildagenturen 104, 177, 207
Bildaufbau 87
Bildbedarf 108, 119, 128
Bildjournalist 149, 165
Blitzgerät 15, 144
Briefpapier 140
Buchungsreglement 184
Büroorganisation 139

Clubs s. Fotoclubs
Computer 52, 139
Copyright 150
Copyright-Aufkleber 52

Dia-Cover 50
Diaduplikate 48, 141
Diaschau 76
Duplikate s. Diaduplikate

Eilboten 32
Einnahmeüberschußrechnung 153
Einschreiben 141
Einverständniserklärung 135
Entwicklung 17, 28, 58, 178
Exklusivverkauf 124
Expreßgut 33

Familienaufnahmen 14
Farbcharakter 60
Farbfotografie 55
Feuilleton 35
Filme 14, 57, 76, 144
Finanzamt 152
Fön 28
Formate 55, 72, 117, 143
Fotoclubs 20
Foto-Designer 10, 19, 149, 156
Fotograf 10, 19, 148, 157
Fotomodelle 129, 184
Fotozeitschriften 73, 95, 197
Freier Beruf 149, 155

Gebrauchtkameras 56
Geschäftsbedingungen 113, 180
Gesellschaft bürgerlichen Rechts 171
Getestetes Filmmaterial 60
Gewerbe 149, 155, 156
Gewerbesteuer 156
GmbH 172
Gutachter 156, 166

Handgepäck 91
Handwerk 10, 148, 157, 168
Handwerklicher Nebenbetrieb 172
Handwerksmäßiger Betrieb 168
Handwerksrolle 157, 170
Heimcomputer 52, 139
Honorare 81, 86, 89, 104, 109, 112, 126
Human Interest 38

Industriebetrieb 169
Industriefotografie 47
Informationsdienste 197

Kalender 98, 176
Kamera 12, 56, 62, 143
Kamera-Reparaturen 65
KG 171
Kompaktblitz s. Studioblitz
Konkurrenz 148
Künstlerdienste 131, 213
Künstlerische Fotografie 151, 156, 165
Künstler-Sozialversicherung 151, 179
Kundenzeitschriften 81

Labors 58, 178
Leihstudios 146

Liefer- und Geschäftsbedingungen 113
Literatur 202
Lohnsteuer 152
Luftpost 34

Markt 9
Mehrwertsteuer 155
Meisterprüfung 162
Messen 39, 45
Mietservice 147
Modell-Agenturen 132, 213
Modelle s. Fotomodelle
Modellsekretariate s. Modell-Agenturen
Multivision s. Diaschau
Musterbriefe 175

Nebeneinnahmen 152

Objektive 67, 145
OHG 171
Optiken s. Objektive
Organisationen 205

Passepartouts 50, 141
Personal Computer 52, 139
Platten 51
Polaroid-Ansätze 93
Poster 18
Preisausschreiben s. Wettbewerbe
Presseausweis 43
Pressefotografie 22

Quarzlampen 144

STICHWORTVERZEICHNIS

Recht am eigenen Bild 112, 133
Rechtsform 171
Rechtswahrnehmung 115
Redaktionspläne 84
Reisefotografie 41, 84
Reisegewerbe 166
Reisen s. Transport
Reparaturen 65
Reportagen 35, 39, 73
Röntgen 91

Schilder 37
Schreibmaschine 139
Sensationsfotos 71
Sperrvermerke 125
Spezialgebiete 37
Start 11
Stativ 15, 145
Stehendes Gewerbe 165
Steuern 152
Studio 143
Studioblitz 144

Tageszeitungen 22, 175
Tierfotografie 37
Textverarbeitung 139
Touristik s. Reisefotografie
Transport 90

Umkehranstalten s. Entwicklung
Unerheblichkeitsgrenze 172

Verbände
Vereine s. Fotoclubs
Vereinsleben 22
Verkauf 16, 24, 71, 104, 127
Veröffentlichungsrechte 150, 155
Verpackung 31
Versand 30, 141
Versicherung 68
VG Bild-Kunst 115
Volksfeste 92
Vorschauen s. Redaktionspläne

Wertgegenstände 44
Wesentliche Tätigkeiten 168
Wettbewerbe 88, 95
Wirtschaft 40

Zeitschriften 78, 197
Zeitungen s. Tageszeitungen

Gesamt-Programm

Gründen

Kenneth Albert
Gründen, kaufen, franchisen
Was ist lukrativer: Ihr Unternehmen selbst gründen, ein bestehendes kaufen oder mit einer Franchise das Know-how einer starken Kette erwerben? 256 S., geb., Bestell-Nr. 518, **49,80 DM**

Existenzgründungsseminar Handwerk
Dieses Arbeitsbuch enthält alle Informationen für die erfolgreiche Existenzgründung im Handwerk. 8., erweiterte Auflage, 326 S., Großformat, Bestell-Nr. 576, **49,80 DM**

Franchise-Chancen
Die bedeutendsten deutschen Franchise-Geber und ausländische Firmen, die in Deutschland Partner suchen. 240 S., Großformat, Bestell-Nr. 525, **79,80 DM**

Norman Rentrop
Tips zur Unternehmensgründung
Das Standardwerk zur Existenzgründung. 9., erweiterte Auflage, 288 S., geb., Bestell-Nr. 500, **49,80 DM**

Schmenkel/Annau/Mehler
Die Neuen Selbständigen
Akademiker machen sich außerhalb der herkömmlichen Tätigkeitsfelder selbständig. Für Lehrer, Geistes- und Sozialwissenschaftler und Künstler. 240 S., Bestell-Nr. 588, **49,80 DM**

Helmut Schoeffling
Arbeitsbuch Existenzgründung
Spielen Sie anhand praxiserprobter Checklisten einmal Ihre eigene Unternehmensgründung durch. 2., überarbeitete Auflage, 128 S., Großformat, Bestell-Nr. 580, **49,80 DM**

Udo Schweickhardt (Hrsg.)
Typische Fehler beim Start in die berufliche Selbständigkeit
Oft ist es nur ein kleiner Fehler, den man als Jungunternehmer macht. Doch die Folgen können ein ganzes Unternehmen gefährden. 160 S., Bestell-Nr. 574, **49,80 DM**

Führen

Hatto Brenner
Gewinnbringende Unternehmensführung – Unternehmen aus der Krise führen
Die sechs häufigsten Unternehmer-Fallen – und wie Sie sie vermeiden. 2. Auflage, 156 S., geb., Bestell-Nr. 586, **49,80 DM**

Terrence Deal/Allan Kennedy
Unternehmenserfolg durch Unternehmenskultur
Hohe Gewinne hängen nicht von rationalen Dingen ab. Viel wichtiger sind die inneren Werte, die Motivation der Mitarbeiter. 224 S., Bestell-Nr. 571, **49,80 DM**

René Klaus Grosjean
Unternehmensfinanzierung – Woher Sie Ihr Startkapital bekommen
192 S., Bestell-Nr. 582, **49,80 DM**

Rich/Gumpert/Schulze
Geschäftspläne – So sichern Sie Finanzierung und Erfolg Ihres Unternehmens
Dieses Buch zeigt, wie Sie Ihre unternehmerischen Aktivitäten besser planen. 208 S., geb., Bestell-Nr. 562, **79,80 DM**

Axel Schmidtke
Praxis des Venture-Capital-Geschäftes
Die vier Erfolgsgeheimnisse des Venture-Capital-Geschäftes. 272 S., geb., Bestell-Nr. 583, **49,80 DM**

Helmut Schoeffling
Arbeitsbuch Existenzsicherung
Existenzsicherung nach der Gründung mit gezielter Unternehmensstrategie. 128 S., Großformat, Bestell-Nr. 598, **49,80 DM**

Reinhold Schütt
Direktvertrieb
Ein Wegweiser für Existenzgründer und Unternehmer zum erfolgreichen Aufbau einer Direktvertriebsorganisation. 240 S., geb., Großformat, Bestell-Nr. 553, **98,– DM**

Reinhold Schütt
Praxis des Geschäftslebens
Das umfassende Praktiker-Handbuch für alle Fragen der täglichen Unternehmenspraxis. 640 S., geb., Bestell-Nr. 589, **148,– DM**

Branchen

Heinz Alpers/Andreas Sattler
Wie mache ich mich als Unternehmensberater selbständig
2., überarbeitete Auflage, 224 S., geb., Bestell-Nr. 579, **79,80 DM**

Sigurd R. Betz
Wie mache ich mich mit einem Taxi und Kurierdienst selbständig
2., überarbeitete Auflage, 224 S., Bestell-Nr. 558, **49,80 DM**

Johannes Bischoff/Jürgen Tracht
Wie mache ich mich als Handelsvertreter selbständig
Ratgeber für Einsteiger und Profis.
192 S., Bestell-Nr. 565, **49,80 DM**

Gerd Dörr/Egon Raasch
Das Reisegeschäft –
Wie gründe und führe ich ein Reisebüro
3., überarbeitete Auflage, 256 S.,
Bestell-Nr. 559, **49,80 DM**

Werner Gros
Der Gastronomiebetrieb –
Wie gründe und führe ich eine Gaststätte
176 S., Großformat, Bestell-Nr. 575,
49,80 DM

Hermann Keppler/Horst Mehler
Wie mache ich mich als Heilpraktiker selbständig
2., überarbeitete Auflage, 240 S.,
Bestell-Nr. 556, **49,80 DM**

Gitta Kraml/Peter Kochanski
Das Modegeschäft –
Wie mache ich mich im Textil-Einzelhandel selbständig
240 S., Bestell-Nr. 584, **49,80 DM**

Horst Mehler/Norbert Albrecht
Geschäfte rund ums Auto
Über 100 Ideen, wie Sie mit Autos Geld verdienen. 240 S., Bestell-Nr. 569,
2., überarbeitete Auflage, **49,80 DM**

Horst Mehler/Wolfgang Zabel
Wie mache ich mich in der Versicherungsbranche selbständig
2., überarbeitete Auflage, 272 S.,
Bestell-Nr. 560, **49,80 DM**

Heinz Mollenhauer
Wie mache ich mich mit Fotografieren selbständig
4., überarbeitete Auflage, 224 S.,
Bestell-Nr. 543, **49,80 DM**

Ralf Plenz
Wie mache ich mich mit einem Verlag selbständig
272 S., Bestell-Nr. 599, **49,80 DM**

Andreas Sattler
Wie mache ich mich als Ingenieur selbständig
152 S., 2., überarbeitete Auflage,
Bestell-Nr. 561, **49,80 DM**

Reinhold Schütt
Mein Versandgeschäft
Alles, was Sie für den Start ins lukrative Versandhandelsgeschäft brauchen. 2., überarbeitete und erweiterte Auflage, 256 S., geb., Großformat, Bestell-Nr. 530, **98,– DM**

Reinhold Schütt
Import – Export
Ein Wegweiser zum erfolgreichen Aufbau einer Import-Export-Firma. 4., überarbeitete und erweiterte Auflage, 336 S., geb., Großformat,
Bestell-Nr. 532, **98,– DM**

Werbung

Ray Considine/Murray Raphel
Der große Ideenklau
Wie man Erfolgsideen für Werbung und Verkauf kopiert. 3. Auflage, 240 S.,
Bestell-Nr. 523, **49,80 DM**

Christine Harvey/Bill Sykes
Verkaufen mit Gewinn
Wie Sie sich und andere für bessere Verkaufsabschlüsse motivieren. 224 S.,
Bestell-Nr. 593, **49,80 DM**

M. Raphel/K. Erdman
Das Do-it-yourself-Handbuch der Direktwerbung
Dieses Buch zeigt Ihnen Schritt für Schritt, wie Sie Direktwerbung selbst gestalten und einsetzen. 224 S.,
2., überarbeitete Auflage,
Bestell-Nr. 557, **49,80 DM**

Walter Schönert
Werbung, die ankommt
199 Beispiele, Erfolgsregeln und praktische Folgerungen eines Werbefachmanns. 6., überarbeitete Auflage, 276 S., geb., Bestell-Nr. 506, **49,80 DM**

Michael Schuncke
Schlüsselworte erfolgreicher Anzeigen
2. Auflage, 272 S., Bestell-Nr. 563,
49,80 DM

Hubert K. Simon
Wie textet man eine Anzeige, die einfach alles verkauft
7., erweiterte Auflage, 176 S., geb.,
Bestell-Nr. 501, **49,80 DM**

Rede-Praxis

Friedhelm Franken (Hrsg.)
Repräsentanten der Republik
Die deutschen Bundespräsidenten in Reden und Zeitbildern. 320 S., geb.,
Bestell-Nr. 603, **68,– DM**

Unternehmer-Strategien

Erich Brendl
New Game – Wandel meistern
Mit ganzheitlicher Unternehmensstrategie die Zukunft meistern. 336 S., geb.,
Bestell-Nr. 587, **79,80 DM**

Karl Darscheid
Vom Hölzchen aufs Stöckchen
Satirische Betrachtungen und spitze Bemerkungen zu Wirtschaft, Politik und Gesellschaft. 2. Aufl., 192 S., gebunden,
Bestell-Nr. 594, **49,80 DM**

Shotaro Ishinomori
Japan GmbH
Ein Sachcomic, der in die japanische Wirtschaft einführt. 320 S.,
Bestell-Nr. 596, **49,80 DM**

Fides Krause-Brewer/
Hans D. Barbier (Hrsg.)
Die Person hinter dem Produkt
Das Erfolgsgeheimnis von 40 Unternehmern, die mit ihren Produkten Wirtschaftsgeschichte geschrieben haben.
3., überarbeitete Auflage, 368 S., geb.,
Bestell-Nr. 570, **49,80 DM**

John F. Love
McDonald's
Eine beispiellose Erfolgsstory. Ein Buch für alle, die noch mehr über Management, Marketing und Wirtschaftsführung erfahren wollen. 518 S., geb., Bestell-Nr. 577, **48,– DM**

C. N. Parkinson/M. K. Rustomji
Management für Aufsteiger
196 respektlose Anmerkungen für unternehmerischen Erfolg
Parkinson, der Klassiker: „Eine Kombination von Weisheit, Genauigkeit und Begreifbarkeit" *Economic Times*.
2. Aufl., 224 S., geb., Bestell-Nr. 590, **49,80 DM**

Lothar J. Seiwert
Mehr Zeit für das Wesentliche
Leben Sie im Streß? Mit diesem Buch gelingt Ihnen der Weg zu mehr Zeit und Ruhe. 6., überarbeitete Auflage, geb., 334 S., Bestell-Nr. 567, **48,– DM**

Positiv denken

Vera F. Birkenbihl
Der persönliche Erfolg
„Programmieren" Sie sich selbst auf Erfolg! 272 S., geb., Bestell-Nr. 548, **49,80 DM**

Napoleon Hill
Napoleon Hills Gesetze des des Erfolgs
Berühmt durch „Denke nach und werde reich" schuf Hill mit diesem Buch einen Klassiker des Positiv-Denkens.
640 S., geb., Bestell-Nr. 597, **148,– DM**

Og Mandino
Das Geheimnis des Erfolgs
Ein einzigartiges Trainingsprogramm für den persönlichen Erfolg. Über 4 Millionen Weltauflage! 3. Auflage, 192 S., geb., Bestell-Nr. 505, **49,80 DM**

A. R. Stielau-Pallas
Ab heute erfolgreich
Sie werden eine ganz andere Persönlichkeit sein, wenn Sie dieses Buch gelesen haben. 4. Auflage, 272 S., geb., Bestell-Nr. 521, **49,80 DM**

A. R. Stielau-Pallas
Die zehn Gebote für Ihren Erfolg
Gestalten Sie Ihr Leben ab sofort erfolgreicher!
3., überarbeitete Auflage, 336 S., geb., Bestell-Nr. 517, **49,80 DM**

Recht/Steuern/Wirtschaft

Jürgen Capell
Erfolgreich mahnen
Handbuch für die Mahn- und Inkassopraxis. 272 S., Bestell-Nr. 604, **79,80 DM**

Ulf E. Dörr
Mein Geld und die Bank
Ratgeber für den erfolgreichen Umgang mit Geldinstituten. 368 S., Bestell-Nr. 578, **49,80 DM**

H. G. Mirbach
Das Recht auf selbständige Arbeit
Ihr Leitfaden bei allen Fragen zu Unternehmensgründung und Handwerksrecht. 2., überarbeitete Auflage, 320 S., geb., Bestell-Nr. 555, **128,– DM**

Hans-Hermann Stück
Wirtschaftsrecht – leicht gemacht
Dieses Handbuch faßt die wichtigsten Bereiche des Wirtschaftsrechts zusammen. 192 S., Bestell-Nr. 573, **49,80 DM**

Hans-J. Wollenberg
Geldanlage in Spanien
Alles über Geschäftseröffnung, Immobilien, Börse, Bank, Steuern und Recht.
240 S., Bestell-Nr. 595, **79,80 DM**

Immobilien

Uwe Conrad/Wolfgang J. Hütter
Immobilien erfolgreich verkaufen
Wie Sie neue Einfamilienhäuser zielorientiert vermarkten. 2., überarbeitete Auflage, 224 S., geb., Bestell-Nr. 581, **79,80 DM**

Klaus Kempe/Horst Mehler
Der Millionen-Coup
Klaus Kempe, einer der größten Immobilienmakler Deutschlands, verrät Ihnen, wie es ihm gelang, innerhalb von 3 Monaten an einem Objekt 3 Millionen DM zu verdienen. 256 S., geb., Bestell-Nr. 585, **49,80 DM**

Horst Mehler/Klaus Kempe
Wie mache ich mich als Immobilienmakler selbständig
Lesen Sie, wie Sie Marktchancen realistisch einschätzen und richtig nutzen. 4., erweiterte Auflage, 352 S., geb., Bestell-Nr. 551, **79,80 DM**

Horst Mehler/Klaus Kempe
Wie man mit Immobilien ein Vermögen aufbaut
Erfahren Sie, wie Sie selbst aktiv in die großen Immobiliengeschäfte einsteigen. 3., überarbeitete Auflage, 240 S., geb., Bestell-Nr. 568, **79,80 DM**

Werner Siepe
Die beste Finanzierung für Ihr eigenes Haus
Der praktische Ratgeber für Haus- und Wohnungseigentümer und solche, die es werden wollen. 2., überarb. Auflage, 384 S., Bestell-Nr. 592, **49,80 DM**

Werner Siepe
Wie ersteigere ich ein Haus oder eine Wohnung
Das ABC der Zwangsversteigerung
„Sehr empfehlenswert." *(Immobilien-Wirtschaft heute)* 4., aktualisierte Auflage, 336 S., Bestell-Nr. 572, **79,80 DM**

Diese Bücher erhalten Sie in jeder gutsortierten Buchhandlung oder direkt beim:

Verlag Norman Rentrop
Theodor-Heuss-Str. 4/U 1019 · 5300 Bonn 2
Tel. 02 28/82 05-0, Telex 17228309 (ttx d), Teletex 228309 = rentrop, Telefax 02 28/36 44 11

Wenn Sie im Leben etwas erreichen wollen

Werden Sie Ihr eigener Chef

mit einem eigenen, lukrativen Kleinunternehmen.

Es lohnt sich, sein eigener Chef zu werden. Denn Unternehmer verdienen weit mehr als Angestellte, Arbeiter und Beamte. 154.320 DM pro Jahr betrug 1986 das durchschnittliche Netto-Haushaltseinkommen von Unternehmern.

**„Die Geschäftsidee"
Fachmagazin für
Unternehmensgründung
und neue Märkte**

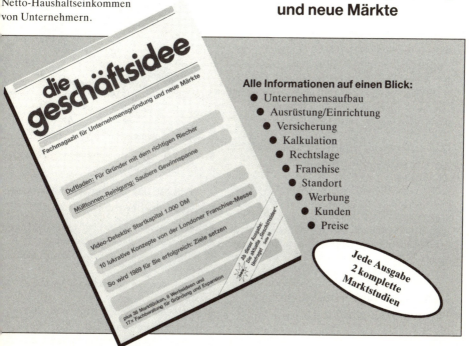

Alle Informationen auf einen Blick:
- Unternehmensaufbau
- Ausrüstung/Einrichtung
- Versicherung
- Kalkulation
- Rechtslage
- Franchise
- Standort
- Werbung
- Kunden
- Preise

Jede Ausgabe 2 komplette Marktstudien

Ihre Chance in neuen Märkten

Die meisten der erfolgreichen Geschäftsideen sind Marktlücken. Unauffällig und für Außenstehende nur schwer zu erkennen. „Die Geschäftsidee" spürt für Sie diese neuen Geschäftsideen auf. Und Sie überprüft für Sie, welche nachweisbar erfolgreich sind. Also keine unerprobten Ideen, sondern komplette Unternehmenskonzepte, mit denen andere Leute bereits gutes Geld machen. Sie erhalten alle Informationen für Ihre eigene Unternehmensgründung auf einen Blick:

Konzept-Kurzbeschreibung, Mindest-Startkapital, Durchschnitts-Startkapital, durchschnittlicher Gewinn vor Steuern, Wachstumspotential, Risikopunkte.

Gratisinformation
Fordern Sie jetzt kostenlose Informationen
über „Die Geschäftsidee" an:
**Verlag Norman Rentrop,
Theodor-Heuss-Straße 4/LG70, 5300 Bonn 2.**
Oder rufen Sie uns einfach an:
Tel. 02 28/8 20 50.

Erfolgreicher Unternehmensaufbau

> Jetzt 3 Bände

mit dem

„Erfolgsberater"

- aktueller als ein Buch
- übersichtlicher als eine Zeitschrift
- praxisnäher als ein Lexikon

Wie oft haben Sie sich schon gewünscht, beim erfolgreichen Aufbau Ihres Unternehmens Spezialisten zur Verfügung zu haben? Finanz-Planer, Rechtsanwälte, Unternehmensberater, Steuerexperten, Versicherungsfachleute, Personalberater und Werbeberater.

3 Bände – Über 3.600 Seiten

Das umfangreichste Beratungswerk für Unternehmensgründer

„Der Erfolgsberater" gibt Ihnen zuverlässig und aktuell Antwort auf alle geschäftlichen Fragen. Über 100 Fachautoren beraten Sie mit Entscheidungshilfen zu allen Fragen des Unternehmensaufbaus. Experten aus allen Bereichen, aus Kammern und Verbänden werden im „Erfolgsberater" für Sie tätig.

Nachschlagewerk und aktuelle Beratungszeitschrift in einem

„Der Erfolgsberater" bietet Ihnen doppelten Nutzen:

1. Wie in einem Lexikon können Sie zu jedem Thema nachschlagen. Sie finden immer klare und verständliche Entscheidungshilfen zu:

- Steuern
- Organisation
- Recht
- Finanzen
- Versicherung
- Werbung

2. Jeden Monat aktuelle Beratung. Jeden Monat etwa 90 Seiten zusätzlich. Dadurch bleiben Sie stets auf dem laufenden. Über alle steuerlichen, gesetzlichen und anderen Veränderungen. Gleichzeitig erhalten Sie aktuelle Tips und Meldungen. Und Ihre Sammlung von Entscheidungshilfen wächst stetig.

Nutzen Sie das konzentrierte Wissen des „Erfolgsberaters"

3 Ordner mit über 3.600 Seiten geben Ihnen immer die richtigen Entscheidungshilfen:

- Zahlen Sie keinen Pfennig Steuern mehr als nötig
- Vermeiden Sie mit sicheren Verträgen teuren Ärger
- Holen Sie bei Ihrer Bank die günstigste Zinsen heraus
- Senken Sie Ihre Versicherungskosten
- Motivieren Sie Ihre Mitarbeiter zu Höchstleistungen
- Erhöhen Sie Ihren Umsatz mit erfolgreicher Werbung

Planen Sie mit dem „Erfolgsberater" treffsicher Ihren Gewinn von morgen.

Gratisinformation

Fordern Sie jetzt kostenlose Gratisinformationen über den „Erfolgsberater" an: Verlag Norman Rentrop, Theodor-Heuss-Straße 4/EB70, 5300 Bonn 2. Oder rufen Sie uns einfach an: Tel. 02 28/8 20 50.